Peter Heine
Einführung in die Islamwissenschaft

Peter Heine

Einführung in die Islamwissenschaft

2., überarbeitete Auflage

DE GRUYTER

ISBN 978-3-11-049980-3
e-ISBN (PDF) 978-3-11-050072-1

Library of Congress Cataloging-in-Publication Data
A CIP catalog record for this book has been applied for at the Library of Congress.

Bibliografische Information der Deutschen Nationalbibliothek
Die Deutsche Nationalbibliothek verzeichnet diese Publikation in der Deutschen Nationalbibliografie; detaillierte bibliografische Daten sind im Internet über http://dnb.dnb.de abrufbar.

© 2018 Walter de Gruyter GmbH, Berlin/Boston
Einbandabbildung: Ohne Titel I, rot, 60 × 78 cm, Tusche auf Büttenpapier, Aatifi 2015
Druck und Bindung: CPI books GmbH, Leck
♾ Gedruckt auf säurefreiem Papier
Printed in Germany

www.degruyter.com

Inhaltsübersicht

1   Die Geschichte der Islamwissenschaft —— 1

2   Koran und Koranauslegung —— 16

3   Authentizität oder Fälschung – Die Prophetentraditionen —— 30

4   Das islamische Recht in Geschichte und Gegenwart —— 43

5   Orthodoxie und Heterodoxien im Islam —— 59

6   Gottesfreunde oder Nachahmer des Propheten —— 74

7   Alltagskultur —— 87

8   Das Bilderverbot – Übertretungen und kreative Alternativen —— 100

9   Islam in Deutschland —— 115

10   Die Stellung der Frau im Islam —— 128

11   Die islamische Stadt —— 139

12   Muslimbrüder und Islamische Gesellschaft —— 155

13   Der neue Jihâd —— 167

14   Christlich-islamischer Dialog —— 179

15   Serviceteil —— 194

16   Anhang —— 201

Personenverzeichnis —— 212

Vorwort zur 2. Auflage

Die erste Auflage des ‚Studienbuch – Einführung in die Islamwissenschaft' erschien 2009 in einer Buchreihe, deren Herausgeber eine für alle dort erschienenen Bände verbindliche Form vorgegeben hatten. Das galt auch und vor allem für den Seitenumfang. Diese Regelung war aus didaktischen und verlegerischen Aspekten durchaus nachvollziehbar. Vor allem der didaktische Aspekt hat sich als ausgesprochen tragfähig erweisen. Der vorgegebene Umfang verlangte einerseits eine wünschenswerte thematische Konzentration, machte in anderen Fällen aber auch eine gewisse inhaltliche Verknappung erforderlich. Dennoch, oder vielleicht auch gerade deshalb, wurde das Buch über das eigentliche studentische Fachpublikum hinaus auch von einer interessierten Öffentlichkeit freundlich angenommen. Erfreulich ist, dass das Buch auch im Bereich des neu entstandenen Fachs ‚Islamische Theologie' Verwendung findet, wo es vor allem dazu dient, den Unterschied zwischen eben diesem theologischen Fach und der vor allem westlich geprägten Islamwissenschaft zu verdeutlichen. Es trägt so zur fachlichen Identitätsbildung bei, die für beide Disziplinen von Vorteil ist.

In den vergangenen acht Jahren haben sich in dem Fach Islamwissenschaft mancherlei neue wissenschaftliche und organisatorische Entwicklungen ergeben. Da ist zunächst und vor allem die Durchsetzung der Regeln der Bologna-Reformen, die an manchen Universitäten fachliche Spezialisierungen mit sich gebracht haben. Auf diese Situation hatte schon die erste Auflage mit einer inhaltlichen Breite reagiert, bei der neben den verschiedenen islamwissenschaftlichen Bereichen auch die Interessen der unterschiedlichen politikwissenschaftlichen, kulturgeschichtlichen, soziologischen, ethnologischen und geografischen Disziplinen, die sich ebenfalls mit islamischen Gesellschaften befassen, angesprochen wurden. Vor allem in den einzelnen thematischen Bereichen der Islamwissenschaft haben sich in den vergangenen Jahren weiterhin interessante Debatten entwickelt, sodass es erforderlich erschien, die ‚Einführung in die Islamwissenschaft' zu überarbeiten. Dabei sollte der Grundcharakter des Buches erhalten bleiben. Jedoch musste eine Reihe von neuen Entwicklungen in die einzelnen Darstellungen einbezogen werden. Als Beispiele seien die neuen Interpretationen des Korans oder die in den letzten Jahren gewachsene Bedeutung des Salafismus hingewiesen. Das hatte eine gewisse Ausweitung des Buchumfangs zur Folge. Entsprechend hat sich auch der Literaturteil erweitert. Natürlich bot die Neuauflage auch Gelegenheit Fehler unterschiedlicher Art zu beseitigen oder missverständliche Formulierungen zu präzisieren.

Bei der ersten Auflage gab es auch keine Gelegenheit, denen zu danken, die mich bei der Arbeit an diesem Buch unterstützt haben. Daher freue ich mich dies hier nachholen zu können. Mein Dank gilt Prof. Dr. Riem Spielhaus, Braunschweig/Göttingen und Thomas Krüppner, Berlin/Münster, der mir auch bei der Neuauflage behilflich war. Besonders danke ich Frau Dr. Eva Anne Franz und Frau Dr. Sofie Wagenhofer vom Verlag De Gruyter, Berlin, die die Neuauflage angeregt, mir bei der erforderlichen Erweiterung des Umfangs freie Hand gelassen und auf den gestalterischen Bereich des Buches Einfluss genommen hat. Als Fachwissenschaftlerin haben sie ihre fachliche Kompetenz auch bei inhaltlichen Fragen eingebracht. Meine Frau Ina hat seit fast 50 Jahren alle meine Bücher und viele andere Texte einer kritischen Sichtung unterzogen, mich ermuntert und vielfältig unterstützt. Ohne sie wäre auch dieses Buch wohl nicht entstanden. Ihr sei daher auch an dieser Stelle ganz besonders gedankt.

Peter Heine   Im Juni 2017

1 Die Geschichte der Islamwissenschaft

Abbildung 1: Wilhelm Gentz: Arabische Universität in Kairo, 1869.

Wilhelm Gentz (1822–1890) stammte aus einer wohlhabenden Familie in Neuruppin. Als Maler bereiste er 1847 Spanien und Marokko, 1850 Ägypten, einige arabische Teil des Osmanischen Reichs und Istanbul. Frucht dieser Reisen ist eine Fülle von Bildern in verschiedenen Techniken mit orientalischen Sujets. Die vorliegende Grafik dokumentiert den Lehrbetrieb, wie man ihn sich an der Azhar-Universität in Kairo in der Mitte des 19. Jahrhunderts noch vorstellen kann. Der Unterricht und das Studium finden vor allem in den weitläufigen Höfen der Universität, die zugleich Moschee ist, statt. Man erkennt einen Prediger, der von einer Kanzel lebhaft auf seine Zuhörerschaft einwirkt. Davon lässt sich ein Student im Vordergrund nicht ablenken, der in einem Buch, vielleicht dem Koran, liest, das auf einem Ständer ruht. Der Ständer wird als ‚Kursî' (Thron) bezeichnet. Jungen Studenten sitzen daneben im Kreis um ihren Dozenten, der stehend vorträgt. In der Bildmitte befindet sich eine Anzahl von jüngeren Gelehrten, die einem bedeutenden Scheich zuhören. Im Hintergrund sieht man eine Gruppe um einen Lehrenden, in dessen Rücken sich eine Säule befindet, an die er sich auch anlehnen kann.

Das folgende Kapitel skizziert die Geschichte der Beschäftigung der westlichen Welt mit dem Islam. Geschildert wird, wie die islamische Welt abwechselnd als Quelle naturwissenschaftlichen und philosophischen Wissens, als Hort von Brutalität und Ausschweifungen, als militärische Bedrohung oder als exotisches Sehnsuchtsland gesehen wurde. In einem zweiten Abschnitt wird die Reaktion der muslimischen Denker auf diese Perspektiven der westlichen Welt beschrieben. Die Begeisterung für die wissenschaftliche Offenheit der westlichen Gelehrten führte zu Versuchen, die eigene Kultur wissenschaftlich aufzuarbeiten. Da diese den Standards der westlichen Welt nicht genügten, entwickelte sich bald eine Überheblichkeit des Westens gegenüber dem Orient, die dann im 20. Jahrhundert auch im Westen stark kritisiert wurde. Schließlich geht es noch um die Entstehung von universitären Einrichtungen zur Ausbildungen von muslimischen Religionslehrern und Imamen seit dem Beginn des 21. Jahrhundert.

1.1 Das mittelalterliche Abendland, der moderne Westen und die islamische Welt

Die akademische Beschäftigung mit der islamischen Welt ist älter als die Islamwissenschaft als Unterrichtsfach, das zum Ende des 19. Jahrhunderts an den deutschen und europäischen Universitäten eingeführt wurde. So lehrte z. B. Jacob Christmann (1554–1613) ab 1609 in Heidelberg Arabisch. Für das mittelalterliche Abendland waren der Islam und die Muslime seit dem Beginn der Begegnung mit diesen Fremden immer ein gewaltiges Problem. Man war es gewohnt, die Welt in Christen und Heiden einzuteilen. Außerdem gab es auch noch die Gruppe der Juden, die man aus der christlichen Perspektive jedoch nicht als Heiden betrachten konnte, da sie als Teil des göttlichen Heilsplanes galten, dessen Existenz im Mittelalter fester Bestandteil der Lehre der Kirche war. Schon im 7. Jahrhundert n. Chr. (also im 1. Jahrhundert islamischer Zeitrechnung) hatte man erkannt, dass auch die Anhänger des Propheten Mohammed nicht in dem Sinne als Heiden bezeichnet werden konnten, wie man das mit den vorchristlichen Anhängern der ägyptischen, römischen oder griechischen Götter tun konnte. Man musste zur Kenntnis nehmen, dass diese Muslime Monotheisten waren, in ihren religiösen Lehren Jesus und seine Mutter Maria eine wichtige Rolle spielten, sie über ein elaboriertes ethisches System verfügten und ein komplexes Rechtssystem kannten. Mit einer sich verbessernden Kenntnis der muslimischen Gedankenwelt und dem Schrifttum, das in der islamischen Welt produziert wurde, wurde die Einschätzung des Islams nicht einfacher.

Die führenden Theologen und Vertreter der politischen Eliten waren sich bewusst darüber, dass man mehr über den Islam und seine Dogmen in Erfahrung bringen müsse, ehe man in eine Erfolg versprechende Auseinandersetzung mit ihnen eintreten könnte. Sie verwendeten für diese neue Religionsgemeinschaft Begriffe wie Mahometanismus etc. und bezeichneten die Anhänger der Religion als Mohammedaner u. Ä. oder Sarazenen. Die Bezeichnung Islam wurde einheitlich erst in der zweiten Hälfte des 20. Jahrhunderts verwendet. Ab diesem Zeitpunkt wurde auch die Bedeutung des Wortes Islam (arabisch für: Ergebung in den Willen Gottes) eine weit verbreitete Erläuterung. Vor allem von Muslimen wird die Verwandtschaft des Wortes Islam mit dem arabischen Wort für Frieden (*salâm*) betont. Mit dem Begriff Muslim (zunächst eine Partizip Aktiv-Form) bezeichnet man Personen, die sich dem Willen Gottes ergeben. Zwischen islamisch und muslimisch als den entsprechenden Adjektiven wird nicht immer konsequent unterschieden. Korrekt wäre es, mit islamisch ausschließlich auf die Religion bezogene Begriffe zu spezifizieren, während muslimisch sich auf alle religiösen und alltäglichen Handlungen von Muslimen bezieht.

Vor allem auf der Iberischen Halbinsel, auf der Muslime seit dem Jahr 711 Fuß gefasst hatten, kamen abendländische Abenteurer, Söldner, Kaufleute und Gelehrte mit dem Islam in seiner ganzen Vielfalt in Kontakt. In Toledo entwickelte sich z. B. ein lebhafter Austausch zwischen Gelehrten, bei dem die abendländischen Besucher vor allem die Nehmenden waren. Gäste aus allen europäischen Ländern lernten hier Arabisch, um die Gedanken der großen Philosophen und Theologen des Islams, aber auch der muslimischen Naturwissenschaftler und Mediziner mit ihren bahnbrechenden Ideen und Praktiken kennenzulernen und in das Lateinische als die Lingua franca des mittelalterlichen Europa zu übersetzen.

Toledo war der richtige Ort für Petrus Venerabilis (1094–1156), den Abt des französischen Klosters Cluny, um jemanden zu finden, der den Koran aus dem Arabischen ins Lateinische übersetzen könnte. Denn Petrus Venerabilis war der Meinung, dass man die Anhänger Mohammeds nicht zum Christentum bekehren könne, wenn man zuvor nicht über deren Glaubensüberzeugungen informiert sei. Mit einigem Recht ging er davon aus, dass man dazu viel im heiligen Buch der Muslime, im Koran, finden könne. Er reiste also nach Toledo und beauftragte Robert von Ketton, der sich dort mit der Übertragung von naturwissenschaftlichen Texten aus dem Arabischen ins Lateinische befasste, den Koran gegen ein stattliches Honorar in die Sprache der Intellektuellen des christlichen Abendlands zu übertragen. Die Auseinandersetzung mit dem Koran auf Basis dieser Übersetzung führte zu einer überraschend präzisen Darstellung der grundlegenden Vorstellungen des Islams.

Sehr viel weitere Kenntnisse stammen von Ricoldus de Monte Crucis (1243–1320), einem Dominikaner, der ab 1288 längere Zeit in Bagdad, der Hauptstadt des Abbasidenreiches, verbrachte hatte. Dabei gewann er einen genauen Einblick in die praktische Ausübung der islamischen Religion, die er in einem beeindruckenden Text der Nachwelt vermittelt hat. Er beschrieb Bagdad folgendermaßen:

> „Es begab sich also, als ich in Baghdad weilte, [...] dass mich die Annehmlichkeiten des Gartens, in dem ich mich befand, entzückten. Denn er war wie das Paradies durch den Reichtum seiner Bäume und die Fruchtbarkeit und Mannigfaltigkeit seiner Früchte. Er war emporgewachsen durch die Quellen des Paradieses, und goldene Häuser wurden auf ihm errichtet. Andererseits ließ mich das Massaker und die Gefangennahme von Christen und ihre Eroberung von Akko in tiefste Trauer verfallen, wenn ich die Freude und den Jubel der Muslime sah und die Christen vernachlässigt und geistig erschüttert. Ich begann noch sorgfältiger als sonst nachzudenken über die Entscheidungen Gottes bezüglich der Herrschaft über die Welt und vor allem über Muslime und Christen." (Ricoldus 1997, S. 210)

An anderer Stelle heißt es:

> „Von Indien bis in die Gegenden des Westens beherrschen die Muslime in Frieden und ohne Widerstand die herrlichsten Dinge und reichsten Königreiche, in denen es die schönsten irdischen Vergnügen gibt. Dort gibt es Berge von Salz, Springbrunnen von Öl, Manna vom Himmel, die Flüsse des Paradieses, aromatische Gewürze, kostbare Edelsteine, herrliche Weintrauben und köstliche Früchte." (Ricoldus 1997, S. 209)

Beide Texte, die Übersetzung des Korans aus dem Arabischen wie die Erfahrungen des florentinischen Dominikaners, wurden von dem großen Reformator des 16. Jahrhunderts, Martin Luther, mit lebhaftem Interesse zur Kenntnis genommen. Er lebte in der Zeit, in der die ‚Türkennot', also die Angst vor den Angriffen der osmanischen Heere, die Menschen bewegte. So heißt es in einer in Siebenbürgen im Jahr 1661 verbreiteten Flugschrift:

> „Der Türk ist komen auff die ban
> ach hört wie er thit hausen
> lasst niderseblen Weib und Mann
> schrecklicher weiß viel tausend
> spißt, pfält die Menschen groß und klein
> solt das nicht zu erbarmen sein
> wem solt darob nicht grausen."
> (Özyurt 1972, S. 22)

Mit der Niederlage der Türken vor Wien 1683 änderte sich die grundsätzliche Einstellung des Abendlands gegenüber dem Islam. Er wurde nun weniger als eine Bedrohung empfunden als vielmehr wegen seiner Exotik geschätzt. Die Oberschicht Europas ließ es sich nicht nehmen, sich in orientalischen Gewändern von den bekanntesten Malern der Zeit porträtieren zu lassen. Auch andere Motive der bildenden Kunst stammen aus dem orientalischen Kontext. Dabei lassen sich einige inhaltliche Momente feststellen, die auch schon aus der mittelalterlichen

Einschätzung des Islams und der Muslime herrühren. Das erste ist die Vorstellung von der Gewaltbereitschaft und Brutalität des Islams. In zahlreichen europäischen Büchern wurde darauf hingewiesen, dass der Islam den ‚Glaubenskrieg' predige und die Religion mit Feuer und Schwert verbreiten wolle (Graf 2008, S. 1–30). Neben dem Gewaltaspekt spielt auch die Frage der Sexualität eine Rolle. Die Tatsache, dass die Scheidung nach islamischem Recht aus der Position des Ehemannes verhältnismäßig einfach bewerkstelligt werden kann und eine unmittelbare oder spätere Wiederverheiratung mit einer anderen Frau gestattet wurde, forderte die mittelalterlichen christlichen Theologen zu heftiger Kritik heraus. Nicht weniger indigniert zeigten sie sich angesichts der Tatsache, dass das islamische Recht einem Mann gestattet, mit vier Frauen gleichzeitig verheiratet zu sein – unter der Bedingung, dass er sie alle gleich behandele.

Diese noch aus den mittelalterlichen Überzeugungen von der Gewalt und der sexuellen Ausschweifung stammenden Vorstellungen vom Islam blieben auch weiterhin tief in dem Bild vom Islam in der deutschen Öffentlichkeit vorhanden. Sie wurden nicht zuletzt durch Übersetzungen von Schriften von englischen oder französischen Literaten und Gelehrten ins Deutsche verstärkt.

Diesen grausamen Bildern vom Islam und vom Orient standen seit der Übersetzung der Märchensammlung *Tausendundeine Nacht* (1704–1717) aus dem Arabischen von Antoine Galland Orientbilder gegenüber, die ein hohes Maß an Romantisierung der islamischen Welt mit sich gebracht hatten. Dieses romantisierende Moment wurde geprägt durch eine Reihe von Dichtern und Schriftstellern des 19. Jahrhunderts, von denen als erster Johann Wolfgang Goethe genannt werden muss. Er hat sich, wie mit vielen anderen Themen auch, intensiv mit dem Islam befasst und sogar versucht, in die tieferen Geheimnisse der arabischen Sprache einzudringen. Für Goethe war der Orient ein Fluchtpunkt, kein realer Ort, zu dem er sich vor den Erschütterungen der Französischen Revolution zurückzog. In seinem einleitenden Gedicht zum *West-östlichen Diwan* (1. Auflage 1827) heißt es:

„Nord und West und Süd zersplittern,
Throne bersten, Reiche zittern,
Flüchte du, im reinen Osten
Patriarchenluft zu kosten;
Unter Lieben, Trinken, Singen
Soll dich Chisers Quelle verjüngen.

[...]

Wo sie Väter hoch verehrten,
Jeden fremden Dienst verwehrten;
Will ich freun der Jugendschranke:
Glaube weit, eng der Gedanke,

> Wie das Wort so wichtig dort war,
> Weil es ein gesprochnes Wort war."
> (Goethe 1994, I, Bd. 3, 1, S. 12)

Zahlreiche deutsche Schriftsteller und Dichter des 19. Jahrhunderts waren vom Orient fasziniert.

Heinrich Heine (1797–1856) hatte wegen seiner jüdischen Herkunft und seiner Konversion zum Christentum ein besonderes Verhältnis zum Islam. In seinen Gedichten über die Muslime Andalusiens nach der Reconquista, verglich er die Lage der Anhänger Muhammads mit der Situation die Lage der Juden seiner Zeit in Deutschland an.

Friedrich Rückert (1788–1866) prägte nicht nur die Dichtung der Romantik, sondern wirkte als Professor in Erlangen und Berlin auch als Orientalist, der wie kaum ein anderer Deutscher Verständnis für die Sprache des Korans und der arabischen Dichtung entwickelte.

Den stärksten Eindruck auf Generationen deutscher Kinder machten die Darstellungen des Orients in den Romanen des Abenteuerschriftstellers Karl May (1842–1912). Ohne Europa schon selbst verlassen zu haben, erdachte er sich nicht nur die farbenfrohen Geschichten über Winnetou und Old Shatterhand, sondern auch solche über den deutschen Orientreisenden Kara Ben Nemsi, die Ende des 19. Jahrhunderts für wahre Reiseberichte gehalten wurden. May stand dem Islam ablehnend gegenüber und erfand immer wieder Muslime, die im Begriff waren, sich dem Christentum zuzuwenden, weil sie es aufgrund des vorbildlichen Verhaltens von Kara Ben Nemsi als die ethisch höher stehende Religion erkannt hatten:

> „Was war ich für ein Mann, als du mich kennenlerntest! Ein nach Rache, nach blutiger Vergeltung schnaubender Mensch, ein Anhänger des Islams, der nur sich selbst liebte, seine Feinde haßte und gegen alle anderen Personen nichts als stolze Gleichgültigkeit empfand. Du warst der erste unter allen Leuten, der mich zur Achtung zwang. Darum wünschte ich, ebenso wie Hadschi Halef, unser jetziger Scheich, dass du Mohammedaner werden möchtest; denn wir hatten dir so viel zu verdanken und wollten dir die Himmel gönnen, die wir nur für die Anhänger des Propheten offen glaubten. [...] Du lebtest ein Leben, das eine überzeugende Predigt deines Glaubens war. Wir waren deine Begleiter und lebten dies dein Leben mit. Der Inhalt des deinigen war Liebe. Wir lernten diese Liebe kennen und liebten zunächst auch dich. Wir konnten nicht von dir lassen und also auch nicht von ihr. Sie wurde größer und immer mächtiger in uns, sie umfasste dich und nach und nach auch alle, mit denen wir in Berührung kamen. Jetzt umfängt diese unsere Liebe die ganze Erde und alle Menschen, die auf ihr wohnen. Wir haben den Koran vergessen und sind gleichgültig geworden für die Gesetze des Propheten." (May 1951, S. 54 f.)

Die Form, in der die islamische Welt seit der Erfindung des Films einem breiten Publikum vermittelt wurde, entspricht der Kombination von Grausamkeit und Erotik, wie man sie in der Malerei der sogenannten Orientalisten findet. Auch hier sind der beiden Momente die grundlegenden Kennzeichen des Islams und der Muslime. Dabei spielten hinsichtlich der Filme und der heutigen TV-Produktionen die jeweils aktuellen politischen Verhältnisse eine wichtige Rolle für das Bild. Sind es doch oft dunkelhaarige, schnauzbärtige Protagonisten, die die Rolle des Bösewichts ausfüllen, und in Action-Filmen werden nicht selten Szenen mit sogenannten Bauchtanzdarbietungen gezeigt. Man denke an den James Bond Film *Liebesgrüße aus Moskau* (1963) oder an den Film *Cleopatra* mit Elizabeth Taylor und Richard Burton aus dem gleichen Jahr. Inzwischen werden auch bei TV-Produktionen mit europäischen und amerikanischen Schauplätzen immer wieder unsympathische Rollen so besetzt, dass bei den Zuschauern Assoziationen mit Orientalen oder mit Personen, die einen muslimischen Hintergrund haben, aufkommen können. Und die amerikanische Serienproduktion *Threat Matrix* (2003–04) reduziert den Islam auf den islamistischen Terrorismus.

1.2 Die Entstehung der akademischen Islamwissenschaft

Es lassen sich zwei unterschiedliche Ansätze für die Entstehung des akademischen Fachs Islamwissenschaft unterscheiden. Beide firmierten über lange Zeit unter dem Begriff ‚Orientalistik'. Der erste hängt mit zwei christlichen theologischen Motivationen zusammen. Einerseits galt es, das Christentum auch unter Muslimen zu verbreiten. Daher wurde auf dem Konzil von Vienne (1311–1312) neben anderem beschlossen, dass für die Missionstätigkeit die Kenntnis der jeweiligen ‚orientalischen' Sprachen von Bedeutung sei. Noch bis ins 18. Jahrhundert wurde daher bei der Gründung katholischer Universitäten bestimmt, dass diese Sprachen in das Lehrcurriculum aufgenommen werden sollten. Andererseits hoffte man, dass man durch die Kenntnis der frühen arabischen Literatur und vor allem des Korans ein genaueres Verständnis für das Alte Testament gewinnen könne. Die Alttestamentler gingen davon aus, dass die Stämme des Volkes Israel ähnlich Sozialstrukturen und Rechtsverhältnisse aufweisen wie die Beduinenstämme des Frühislam. Typisch für diese Einstellung ist der Schotte William Robertson Smith (1846–1894), der sich auch durch Feldforschungen unter arabischen Nomadenstämmen einen Namen machte.

Der andere Ansatz der wissenschaftlichen Befassung mit muslimischen Gesellschaften hängt zusammen mit dem Entstehen des modernen europäischen Kolonialismus oder der politischen Konfrontation mit islamischen Staaten. Um bei den diplomatischen oder militärischen Auseinandersetzungen mit diesen

Informationen zu erlangen oder diplomatische Kommunikation zu ermöglichen, wurden spezielle Einrichtungen etabliert, in denen die modernen Sprachen des Vorderen Orients, Irans, Süd- oder Südostasiens, dann auch des subsaharischen Afrikas gelehrt wurden. So war 1754 in Wien die k. u. k. Akademie für orientalische Sprachen gegründet worden; 1795 entstand in Paris die École spécial des langues orientales. In Berlin folge 1887 das Seminar für Orientalische Sprachen. Erstaunlich spät, erst seit1916, gibt es in London die School of Oriental Studies. All diese Einrichtungen entstanden parallel, häufig in Konkurrenz zu universitären Einrichtungen, an denen aktuelle Fragen und Entwicklungen in der islamischen Welt nicht im Zentrum von Forschung und Lehre standen. Ihre Aufgabe lag in der Lehre lebender orientalischer, bald auch afrikanischer Sprachen und der Information über die aktuelle wirtschaftliche, politische und religiöse Situation vor allem in den jeweiligen Kolonialgebieten. Bei den Studierenden handelte es sich vor allem um Diplomaten, Kolonialmitarbeiter, Missionare, Kaufleute und Journalisten, die in den entsprechenden Regionen zum Einsatz kommen sollten. Zumindest in Deutschland wurde aber auch an den Orientalischen Seminaren aus aktuellen Anlässen in Lehrveranstaltungen auf die entsprechenden Themen eingegangen.

1.3 Der Streit um den Orientalismus

Die Art und Weise, in der Muslime auf die westliche Beschäftigung mit ihrer Kultur reagierten, lässt sich mit zwei gegensätzlichen Reaktionen beschreiben. Diese Reaktionen hingen von der grundsätzlichen Einstellung des jeweiligen muslimischen Sprechers oder Autors ab. Vor allem im ausgehenden 19. Jahrhundert war die Begeisterung für die Tatsache, dass sich europäische Gelehrte ausführlich mit den Sprachen und Kulturen der islamischen Welt befassten, unter Muslimen groß.

Besonders ließen sie sich durch die umfangreichen Manuskriptsammlungen orientalischer Schriften beeindrucken, die in den großen europäischen Bibliotheken schon seit dem 18. Jahrhundert zusammengetragen worden waren. Dieser Sammeleifer hatte im 19. Jahrhundert noch weiter zugenommen. Kaum eine fürstliche Bibliothek, die sich nicht des Besitzes von besonders wertvollen orientalischen Handschriften rühmte. Es war wohl vor allem die Sammelleidenschaft der Fürsten und ihrer Bibliothekare und nicht so sehr das Interesse an den Inhalten der Schriften, die für das Zusammentragen dieser Dokumente islamischen Geistesschaffens Anlass war. In manchen Fällen sind diese Sammlungen bis heute nicht katalogisiert oder gar wissenschaftlich bearbeitet und ediert worden. Kamen aber günstige Umstände zusammen, wenn z. B. ein des Arabischen oder Persischen mächtiger Bibliothekar und ein Mäzen zusammentrafen, dann wurden einige dieser Handschriften der wissenschaftlichen und editorischen Kenntnis der Zeit entsprechend herausgegeben und gedruckt. Als Beispiel sei hier die *Bibliotheca Geographorum Arabicorum* genannt, die der niederländische Orientalist Michael Jan de Goeje (1836–1909) in der zweiten Hälfte des 19. Jahrhunderts herausbrachte.

Ähnliche Beispiele orientalistischer philologischer Gelehrsamkeit lassen sich auch in Deutschland, Österreich, Frankreich oder England finden. Nicht weniger Bewunderung auf muslimischer Seite erregte die *Geschichte der arabischen Litteratur*, mit der Carl Brockelmann zwischen 1937 bis 1942 ein Übersichts-, vor allem aber ein Referenzwerk für die arabische Literaturgeschichte von den Anfängen bis zur Gegenwart schuf, auf das bis heute viele Wissenschaftler, die sich mit dem weiten Bereich arabischer, fachwissenschaftlicher wie belletristischer Literatur befassen, immer wieder zurückgreifen. Dieses Buch wurde auch ins Arabische übersetzt, sodass sich auch muslimische Gelehrte mit dieser westlichen Art der wissenschaftlichen Befassung mit einer fremden, hier der islamischen Kultur vertraut machen konnten.

Einige bedeutende Forscher wie der ungarische Gründungsvater der Islamwissenschaft, Ignaz Goldziher (1850–1921), reisten Ende des 19. Jahrhunderts in die Länder des Nahen und Mittleren Ostens vor allem, um dort nach Büchern und Handschriften Ausschau zu halten und sie privat und für Bibliotheken zu erwerben. Bei dieser Gelegenheit kamen die westlichen Islamwissenschaftler auch mit muslimischen Gelehrten zusammen. So traf Goldziher den bedeutenden ‚modernistischen' Korankommentator und religiösen Reformer Muhammad Abduh in Kairo. Muslimische Reisende ihrerseits kamen aber auch nach Europa und suchten Zugang zu den akademischen Einrichtungen der orientalistischen Forschung an den Universitäten und Akademien. Hier hatten sie Gelegenheit, die fortschrittlichen editorischen Methoden der Zeit kennenzulernen, Handschriftensammlungen in Augenschein zu nehmen und sich im wissenschaftlichen Gespräch mit europäischen Orientalisten auszutauschen.

Goldziher war nicht der einzige jüdische Orientalist in Europa. Generationen von Juden interessierten sich für den Islam. Das gilt für England und Frankreich wie für Deutschland. Manche strebten erfolgreich eine akademische Karriere an, andere ließen sich sehr viel tiefer auf Religion und Kultur der Muslime ein.

„Für den am Orient interessierten Juden war der Osten nicht etwa eine Region, in der er das exotische Andere entdecken wollte, sondern er wollte seine eigenen Wurzeln finden. Für ihn waren die Araber so etwas wie Blutsbrüder, Juden hoch zu Ross, wie [der viktorianische englische Politiker] Disraeli es ausdrückte. [...] Den Juden haftete natürlich der Makel an, dass sie in Europa eine fremde, orientalische Rasse darstellten, aber diesen Makel stellten die jüdischen Orientexperten sozusagen auf den Kopf, indem sie sich auf ihren alten Wüstenadel besannen. Die Juden sahen sich ihren verlorenen ‚Brüdern' im Osten eng verbunden und übernahmen es, die semitische Kultur einschließlich des Islams im Westen zu erklären. Jüdische Orientalisten im engsten Sinne waren Spezialisten auf dem Gebiet östlicher Religionen und Sprachen sowie der Anthropologie, doch seltsamerweise wird die entscheidende Rolle, die die Juden in den Orientwissenschaften gespielt haben, dennoch übersehen." (Reiss 2008, S. XXIf.)

Häufig waren Muslime von dem westlichen Wissenschaftsbetrieb, der anderen Art der Wissensvermittlung und der Forschung sehr tief beeindruckt. Das war auch dann der Fall, wenn sie an den seinerzeit allerdings recht seltenen internationalen Orientalistenkongressen teilnehmen konnten. Oft äußerten diese Reisenden sich nach ihrer Rückkehr ausführlich über ihre Erfahrungen mit der Arbeit an europäischen Universitäten und zu den Ergebnissen der orientalistischen Forschung. Arabische Buchhändler und Verleger sahen es neben dem geschäftlichen Interesse auch als eine Verpflichtung an, das Erbe der arabischen Kultur zu bewahren, indem sie den editorischen Aktivitäten westlicher Orientalisten folgten und ebenfalls begannen, Texte der klassischen arabischen Literatur zu drucken. Zunächst hatten diese Editionen aber nicht den wissenschaftlichen Standard der europäischen Vorbilder.

Das führte zu einem verstärkten Selbstbewusstsein der europäischen Wissenschaftler, die auf die Bemühungen der arabischen, persischen oder türkischen Kollegen mit einiger Verachtung herabschauten. Die Konzentration der westlichen Wissenschaft und in ihrer Nachfolge auch die der orientalischen Gelehrten auf die jeweiligen ‚klassischen' Literaturen hatte zur Folge, dass spätere Werke dieser Literaturen als uninteressant, epigonenhaft und weitgehend wertlos angesehen wurden. Die Vorstellung vom ‚goldenen Zeitalter', z. B. der arabischen Literatur, die mit dem Ende der Herrschaft der Dynastie der Abbasiden auszulaufen schien, wurde dann von den arabischen Gelehrten und den Ideologen des arabischen Nationalismus übernommen, die bis heute auf die Bedeutung des kulturellen Erbes (arabisch *tûrâth*) aus eben dieser Epoche hinzuweisen nicht müde werden.

Mit dem Überlegenheitsgefühl westlicher Orientalisten ging Ende der 1970er-Jahre der palästinensisch-amerikanische Literaturwissenschaftler Edward Said scharf ins Gericht. In einer fulminanten Polemik warf er vor allem der angelsächsischen und der frankofonen Orientalistik vor, ihre Wissenschaft in den Dienst der kolonialen Expansion ihrer Völker gestellt zu haben. In der Tat hatten Orientalisten wie der Franzose Ernest Renan (1823–92) Muslimen vorgeworfen, dass sie zu kreativen geistigen, künstlerischen oder gesellschaftlichen Leistungen nicht fähig seien. Zu Unrecht schloss Said die deutsche Orientalistik von seinem Vorwurf aus. Deren Blick auf den Orient war in der Regel nicht weniger eurozentrisch als der ihrer Kollegen in Frankreich, England oder den Niederlanden.

Deutsche Orientalisten wie Theodor Nöldeke (1836–1930) oder Martin Hartmann (1851–1918) machten weder privat noch öffentlich einen Hehl aus ihrer Verachtung des zeitgenössischen, aber auch des mittelalterlichen Islams. Seit der Gründung des Deutschen Reichs 1871 hatte sich auch hier eine praxisbezogene Orientalistik entwickelt, die auch der deutschen kolonialen Expansion diente. So meint Nöldeke über die türkische und arabische Literatur, dass sie, „unter uns gesagt, jenen Griechen gegenüber eine ziemlich armselige Rolle spielen" (Nöldeke 1893, zitiert nach: Fähndrich 1976, S. 151). Und Martin Hartmann schrieb in einem Brief an Goldziher:

> „Im Grunde ist ja diese islamische prêtaille [Priesterklüngel] nicht schlimmer als die christliche des Mittelalters and als die jüdische Pilpel-fexe; aber wir haben den altbabylonischen Priesterschwindel (denn der steht hinter dem Judentum, Christentum und Islam) innerlich überwunden, die islamische Welt ist von ihm tödlich vergiftet und ich sehe keine Möglichkeit der Rettung." (Hartmann 1907, zitiert nach: Hanisch 2000, S. 278)

Der scharfe Vorwurf Saids gegen die westliche Orientalistik und damit auch gegen die Islamwissenschaft war, dass die Vertreter dieser Disziplin den Orient und die islamische Welt auf eine Weise zeichneten, die nicht den Realitäten entspreche. Sie redeten einem orientalischen Exotismus das Wort, indem sie sich auf die verschiedenen ‚goldenen Zeitalter' konzentrierten und die Komplexität islamischer Gesellschaften in ihren Darstellungen stark vereinfachten. Said machte ihnen den Vorwurf des Essentialismus. Darunter versteht man die Reduktion komplexer kultureller und gesellschaftlicher Zusammenhänge auf einige wenige Tatsachen, die als das ganze Bild einer Kultur dargestellt werden. Er bezeichnete die westliche wissenschaftliche Befassung mit dem Orient, hier vor allem als die Region des weiteren Nahen Ostens, als Orientalismus.

Damit bezog Said sich auf einen Typ der bildenden Kunst, vor allem in der Malerei, der sich durch eine besondere Art der Darstellung orientalischer Sujets auszeichnet. Diesen bezeichnete er als Denkstil, der auf einer grundlegenden Unterscheidung zwischen Orient und Okzident beruhe. Die Europäer sähen den Orient als fremd, exotisch, rückständig, traditionell, irrational, passiv, statisch und feminin an. Er sei aus dieser Sicht das negative Spiegelbild des Westens, der fortschrittlich, aktiv, progressiv, rational und männlich sei. Damit diene der Orient dem Westen als Faktor der Selbstvergewisserung und der Selbstidentifikation. Der Orient sei, so beschreibt Said die Haltung des Westens, stumm, unfähig sich zu repräsentieren und müsse daher von anderen, eben vom Westen repräsentiert werden. Dies habe dann im wissenschaftlichen und forscherischen Bereich mit auch mit der Existenz der Orientalistik bzw. der Islamwissenschaft zu tun. Diese solle im Westen den Orient und den Islam objektiv darstellen, weil die eigentlichen Träger dieser Kultur (noch) nicht dazu in der Lage seien (vgl. Said 1981, S. 63f., 136).

Der zweite Punkt der Orientalimuskritik von Edward Said ist der der praktischen Anwendung der wissenschaftlichen Erkenntnisse der Islamwissenschaft:

> „Es gibt natürlich ein Nahoststudien-Establishment, einen Interessenpool von alten Kollegen oder ‚Experten', von Netzwerken, den Korporationen, Geschäften, Stiftungen, Ölgesellschaften, Missionen, dem Militär, dem Außenamt, dem Nachrichtendienst, die mit der akademischen Welt zusammenhalten. Da gibt es Forschungsstipendien und andere Belohnungen, da gibt es Organisationen, da gibt es Hierarchien, da gibt es Institute, Zentren, Fakultäten, Abteilungen, alle damit beschäftigt, eine Handvoll von grundlegenden und grundsätzlich unveränderlichen Ideen über den Islam, den Orient und die Araber zu legitimieren und zu erhalten. Eine neuere linguistische Studie über die Nahoststudien-Operation in den Vereinigten Staaten zeigt nicht, dass das Fach ‚monolithisch' ist, sondern dass es komplex ist, dass es freiwillig Orientalisten des alten Stils beschäftigt, freiwillig ‚marginale' Spezialisten, revisionistische Spezialisten, Politikmacher, ebenso wie eine kleine Minderheit […] von akademischen Machtmaklern. In jedem Fall überlebt der Kern des orientalistischen Dogmas." (Said 1981, S. 340)

Den Thesen von Edward Said wurden in der westlichen Islamwissenschaft zunächst mit lebhafter Ablehnung begegnet, in der Folgezeit aber mehr und mehr einer sachlichen und gewissenhaften Prüfung unterzogen. Inzwischen sind einige seiner Grundpositionen weithin akzeptiert worden und haben zu einer veränderten Grundhaltung einiger Islamwissenschaftler zu ihrem Fach und dem Thema ihrer Forschungen geführt. Andere beharren weiterhin auf den traditionellen Vorstellungen über die Aufgaben und Einstellungen des Fachs zum Islam und zu den Muslimen. Am wirkungsvollsten haben sich Saids Thesen bei den Historikern erwiesen, bei denen sich mit den Postcolonial Studies eine eigene Forschungsrichtung entwickelt hat. In diesen werden Kultur-, Gesellschafts- und politische Geschichte von Staaten, die unter europäischer Kolonialherrschaft gestanden haben, auch aus der Perspektive der Kolonisierten und dem Verhältnis zwischen Kolonisatoren und Kolonisierten erforscht. Vor allem Vertreter einer philologisch geprägten Islamwissenschaft haben sich dagegen durch die Kritik von Edward Said nicht beeindrucken lassen. Auch israelische Orientalisten haben sich gegen Said gewandt. Mit dem bekannten, in Princeton lehrenden Bernard Lewis (geboren 1916) führte Said eine lang andauernde Fehde, die auch in der regelmäßigen persönlichen Konfrontation auf wissenschaftlichen Kongressen und Symposien ausgetragen wurde. Inzwischen hat sich die Haltung vieler Fachvertreter zum Islam und zu den Muslimen gewandelt. Heute geht es darum, nicht mehr über Muslime zu forschen, sondern mit ihnen.

1.4 Zentren für islamische Theologie

Seit der ersten Hälfte der 1960er Jahre waren im Zuge der Arbeitsmigration Muslime aus dem damaligen Jugoslawien und der Türkei in die Bundesrepublik Deutschland und nach West-Berlin gekommen, ohne dass der Öffentlichkeit diese Tatsache bewusst wurde. Flüchtlinge aus Palästina und dem Libanon folgten einige Jahre später. Zu Beginn der 1980er Jahre lebten etwa 1,8 Millionen Muslime im Land. Eine organisierte religiöse Betreuung dieser Gruppe fand kaum statt. Für die aus der Türkei stammenden Muslime boten muslimische Organisationen wie die Nurculuk-Bewegung entsprechende Angebote. Schulpflichtige Kinder erhielten sogen. muttersprachlichen Unterricht als schulisches Zusatzangebot. Dort stand aber die Vermittlung der Muttersprache, der offiziellen Geschichte und der Kultur des Herkunftslandes im Vordergrund. Die Lehrer waren in der Mehrzahl der Fälle aus den Herkunftsländern abgeordnet. Über eine spezielle religionspädagogische Ausbildung verfügten sie nicht.

Erst 2010 formulierte der Wissenschaftsrat, das einflussreichste Beratungsgremium für wissenschaftliche Frage und Probleme in Deutschland die Aufforderung an die Bundesländer, an den Universitäten Institute für die Ausbildung von muslimischen Religionslehrern und Imamen einzurichten. In den anschließenden Debatten um die Strukturen dieser Einrichtungen wurde festgelegt, dass die Finanzierung Sache der Länder sei, die islamischen Verbände in Deutschland aber eine Mitsprache bei den Lehrinhalten und bei der Auswahl des Lehrpersonals haben sollten. Hier gibt es also eine Parallele zur Situation der christlichen theologischen Fakultäten. Einrichtungen für islamische Theologie finden sich derzeit an den Universitäten Erlangen, Frankfurt/M., Giessen, Münster, Osnabrück, Tübingen. Weitere Einrichtungen befinden sich in der Gründungsphase.

Den Unterschied zur Islamwissenschaft formulieren Ömer Özsoy und Ertugrul Sahin so: „Anders als die Religions- und Islamwissenschaft ist die Theologie keine Wissenschaft, die die Religion als außenstehende Beobachterin untersucht. Selbstverständlich steht es den Theologen auch zu, religionswissenschaftlich zu arbeiten und andere Religionen zu erforschen; was sie zu Theologen macht, ist allerdings die Bindung ihrer Reflexion an bestimmte Glaubensinhalte. Die Theologie ist daher für einen Gläubigen auch eine Suche nach normativer Verbindlichkeit und existenzieller Behauptung." (Özsoy/Sahin S. 430 f.).

Schließlich ist noch auf eine aktuelle Entwicklung in dem Bereich der Islamwissenschaft hinzuweisen, der sich mit der Geschichte der durch den Islam geprägten Regionen und Gesellschaften befasst. Der Wiener Iranist Bert G. Fragner, der schon in seinem Aufsatz „Die deutschen Orientalisten im 20. Jahrhundert und der Zeitgeist" von 2001 mit dem Verhältnis von Geschichts- und Islamwissenschaft auseinandergesetzt hatte, plädiert in einem Text von 2017 unter dem

Titel „Islamische Zivilisationen und Internationale Geschichte" für eine Zusammenarbeit zwischen Islamwissenschaftlern und Internationaler Geschichte. Er beklagt darin den eurozentrischen Blick vieler Fachhistoriker, setzt sich mit der Orientalismuskritik auseinander, geht auf die Bedeutung der jeweiligen einheimischen Historiker am Beispiel iranischer und türkischer Kollegen ein und macht auf die zahlreichen Missverständnisse und Fehlinterpretationen bei der Darstellung historischer Entwicklungen durch den Islam, aber nicht nur durch diesen, geprägter Länder aufmerksam.

Fragen und Anregungen

- Wie entstand das Interesse am Islam in Europa?
- Wer waren die ersten europäischen Gelehrten, die sich systematisch mit dem Koran befassten?
- Wo entstanden in der Neuzeit die ersten akademischen Institutionen, die sich mit dem Islam befassten, und was waren ihre Ausbildungsziele?
- Wie reagierten Muslime auf die westlichen Orient-Studien?
- Was sind die wichtigsten Kritikpunkte von Edward Said an den westlichen Islamstudien?
- Wie reagierten die westlichen Islamwissenschaftler auf die Kritik am Orientalismus?
- Wie entstanden die Institute für islamische Theologie?

Lektüreempfehlungen

Hartmut Bobzin: **Der Koran im Zeitalter der Reformation. Studien zur Frühgeschichte der Arabistik und Islamkunde in Europa,** Stuttgart 1995. *Faktenreiche und gut zu lesende Geschichte der Entdeckung des Korans durch die deutschen Reformatoren, die einen tiefen Einblick in deren Haltung gegenüber dem Islam gibt.*

Bert G. Fragner: **Die deutschen Orientalisten im 20. Jahrhundert und der Zeitgeist,** in: Hermann Joseph Hiery (Hg.): Der Zeitgeist und die Historie, Dettelbach 2001, S. 37–51. *Faktenreiche Ergänzung zu der Fachgeschichte von Johann Fück.*

Bert G. Fragner: **Islamische Zivilisationen und Internationale Geschichte,** in: Michael Gehler und Wolfgang Müller (Hg.): Internationale Geschichte, Wien 2017, S. 411–432. *Sehr origineller Beitrag zur Kooperation zwischen Islamwissenschaft und Geschichtswissenschaft.*

Johann Fück: **Die arabischen Studien in Europa bis in den Anfang des 20. Jahrhunderts,** Leipzig 1955. *Immer noch unübertroffene Darstellung der Geschichte der europäischen Orientalistik von ihren Anfängen bis zum Ende des Zweiten Weltkriegs.*

Friedrich Wilhelm Graf: Sakralisierung von Kriegen; Begriffs-und Problemgeschichtliche Erwägungen, in: Klaus Schreiner (Hg.): Heilige Kriege, München 2008, S. 1–30. *Hervorragende Darstellung zur Begriffsgeschichte des Heiligen Kriegs.*
Malcolm Kerr (Hg.): Islamic Studies. A Tradition and its Problems, Malibu 1980. *Sammelband mit Beiträgen westlicher und orientalischer Autoren, die sich mit der Debatte um die Thesen von Edward Said auseinandersetzen.*
Isolde Kurz: Vom Umgang mit dem Anderen. Die Orientalismusdebatte zwischen Alteritätsdiskurs und interkultureller Kommunikation, Würzburg 2000. *Analyse der vielfältigen Reaktionen im Westen und in den östlichen Kulturen auf die Orientalismusdebatte.*
Mathias Rohe u. a. (Hg.): Handbuch Christentum und Islam in Deutschland, Freiburg 2014. *Erste umfangreiche Sammlung von Beiträgen zum Verhältnis zwischen Christen und Muslimen in Deutschland.*
Georg Stauth: Islam und westlicher Rationalismus. Der Beitrag des Orientalismus zur Entstehung der Soziologie, Frankfurt a. M. 1993. *Darstellung des Zusammenhangs zwischen den Disziplinen der Soziologie und der Islamwissenschaft, die zugleich auf die Gemeinsamkeiten in der Wissenschaftsgeschichte der beiden Fächer verweist.*

2 Koran und Koranauslegung

Abbildung 2: Alte Koranhandschrift.

Der Korantext wurde schon in frühislamischer Zeit schriftlich festgehalten. Es finden sich kostbare Manuskripte, aber auch Exemplare in ganz einfacher Form. In der islamischen Frühzeit schrieb man auf Palmblätter oder Rinde, dann auf Pergament und schließlich seit dem Ende des 8. Jahrhunderts auf Papier. Koranexemplare dürfen nicht zerstört werden, also nicht verbrannt oder zerschnitten werden. Sie werden daher weiter aufbewahrt, wenn sie nicht mehr gebraucht werden können, weil sich die Bindung gelöst hat oder die einzelnen Seiten durch häufigen Gebrauch unansehnlich geworden sind. Man lagert die Exemplare dann in Nebenräumen von Moscheen oder auf deren Dachböden. Im Lauf der Jahrhunderte zersetzt sich dann das Papier und die Bücher lösen sich auf.

Das folgende Kapitel bietet in einem ersten Teil einen Abriss der Entstehungsgeschichte des Korans von den vorislamischen Wurzeln über die mündliche Tradition bis zur Verschriftlichung. Im zweiten Teil wird ein Einblick in die verschiedenen Formen und Inhalte gegeben, welche die Grundlage der islamischen Gesellschaft darstellen und u. a. die Rechtsprechung und das familiäre Zusammenleben regeln. Auch die Geschichte der muslimischen Koraninterpretation wird angesprochen. In einem dritten Teil werden vor allem die neueren westlichen Interpretationen dieser Entstehungsgeschichte und ihre kontroverse Debatte thematisiert.

2.1 Entstehungsgeschichte und Form

Nach muslimischer Tradition ist der Koran etwa zwischen 610 und dem Tod des Propheten Muhammad im Jahr 632 offenbart worden. Dies geschah in Form einer Verbalinspiration.

Der Engel Gabriel diktierte dem Propheten den Text der Offenbarung in einzelnen mehr oder weniger langen Abschnitten. Diese Diktate wurden dann von Rezitatoren der Gemeinde, die zum Gottesdienst versammelt war, vorgetragen. Diese Rezitation (arabisch *Qur'ân*) wurde von den Zuhörern rasch aufgenommen und memoriert. Im Vordergrund der Vermittlung des heiligen Textes steht also zunächst einmal die orale Tradition, die mündliche Weitergabe. Aber schon früh sollen einzelne Gläubige Textteile auch auf Palmblättern, Knochen und Steinen, Leder, Seidentüchern oder Pergamentstücken schriftlich fixiert haben.

Nach der Hijra im Jahr 622, der Auswanderung von Mekka nach Medina, durch die sich die muslimische Gemeinde den Nachstellungen ihrer Gegner entzog, bestellte Muhammad nach muslimischer Überlieferung Schreiber, die die Offenbarungstexte notierten. Daher ergibt sich die Frage, ob Muhammad selbst in die Zusammenstellung der einzelnen Abschnitte des Korans eingegriffen hat und, sozusagen, an der Redaktion des Gesamttextes oder von Teilen beteiligt war.

Wenn das der Fall war, hatte er hier sicher das entscheidende Wort. Der Überlieferung nach hat er den Schreibern Instruktionen über die Form der redaktionellen Arbeit erteilt und konkret angeordnet, wo neue Offenbarungen dem bisherigen Corpus hinzugefügt werden sollten. Nachdem bei militärischen Auseinandersetzungen nach dem Tod des Propheten Muhammad zahlreiche Muslime, die den Koran in seiner Gesamtheit auswendig kannten, zu Tode kamen, wurde schon unter dem Kalifen Abu Bakr (Regierungszeit 632–634) das Projekt fortgesetzt, den Koran schriftlich zusammenzustellen. Dies geschah unter der Aufsicht von Zaid ibn Thâbit, dem wichtigsten Sekretär des Propheten. Der Kalif Omar (Regierungszeit 634–644) erhielt dann die erste Gesamtfassung des Korans, die auf gleich große Blätter (arabisch *suhuf*) geschrieben war. Nach dessen Tod ging dieser Urkoran in den Besitz seiner Tochter Hafsa, einer der Frauen des Propheten über. Dieser Text gilt als Ausgangspunkt der folgenden Koranausgaben.

Da es unter dem Kalifen Osman (Regierungszeit 644–656) zwischen Muslimen, die sich weit von Medina, wo noch viele Augen- und Ohrenzeugen der Offenbarung lebten, zum Streit um den genauen Text des Korans kam, wurde vom Kalifen die Erarbeitung einer endgültigen Koranfassung in Auftrag gegeben. Diese wurde wiederum von Zayd ibn Thâbit unternommen, der Unklarheiten des Urkorans, die durch fehlende diakritische Punkte und alternative Vokalisierungsmöglichkeiten entstanden waren, beseitigte. Osman ließ dann Exemplare dieser endgültigen Koranversion in die wichtigen Provinzhauptstädte Medina, Basra, Kufa und Damaskus bringen. Zugleich ordnete er an, dass alle übrigen vorhandenen schriftlichen Versionen des gesamten Korans oder von Teilen eingesammelt und dann vernichtet werden sollten. So wurde diese osmanische Version die alleingültige Ausgabe des Korans für die Muslime.

2.2 Inhalte und muslimische Interpretationen

Der gesamte Text des Korans ist in 114 einzelne Abschnitte, Suren (arabisch *sûra*) genannt, eingeteilt.

Alle Suren, haben eine Überschrift. Diese bezieht sich auf ein Wort in diesem Abschnitt und hat keine inhaltliche Funktion. Ferner wird mitgeteilt, ob die Sure in Mekka oder Medina offenbart wurde. Des Weiteren wird die Anzahl der Verse der Sure angegeben. Dem folgt eine stets gleich bleibende Einleitungsformel, die *Basmala*. Sie lautet: „Im Namen Gottes, des Barmherzigen, der Erbarmers." Sie gilt in der ersten Sure als Teil der Offenbarung und wird daher mitgezählt. In Sure 9 fehlt diese Einleitungsformel. Nach der Einleitungssure (arabisch *al-fâtiha*) werden die einzelnen Suren dann in abnehmender Länge aufeinander folgend angeordnet. Diese Strukturierung soll auf den Propheten Muhammad selbst zurückgehen. Kriterium für die Länge ist die Anzahl der einzelnen Verse (arabisch *âya*), nicht etwa die Anzahl der Worte oder einzelnen Buchstaben. Dennoch ist auch hier das Prinzip der Anordnung nach der Länge nicht konsequent angewendet worden.

Der Koran spricht eine Vielzahl von Themen an. Man kann sie in etwa unter den folgenden Überschriften subsumieren.
- Gott als Schöpfer
- Monotheismus
- Hierarchie und Engellehre

- Eschatologie
- Propheten
- Ordnung zum Alltagsleben / koranische Ethik
- Rituelle Vorschriften
- Gebete
- Historische Berichte

An erster Stelle stehen Aussagen über Gott, der der alleinige Schöpfer allen Seins ist. Weil er alles geschaffen hat, hat er Anspruch auf den Gehorsam seiner Geschöpfe.

Des Weiteren ist von geistigen Wesen die Rede, vor allem von Engeln, die als Überbringer der göttlichen Offenbarung beschrieben werden. Sie sorgen sich als Schutzengel auch um die einzelnen Menschen. Sie haben aber auch die Aufgabe, die guten und bösen Handlungen des Menschen zu protokollieren. In der von Gott gewollten Hierarchie stehen die Menschen über den Engeln, weil Gott diesen befahl vor Adam niederzufallen. Immer wieder ist auch vom Teufel (arabisch *iblîs* oder *shaytân*) die Rede, der mit der Erlaubnis Gottes versuchen kann, die Menschen zum Bösen zu verführen. Mit Gottes Hilfe kann sich der Mensch gegen die Verführungskünste des Teufels zur Wehr setzen. Die in diesem Kontext häufig angesprochene Frage der Willensfreiheit des Menschen lässt sich an Hand der Aussagen des Korans nicht endgültig beantworten und wurde zu einem Konfliktpunkt innerhalb der muslimischen Gelehrtenschaft bis auf den heutigen Tag. Schließlich ist im Koran auch von den Jinnen (arabisch *jinn*, Plural *junûn*) die Rede. Sie sind Wesen aus Feuer, die dem Menschen schaden können. Unter ihnen gibt es Gläubige und Ungläubige. Die Botschaft des Islams richtet sich auch an sie. Ihnen drohen die gleichen Strafen wie den Menschen und sie können auch auf die gleichen Belohnungen hoffen.

Dem folgen Aussagen zum Tag der Auferstehung und zum Jüngsten Gericht, also eschatologische (endzeitliche) Vorstellungen, die der vorislamischen arabischen Religion nicht bekannt waren. Am Ende der Zeiten werden alle Menschen wieder zum Leben erweckt und müssen vor Gott treten, der darüber entscheidet, ob die, die sich seinen Geboten unterworfen haben, in das Paradies gelangen und die, die gegen seine Gebote verstoßen haben, in das ewige Feuer der Hölle verbannt werden.

Ein fünfter Themenkreis betrifft die Propheten, die Gott vor Muhammad den anderen Völkern, Juden und Christen, die hier als Nationen verstanden werden, aber auch historischen Völkern wie den Âd oder die Thamûd gesandt hat. Er unterscheidet zwischen zwei Arten von Propheten. Die ersten sind als Mahner zu den Völkern geschickt worden. Dies musste immer wieder geschehen, weil die Menschen in ihrer Schwäche und Vergesslichkeit auf den Weg zu Gott zurückgeführt werden müssen. Diese Männer werden als *nabiy* (Plural *anbiyâ'*) bezeichnet. Die anderen Propheten haben den Menschen darüber hinaus eine göttliche Offenbarung gebracht, die in einem Buch aufgezeichnet sind. Diese werden als *rasûl* (Plural *rusul*) bezeichnet. Sie wurden in einem späteren Prozess als den anderen Propheten überlegen beschrieben. Der Koran akzeptiert die Lehren aller Propheten, die im Auftrag Gottes zu ihrer Zeit ihren Landsleuten gepredigt haben.

Als wichtigster Prophet vor Muhammad wird vom Koran Jesus (arabisch *Îsâ*) genannt, der auch als Wort Gottes (arabisch *kalimat allâh*) und Geist Gottes (arabisch *rûh Allâh*) bezeichnet wird. In den Suren, die in Medina geoffenbart wurden, wird er auch als Messias (arabisch *masîh*, der Gesalbte) bezeichnet. Die Übereinstimmungen der Beschreibung des Lebens Jesu im Koran und im Neuen Testament sind zahlreich. Dies gilt schon für seine Empfängnis: Maria empfing ihren Sohn durch einen göttlichen Schöpfungsakt oder durch das Einhauchen des Geistes. Es finden sich in diesem Zusammenhang aber auch einige bemerkenswerte Differenzen. So nimmt das Jesuskind seine Mutter gegen den Vorwurf der Verwandten in Schutz, sie habe ein uneheliches Kind geboren, indem es auf seine besondere Bestimmung hinweist: „Ich bin der Diener Gottes. Er ließ mir das Buch zukommen und machte mich zu einem Propheten" (Sure 19, 30). Der entscheidende Unterschied zu christlichen Vorstellungen ist, dass der Koran Jesus lediglich als Menschen sieht:

> „O, ihr Leute des Buches, übertreibt nicht in eurer Religion und sagt über Gott nur die Wahrheit. Der Messias, Jesus, der Sohn Marias, ist doch nur der Gesandte Gottes und sein Wort, das er zu Maria herüberbrachte, ein Geist von ihm." (Sure 4, 171)

Damit wird die Gottessohnschaft Jesu abgelehnt, der ausschließlich Mensch ist. Der Koran vertritt ferner die Ansicht, dass Jesus nicht am Kreuz gestorben ist:

> „Sie haben ihn aber nicht getötet, und sie haben ihn nicht gekreuzigt, sondern es erschien ihnen eine ihm ähnliche Gestalt [...]. Und sie haben ihn mit Gewissheit nicht getötet, sondern Gott hat ihn zu sich erhoben. Gott ist mächtig und weise." (Sure 4, 157)

Neben den im Alten und Neuen Testament genannten Propheten kennt der Koran auch noch einige weitere Prophetengestalten wie den Propheten Hûd, der zum Volk der 'Âd gesandt wurde, den Propheten Sâlih, der dem Volk der Thamûd predigte und schließlich den Propheten Shu'aib, der zum Volk von Madyan kam. Ob diese Völker alle historisch nachweisbar sind, ist umstritten. Zumindest sind von den Thamûd epigrafische Hinterlassenschaften, also Inschriften, erhalten geblieben. All diese Propheten blieben mit ihrer Botschaft erfolglos, weil ihre Völker nicht auf sie hörten und dafür von Gott bestraft wurden. Muhammad aber ist der letzte in einer langen Reihe von Gesandten Gottes, er ist das Siegel der Propheten. Seine Offenbarung ist die letzte Verlautbarung Gottes an die Menschheit. Er vollendet und vervollkommnet die göttliche Botschaft.

Einen weiteren wichtigen thematischen Bereich des Korans bilden Anweisungen zum gesellschaftlichen, politischen und rechtlichen Leben der Muslime. Allerdings machen diese Teile nur einen geringen Anteil am Gesamttext aus. Aus den gesellschaftlichen Normen, die der Koran aufstellt, ergibt sich eine konkrete koranische Ethik. So ruft der Koran zu einem friedfertigen und solidarischen Verhalten der Muslime untereinander, aber auch gegenüber den anderen Offenbarungsreligionen auf. Wahrhaftigkeit gegenüber jedermann wird den Gläubigen dringend empfohlen. Muslime sollen Barmherzigkeit gegenüber Armen, Kranken, Witwen und Waisen üben, dabei allerdings ein vernünftiges Maß nicht überschreiten. Das Verhältnis zu den Eltern wird ebenso angesprochen wie das zur Umwelt. Zusammengestellt werden diese Regeln in der Sure 17, 22–38.

Ausführlicher geht der Koran auf das Verhältnis der Geschlechter ein. Das geschieht vor allem in der vierten Sure *Die Frauen*. Zunächst muss aus theologischer Sicht festgehalten werden, dass Männer und Frauen vor Gott gleich sind. Seine Gebote und Verbote gelten für beide Geschlechter. Im Alltag weist der Koran den Männern zum einen eine den Frauen allerdings überlegene Stellung zu:

> „Die Männer haben Vollmacht und Verantwortung gegenüber den Frauen, weil Gott die einen vor den anderen bevorzugt hat und weil sie von ihrem Vermögen (für die Frauen) ausgeben. [...] Ermahnt diejenigen unter ihnen, von denen ihr Widerspenstigkeit befürchtet, und entfernt euch von ihnen in den Schlafgemächern und schlagt sie. Wenn sie euch gehorchen, dann wendet nichts weiter gegen sie an." (Sure 4, 34).

Zum anderen ist es die Pflicht der Männer, für den Lebensunterhalt der Frauen und Kinder zu sorgen. Damit wird dann begründet, dass den Männern der doppelte Anteil am Erbe im Vergleich zu den Frauen zusteht. Die schwächere gesellschaftliche Position der Frau kommt auch im Zusammenhang mit dem Zeugnis vor Gericht zum Ausdruck. Der Koran verfügt, dass die Wertigkeit des Zeugnisses eines Mannes dem von zwei Frauen entspricht. (vgl. Suren 2, 282; 4, 11).

Auch die rituellen Vorschriften, die den Muslimen aufgegeben sind, werden im Koran angesprochen. Allerdings ist von ihnen in den meisten Fällen nur in einer allgemeineren Form die Rede. Die genaue Form der einzelnen Rituale ist erst später entstanden. Der Koran formuliert auch Anweisungen in Bezug auf das Strafrecht. Er bietet jedoch keinen vollständigen Strafrechtskatalog. Konkret angesprochen werden vier Straftatbestände: Der Abfall vom Islam in Sure 4, 89, die sich auf die „Heuchler", aber auch auf die Apostaten bezieht, die ungerechtfertigte Tötung eines Menschen in Sure 2, 178f., die Unzucht in Sure 24, 2f. und Diebstahl in Sure 5, 38. In den zivilrechtlichen Bereich gehören die Anweisungen des Korans zum Erbrecht (Sure 4, 11f.) und zum Ehe- bzw. Scheidungsrecht (Sure 4, 2f., 22–24). So stellt der Koran zur Frage der Polygynie fest:

> „Und wenn ihr fürchtet, gegenüber den Waisen nicht gerecht zu sein, dann heiratet, was euch an Frauen beliebt, zwei, drei und vier. Wenn ihr aber fürchtet, sie nicht gleich zu behandeln, dann nur eine, oder was eure rechte Hand (an Sklavinnen) besitzt. Das bewirkt eher, dass ihr euch vor Ungerechtigkeit bewahrt." (Sure 4, 3)

Auch die innerhalb verwandtschaftlicher Beziehungen erlaubten bzw. verbotenen Heiratsbeziehungen sind im Koran genau geregelt (> Kapitel 10.2).

Eine weitere Themengruppe des Korans stellen Gebete und gebetsähnliche Passagen dar. Hier ist zunächst die Eröffnungssure des Korans, die *Fâtiha*, zu nennen, die in ihrer praktischen und rituellen Bedeutung mit dem Vaterunser im Christentum verglichen werden kann. Daneben finden sich aber noch weitere Suren wie die Suren 113 und 114, die als Gebete zitiert werden, oder einzelne Verse wie Vers 255 in Sure 2, der Thron-Vers (arabisch *âyat al-kursî*).

Schließlich sind noch verschiedene historische Berichte zu nennen, die alle didaktischen Charakter haben. Aus ihnen erfährt man von historischen Völkern, die den zu ihnen gesandten Propheten nicht geglaubt haben und daher von Gott bestraft und vernichtet worden sind. In diesen Zusammenhang kann man auch die Josephs-Geschichte (Sure 12) stellen. Neben den Berichten aus dem Alten Testament werden zudem Erzählungen aus apokryphen (außerkanonischen) Evangelien wiedergegeben.

Aus muslimischer Sicht kann der Koran in keiner Weise zusammengefasst werden. Er ist für sie der Ausgangspunkt und der Urgrund ihres religiösen Lebens und daher von nicht zu überschätzender Bedeutung. Freilich ist der Text sprachlich wie inhaltlich nicht einfach. Es finden sich zahlreiche komplizierte syntaktische Konstruktionen, Worte, die auch einem arabischen Muttersprachler fremd sind, Anspielungen auf Unbekanntes oder auch widersprüchliche Formulierungen, die dem Leser oder Hörer nicht ohne Weiteres einleuchten. Aus dieser Problematik hat sich die muslimische Koranauslegung entwickelt, die sich bis heute als eine der zentralen gelehrten Formen der Auseinandersetzung mit dem Koran erhalten hat.

Die Methoden, mit denen der Koran interpretiert werden kann, lassen sich auf eine überschaubare Zahl von Techniken zurückführen. Dazu gehört, dass seltene oder schwer verständliche Worte durch bekanntere Ausdrücke oder Umschreibungen erläutert werden. Eine andere Methode ist die syntaktische Erläuterung. Im Arabischen kann das Subjekt eines Verbalsatzes im Verb selbst ausgedrückt werden, ohne dass, wie im Deutschen, ein Personalsubstantiv oder -pronomen hinzugefügt wird. Dadurch können Ungenauigkeiten entstehen, die die Kommentatoren durch die namentliche Nennung des handelnden Subjekts präzisieren. Ein Korantext kann des Weiteren durch die Hinzuziehung eines anderen Textes erläutert werden. Man kann hier von der Methode der Querreferenz sprechen. Zur Interpretation können aber auch Aussprüche des Propheten Muhammad (arabisch *hadîth*) herangezogen werden. Inzwischen haben moderne muslimische Koraninterpreten auch die Methoden der modernen westlichen Hermeneutik und der Kommunikationstheorie für ihren Umgang mit dem Koran entdeckt. Eine größere Faszination auf muslimische Leser üben aber sogenannte naturwissenschaftliche Korankommentare aus, in denen Ärzte, Geologen, Physiker, Mineralogen usw. den Koran auf Formulierungen durchforsten, die als Aussagen zu naturwissenschaftlichen Phänomenen gedeutet werden können. Diese Koraninterpretationen werden auch mit elektronischen Massenmedien verbreitet und lebhaft debattiert.

2.3 Die westlichen Debatten um den Koran und seine Entstehung

Schon im Mittelalter war den ersten abendländischen Gelehrten, die sich mit dem Islam auseinandersetzten, die Bedeutung des Korans für die Muslime bewusst geworden. Daher wandten sie sich diesem Text mit großem Interesse zu, übersetzten und kommentierten ihn. Dass sie dabei nicht mit besonderen Bemühungen um Objektivität ans Werk gingen, darf nicht erstaunen, waren doch die Muslime über Jahrhunderte die großen Gegenspieler der abendländischen Kultur. Niketas von Byzanz, ein christlicher Theologe des 9. Jahrhunderts, nennt sein Buch gegen den Koran *Widerlegung des von dem Araber Mohammed gefälschten Buches*, und im Vorwort der ersten Übersetzung des Korans in das Französische schreibt André du Ryer 1647: „Dieses Buch ist ein langer Vortrag Gottes, der Engel und Mohammeds, den dieser falsche Prophet auf allzu plumpe Weise erfunden hat." (du Ryer 1647, zitiert nach: Bobzin 1999, S. 14)

Voltaire kommentierte 1740 den Text mit den Worten: „ein unverständliches Buch, das auf jeder Seite den gesunden Menschenverstand erschauern lässt." (Voltaire 1740, zitiert nach: Bobzin 1999, S. 15) Immerhin hatte sich seine Einschätzung 13 Jahre später geändert:

> „Der Koran ist nicht ein historisches Buch, mit dem man die Bücher der Hebräer oder unsere Evangelien hätte nachahmen wollen. Er ist auch nicht nur ein reines Gesetzbuch, wie das dritte und vierte Buch Mose, noch eine Sammlung von Psalmen und Liedern, noch eine prophetische oder allegorische Vision im Stil der Apokalypse; er ist vielmehr eine Mischung all dieser unterschiedlichen Gattungen, eine Ansammlung von Predigten, in denen man

einige Tatsachen findet, einige Visionen, sowie Offenbarungen, religiöse und säkulare Rechtsvorschriften." (Voltaire 1753, zitiert nach Bobzin 1999, S. 15)

Differenziert sah auch Goethe den Koran; er schrieb 1819:

„Der Stil des Korans ist seinem Inhalt und Zweck gemäß streng, groß, furchtbar, stellenweise wahrhaft erhaben; so treibt ein Keil den anderen, und darf sich über die große Wirksamkeit des Buches niemand verwundern. Weshalb es denn auch von den echten Verehrern für unerschaffen und mit Gott gleich ewig erklärt wurde." (Goethe 1994, S. 159)

Dennoch heißt es kaum zehn Jahre später in *Iris. Unterhaltungsblatt für Freunde des Schönen*, eine Zeitschrift, in der u. a. Clemens Brentano oder Ludwig Börne publizierten, über den Koran:

„Dieses Buch ist uns sehr wenig bekannt; und, man muss es sagen, gewöhnt an Regelmäßigkeit, an Zusammenhang in den Gedanken, können wir uns nicht in dieses verwirrte Chaos überspannter Einbildungskraft, riesenmäßiger Fictionen und Kindereien, hochklingender und doch gehaltleerer, widersprechender Lehren und Lügenhafter Prophezeihungen finden." (Anonym 1828, S. 565)

Zwar hat schon der katholische Theologe Adam Möhler (1796–1838) die Eigenständigkeit des Korans erkannt. Er ging im Gegensatz zu manchem seiner Zunftgenossen davon aus, dass Muhammad kein Betrüger und falscher Prophet sei. Bei einer solchen Annahme, so Möhler weiter:

„[...] werde am unerklärlichsten [...] die Entstehung des Korans sein, in welchem uns häufig eine ganz originelle Pietät, eine rührende Andacht und eine ganz eigentümliche religiöse Poesie entgegen tritt. Dies kann unmöglich etwas Erkünsteltes und Erzwungenes sein, was doch müsste angenommen werden, wenn wir in Mohammed einen bloßen Betrüger finden wollten. [...] Viele Millionen Menschen nähren und pflegen aus dem Koran ein achtungswertes, religiös sittliches Leben und man glaube nicht, dass sie aus einer leeren Quelle schöpfen." (Möhler 1836, zitiert nach Bobzin 1999, S. 17)

Diese literarischen, theologischen oder feuilletonistischen Einschätzungen des Korans werden durch die Debatten der westlichen Islamwissenschaften ergänzt und erweitert. Zu nennen ist hier vor allem Theodor Nöldeke (1836–1930), der in seiner *Geschichte des Qorans* eine erste präzisere zeitliche Reihenfolge der Entstehung der einzelnen Suren entwickelt hat. Die inhaltlichen Parallelen zum Alten und Neuen Testament haben schon im 19. Jahrhundert Gelehrte dazu bewegt, den Koran auf die Stellen zu untersuchen, bei denen sie einen jüdischen oder christlichen Ursprung vermuteten. Diese Werke standen zunächst unter der fragenden Überschrift: Was hat Muhammad aus dem Judentum und dem Christentum übernommen? Seit den 1970er-Jahren haben sich hier jedoch weitere, noch weit schwerwiegendere Anfragen an den Text ergeben.

In Deutschland war es vor allem Günther Lüling, der sich gegen die Fachwelt stellte, als er in seiner Habilitationsschrift *Über den Ur-Koran. Ansätze zur Rekonstruktion vorislamischer christlicher Strophenlieder im Koran* (1974) die These aufstellte, der Koran sei ursprünglich ein christliches Strophengedicht. Seine Wirkung blieb auf einen überschaubaren Anhängerkreis beschränkt.

Lebhaftere Debatten riefen Thesen einer britischen Wissenschaftlergruppe um John Wansbrough, Patricia Crone und Michael Cook hervor. Diese gehen von dem interessanten Ansatz aus, dass man sich nach außerislamischen Quellen für die Entstehung des Korans umsehen und die islamischen Quellen beiseite lassen müsse. Crone und Cook erläutern ihr Vorhaben in der Einleitung zu ihren Studien *Hagarism. The Making of the Islamic World* (1977). Die islamische Kultur habe sich erst im ersten Jahrtausend nach Christus formiert. Daher müsse man sich vor allem auf zeitgenössische außerislamische Quellen stützen, was eine radikal neue Methode sei. Die Entwicklung des Islams könne nur im Kontext der Spätantike verstanden werden. Weiter heißt es:

> „Schließlich sind wir mit einer gewissen Unbekümmertheit daran gegangen, eine kohärente Architektonik von Ideen auf einem Gebiet zu errichten, für das die Wissenschaft noch nicht einmal die Fundamente gelegt hat. [...] Der Bericht, den wir über die Ursprünge des Islams vorlegen, ist nicht von solcher Art, dass er von irgend einem gläubigen Muslim akzeptiert werden könnte; nicht weil er in einer bestimmten Weise die historische Rolle Muhammads verkleinern würde, sondern weil sie ihn in einer Rolle darstellt, die sich grundsätzlich von der unterscheidet, die ihm die islamische Tradition zuschreibt. Dies ist ein Buch von Ungläubigen für Ungläubige, und es stützt sich aus muslimischer Sicht in unakzeptabler Weise auf das Zeugnis ungläubiger Quellen." (Crone/Cook 1977, S. 2)

Nach den Vorstellungen von Crone und Cook ist der Islam in seiner frühesten Phase keine neue Religion, sondern eine jüdisch-arabische messianistische Bewegung zur Errichtung eines jüdischen Königreichs in Palästina. Der Prophet Muhammad verkündet seinen Anhängern das Kommen des Messias und die Befreiung von Jerusalem. Dieser Messias soll Omar sein, den die islamische Welt als zweiten Kalifen kennt. Dieser hat jedoch den Beinamen al-Farûq, der Erlöser, was auf seine eigentliche religionsgeschichtliche Bedeutung hinweise. Die Hijra der Muslime von Mekka nach Medina im Jahre 622 habe nicht stattgefunden, sondern weise vielmehr auf den Exodus des Volkes Israel in das Heiligen Land hin. Dies seien die Anfänge der jüdischen Heilserwartungsbewegung, die sich erst später zum Islam entwickelt hätten. Die Anhänger dieser Bewegung hätten auch nicht den Namen Muslime gehabt, sondern Muhajirun, also diejenigen, die in das Heilige Land ausgewandert seien.

Mit den politischen wie militärischen Erfolgen sei dann aber die jüdisch-messianistische Ideologie zu Gunsten einer christlichen Ideologie in Vergessenheit geraten. Auch diese Volte habe nicht ausgereicht, weil die Eroberten und die Eroberer, beide Christen, sich nun nicht mehr ideologisch von einander unterschieden. Benötigt wurde eine neue, eine eigene Identität für die Eroberklasse. Diese sei durch einen genealogischen Rückschritt hin zu dem gemeinsamen Urvater von Judentum und Christentum, zu Abraham, entstanden. Auf dieser Basis habe Muhammad, dessen historische Existenz bezweifelt wird, zum Erneuerer und Reformer des Monotheismus werden können. Muhammad sei zum Siegel, eine fiktive Gestalt einer Reihe geworden, bestehend aus jüdischen Propheten und Jesus, der als letzter Verkünder der göttlichen Botschaft an die Menschheit auftrat. Erst am Ende dieses Prozesses stehe dann der Koran. Cook und Crone meinen, dass dies nicht vor dem Ende des 8. Jahrhunderts geschehen sei.

Dazu heißt es bei Ewald Wagner:

> „[...] auf Grund weniger außermuslimischer Zeugnisse von nur wenigen Zeilen Länge (Doctrina Jacobi, zwischen 634 und 640; Geheimnisse von R. Simon b. Yohay, um 750; Armenische Chronik des Sebeos, um 660; Jacob von Edesse, = 708; Abraham von Bet Hale; Briefwechsel zwische Omar II und Leo) wird die umfangreiche frühislamische Literatur einschließlich dem Koran als spätere Erfindung zur Verschleierung des wahren Ursprungs des Islams abgetan. Dieser entstand aus einem jüdischen Messianismus. [...] Im Kontext des Buches klingt das alles einleuchtender als in einer Kurzanzeige. Aber trotzdem: Wie glaubwürdig sind beiläufige Bemerkungen in fremden Quellen über eine neuentstandene Religion? Und: Die islamischen Quellen bedürfen zweifellos der kritischen Betrachtung. Aber gerade weil sie dem kritischen Betrachter kein geschlossenes Bild liefern, sondern erst unter der Kritik ein glaubhaftes Bild des Frühislams enthüllen [...], können sie nicht eine nachträgliche Erfindung zur Verbergung dessen sein, was die Verfasser glauben." (Wagner 1978, S. 411)

Die Mehrzahl der Kritiken an den Thesen von Crone und Cook aus der westlichen islamwissenschaftlichen Perspektive wurde auch in umfangreicheren Rezensionen in ähnlicher Weise formuliert, je nach dem Temperament der Rezensenten mehr oder weniger scharf. Knapp 30 Jahre nach dem Erscheinen von *Hagarism* hat sich Patricia Crone noch einmal zu ihren Thesen geäußert und dabei Teile der Kritik akzeptiert. So hält sie es nun für möglich, dass Muhammad eine historisch nachweisbare Persönlichkeit sei; vor allem aber akzeptiert sie, dass für ein komplettes Bild der islamischen Frühzeit auch die muslimischen Quellen herangezogen werden müssten (vgl. Crone 2006).

John Wansbrough stellt sich in seinem Buch *Qur'anic Studies. Sources and Methods of Scriptural Interpretation* (1977) auf die Seite von Crone und Cook, setzt aber die Entstehungszeit des Korans noch später, nämlich im 9. Jahrhundert an.

Inzwischen gibt es eine weitere Kontroverse um den Koran, die von dem Buch *Die syro-aramäische Lesart des Korans. Ein Beitrag zur Entschlüsselung der Koransprache* (2000) von Christoph Luxenberg (Pseudonym) ausgeht. Ausgangsfeststellung des Autors ist die unbestrittene Tatsache, dass die ersten schriftlichen Korantexte kaum diakritische Punkte oder gar Vokalisationen aufwiesen. Da häufig nur der Rasm, also das arabische Schriftbild ohne diakritische Punkte, vorhanden ist, kann solch ein Text auf verschiedene, vielfältige Weise gelesen werden. Solch eine offene Lesung unternimmt der Autor, wobei er das Syrische als Zielsprache seiner Bemühungen um den arabischen Text benutzt, d. h. er manipuliert den gegebenen arabischen Text so lange, bis durch die Hinzufügung der entsprechenden diakritischen Punkte aus dem arabischen ein syrischer Text entstanden ist. Er hält diese Vorgehensweise für berechtigt:

> „Das Aramäische war über ein Jahrtausend die *lingua franca* im gesamten vorderasiatischen Raum, bevor es vom Arabischen ab dem VII. Jahrhundert nach und nach verdrängt wurde." (Luxenberg 2000, S. 9)

Weiter sei der Koran entstanden zu einer Zeit, als es noch keine arabische Schriftsprache gegeben habe. Also müsse er zwangsläufig zunächst auf Aramäisch fixiert worden sein. Zur Geschichte der arabischen Schrift hatte Gerhard Endress aber bereits im *Grundriß der arabischen Philologie* festgestellt, dass die Basisformen dieser Schrift schon im 4. Jahrhundert entstanden seien (Fischer 1982, Bd. 1, S. 165–197). Sie wurden dann kalligrafisch weiter entwickelt, mit diakritischen Punkten versehen, aber in ihrem Grundbestand nicht mehr erweitert oder verändert. Die Kritik an den Thesen von Luxenberg wird auch an weiteren Punkten verdeutlicht.

Einen neuen, überzeugenderen Ansatz verfolgt Angelika Neuwirth vor allem in ihrem Buch *Der Koran als Text der Spätantike. Ein europäischer Zugang*. „Denn was positiv aus den hier vorgelegten Untersuchungen hervorgeht, ist, daß der Koran sowohl der islamischen als auch der europäischen Tradition zugehört, daß die im Koran festgehaltene Verkündigung Teil eines religionsübergreifenden Diskurses war, eine neue und nachhaltig vernehmbare Stimme im Konzert der theologisch-philosophischen Diskussionen ihrer Zeit, die nicht nur grundlegend für die islamische Religion, sondern – mit anderer Akzentsetzung auch prägend für die Formation Europas werden sollte" (S. 24). Vor allem geht sie davon aus, dass die einzelnen Teile des Korans aus einer ständigen Debatte zwischen der frühen muslimischen Gemeinde und dem Propheten entstanden sind. Beide aber lebten in einem geistigen Milieu, das von spätantikem Gedankengut geprägt war. Dazu Neuwirth: „Der Verkündigungsprozeß ‹des Korans› generiert also zugleich eine neue Schrift *und* eine neue Gemeinde – eine einzigartige ‚Zwillingsgeburt' zweier hochbedeutender Errungenschaften, wie sie weder für die Entstehung der hebräischen Bibel noch des Neuen Testaments gilt" (S. 28).

Neben diesen Feststellungen ist auch der Hinweis von Bedeutung, dass der Koran in der muslimischen Gesellschaft in verschiedenen Formen präsent ist. Neuwirth spricht von „Multimedialität". An erster Stelle nennt sie dabei die „akustisch-ästhetische Dimension", also das laute, psalmodierende Rezitieren im Gebet, aber auch bei öffentlichen Vorträgen oder auf allen möglichen Ton- und Bildträgern durch bekannte Koranrezitatoren. In gleicher Weise ist der Koran das wichtigste Objekt der islamischen Kunst; sei es in der kunstvollen Ausführung des gesamten Textes in bibliophilen Ausgaben handschriftlicher oder auch drucktechnischer Gestaltung; sei es in einzelnen Zitaten in den unterschiedlichen Bauinschriften und Schrift-Fliesen, sei es in traditionellen oder modernen Formen der arabischen Kaligraphie. Neuwirth bedauert, dass diese „Multimedialität" des Korans von verschiedenen Disziplinen wissenschaftlich behandelt wird, von den Philologen und Islamwissenschaftlern, von den Musikethnologen und von den Kunsthistorikern. Eine Interdisziplinarität wäre hier gewiss eine erfolgversprechende Unternehmung.

Fragen und Anregungen

- In welcher Form und in welchem Zeitraum wurde der Koran offenbart?
- In welcher Form und in welchem Zeitraum wurde der Koran schriftlich fixiert?
- Was sind die wichtigsten Themen, die im Koran angesprochen werden?
- Erläutern sie die Argumentation von Günther Lüling zum Ur-Qur'an.
- Was sind die Hauptargumente von Cook and Crone zum ‚Hagarism'?
- Recherchieren Sie, welche Konsequenzen die Thesen von Christoph Luxenberg über den Koran in den deutschen Medien hatten.
- Stellen Sie fest, von welcher Definition von Spätantike Neuwirth ausgeht.

Lektüreempfehlungen

Hartmut Bobzin: Der Koran. Neu übertragen, München 2010.
Rudi Paret: Der Koran, Stuttgart 1982.
Friedrich Rückert: Der Koran [posthum 1888], hg. von Hartmut Bobzin, mit erklärenden Anmerkungen von Wolfdietrich Fischer, Würzburg 2001.
Hartmut Bobzin: Der Koran. Eine Einführung, München 1999. *Kompakte Einführung mit allen notwendigen Fakten.*
Navid Kermani: Gott ist Schön. Zur Ästhetik des Korans, München 1999. *Nachvollziehbare Erklärung der Faszination, die für Muslime vom arabischen Text des Koran ausgeht.*
Dorothea Krawulski: Eine Einführung in die Koranwissenschaften, Frankfurt a. M. 2006. *Kompetente Beschreibung der verschiedenen Herangehensweisen an den Koran aus muslimischer Sicht.*
Angelika Neuwirth: Studien zur Komposition der mekkanischen Suren, Berlin 1981. *Annäherung an die älteren Suren des Korans mit einer strukturalistisch-literaturwissenschaftlichen Methode.*
Angelika Neuwirth: Der Koran als Text der Spätantike. Ein europäischer Zugang, Berlin 2010. *Neuer Ansatz zur Entstehung des Korans. Anspruchsvoller Text.*
Theodor Nöldeke: Geschichte des Qorans, 2., bearbeitete Auflage, von Friedrich Schwally und Gotthelf Bergsträsser, Teil 1–3, Leipzig 1909–38. *Klassische, historisch-kritische Untersuchung des Koran-Textes.*
John Wansbrough: Quranic Studies. Sources and Methods of Scriptural Interpretation, Oxford 1977. *Zusammenstellung revisionistischer Positionen zum Koran in einer Aufsatzsammlung.*
Stefan Wild (Hg.): The Qur'an as Text, Leiden 1996. *Der Sammelband bietet neue Einsichten in die modernen Kontroversen zwischen muslimischen Korankommentatoren.*

3 Authentizität oder Fälschung – Die Prophetentraditionen

Abbildung 3: Muslimische Gelehrte in Oman, Ramadan, 1994.

Zum Ende des Fastenmonats Ramadan 1994 treffen sich auf einem zentralen Platz in der Nähe einer Moschee in Oman muslimische Gelehrte und religiöse Funktionsträger wie Prediger und Koranrezitatoren, bevor sie sich zum gemeinsamen Gebet begeben. Sie sind in lange weiße Gewänder gehüllt und tragen die typischen Turbane des Landes. Diese bestehen aus einer kunstvoll bestickten Kappe, um die weiße oder farbige Tücher gewunden werden. Die älteren führen einen Stock mit sich. Der Jugendliche in der Gruppe hat erfolgreich an einem Wettbewerb in Koranrezitation teilgenommen, der in allen Ländern der islamischen Welt im Ramadan durchgeführt und von Fernsehprogrammen übertragen wird.

Nach dem Koran spielen insbesondere die Prophetentraditionen und die durch sie überlieferten Texte eine wichtige Rolle für das Selbstverständnis der verschiedenen islamischen Konfessionen: insbesondere der Schiiten und der Sunniten (> Kapitel 5). Ihre Inhalte regeln das religiöse aber auch das private Leben der Gläubigen. Im folgenden Kapitel wird ihre unterschiedliche Bewertung in der islamischen Tradition thematisiert, zudem aber auch die wissenschaftliche Beschäftigung westlicher Gelehrter angesprochen, die sich den Texten mit der historisch-kritischen Methode näherten. Ferner geht es um die Geschichte und die Ergebnisse der Debatten der westlichen Orientalistik um die Echtheit dieser Quellen.

3.1 Bedeutung und Inhalt

Neben dem Koran stellen die Prophetentraditionen (arabisch *Hadîth*, Plural *Ahâdîth*) die wichtigste Quelle für die verschiedenen Aspekte des islamischen Lebens dar. Ihre Gesamtheit wird auch als Sunna bezeichnet. Bei den Prophetentraditionen handelt es sich um die Zusammenstellung von überlieferten Aussprüchen und Verhaltensweisen des Propheten Muhammad, die nach seinem Tod gesammelt und zusammengestellt worden sind. Da es nach Überzeugung der Muslime Muhammads Aufgabe war, die göttliche Offenbarung zu verkünden und authentisch zu interpretieren, wird diesen Traditionen von den Muslimen ein hohes Maß an Autorität zuerkannt. Sie können sich dabei auf den Koran berufen, in dem in den Suren 7, 157 und 33, 21 die besondere Bedeutung Muhammads angesprochen wird (> Kapitel 2.2). Vor allem der Satz: „Und gehorchet Gott und seinem Gesandten." (Sure 3, 32; 8, 1, 46; 3, 32; 33, 33, 66, 71 u. a.) macht die Autorität und Vorbildfunktion Muhammads für die Muslime deutlich. Nach islamischer Lehre sind aber nur die Aussprüche des Propheten, die sich auf die Führung der muslimischen Gemeinde und die Feststellung von Rechtsnormen beziehen, verbindlich und haben normativen Charakter. Berichte über sein persönliches Verhalten oder Einschätzungen der Lebenserfahrung werden dagegen nicht als bindend aufgefasst. Allerdings nehmen viele Muslime diese Äußerungen ernst. Sie bilden für sie eine Art Richtschnur für ihre Lebensführung. Die Traditionen lassen den Propheten in seiner Menschlichkeit erscheinen und geben einen tiefen Einblick auch in die Alltagssituation der frühen muslimischen Gemeinde. Sie stellen daher auch eine interessante kulturgeschichtliche Quelle dar.

Man kann die Themen, die in den Prophetentraditionen angesprochen werden, in vier große Gruppen mit verschiedenen Untergruppen einteilen:

Tabelle 1: Die Themen der Prophetentraditionen

Kategorien	Unterkategorien und Inhalt		
I Glaube Wissen Pflichten	Islam und Glaube – Dogmatik	Wissen – Islamische Frühgeschichte – Über den Propheten und die Prophetengefährten	Religiöse Grundpflichten – Absicht und Aufrichtigkeit – Rituelle Reinheit – Pflichtgebet – Gesetzliche Abgabe (Zakāt) – Fasten – Wallfahrt
II Beziehungen Regierung Sitten	Soziale Beziehungen – Handel, Geschäftsbeziehungen, Landwirtschaft – Löhne, Vermächtnisse – Freilassung von Sklaven – Ehe und Scheidung	Regierungsform und Regierungspraxis – Gesetzliche Strafen und Bußgelder – Regieren und Rechtsprechung	Sitten und Gewohnheiten – Eide und Gelübde – Jagd und Schlachttiere – Essen und Trinken – Kleidung – Heilkunde
III Vorzüge Auslegung Einsatz	Vorzüge – Prophetische Sendung – Vorzüge bestimmter Personen – Vorzüge des Korans	Auslegung des Korans (Tafsīr)	Einsatz – Einsatz für den Islam – Berichte über das Verhalten im Feldlager
IV Tugenden Gehörtes	Tugenden – Guter Umgang – Askese – Gebete	Gehörtes – Verführungen und Anzeichen der Stunde des Gerichts – Auferstehung, Paradies und Hölle	

3.2 Sammlung und islamische Bewertung

Da die Prophetentraditionen in den frühen innerislamischen politischen und dogmatischen Auseinandersetzungen immer stärker als Argument für die eine oder andere Position angeführt wurden, blieb es nicht aus, dass Prophetenüberlieferungen manipuliert, gefälscht oder komplett neu erfunden wurden. Auch manche frommen Prediger ersannen Prophetenaussprüche, um ihr Publikum zu beeindrucken. Dies blieb der muslimischen Gemeinschaft nicht verborgen. Es setzte daher im dritten Jahrhundert der islamischen Zeitrechnung, also seit dem Ende des 8. Jahrhunderts christlicher Zeitrechnung, im heutigen Irak eine große wissenschaftliche Bewegung ein, die sich bemühte, die authentischen von den falschen Überlieferungen zu scheiden. Dabei hatte eine Gruppe von Gelehrten dafür plädiert, von inhaltlichen Kriterien auszugehen. Alle Traditionen, die mit dem Koran übereinstimmten oder die von Nutzen für die Gemeinde der Gläubigen sein könnten, sollten als echt angesehen werden. Besonders die mangelnde Übereinstimmung mit dem Koran wurde durchaus als annehmbares Unterscheidungs- und Ausschlusskriterium angesehen.

Aber schon unter quantitativen Gesichtspunkten hätte es nicht ausgereicht, die Traditionen in Bezug auf ihre Echtheit zu beurteilen, die sich nicht im Widerspruch zu Aussagen des Korans befinden. Man begann also, auch die Form der Überlieferung kritisch zu prüfen. Nun besteht jede Prophetentradition aus zwei Teilen, der Überliefererkette (arabisch *isnâd*) und der eigentlichen Mitteilung (arabisch *matn*).

Hadîth-Gelehrte begannen die jeweiligen Überliefererketten unter bestimmten Gesichtspunkten zu betrachten. Ein Isnâd besteht aus mindestens drei Personen, von denen bekannt ist, dass die älteste Person den Propheten persönlich gekannt haben muss, die zweite Person der Kette muss die erste Person gekannt haben und die dritte die zweite. Der erste, der zweite und der dritte Überlieferer müssen jeweils einer anderen Generation angehören. Wir haben es also mit drei aufeinander folgenden Generationen von Überlieferern zu tun. Als Beispiel sei hier der folgende Hadîth angeführt:

> „Ibn Juraij sagte: ,Abu l-Zubair berichtete uns, dass er Jâbir ibn Abdallah sagen hörte: Meine Tante mütterlicherseits war geschieden und wollte ihre Dattelpalmen pflegen. Ein Mann hinderte sie daran, (zu dem Palmengarten) zu gehen. Da kam sie zum Propheten – Gott erhalte ihn und schenke ihm Heil. Er sagte zu ihr: ,Nein, pflege deine Palmen! Vielleicht kannst du (von den Datteln) Almosen geben oder Gutes tun.'" (zitiert nach: Motzki 2002, S. 210, Übersetzung des Verfassers)

Die einzelnen Überlieferer in dieser Traditionskette wurden auch noch auf ihr persönliches Verhalten, auf ihre Einsichtsfähigkeit und einige andere Kriterien überprüft. Ein Tradent musste erwachsen und Muslim sein, sich in seinem Glauben und seinem Verhalten tadelfrei gezeigt haben, vertrauenswürdig sein und in dieser Eigenschaft allgemein akzeptiert worden sein. Er musste auch gewährleisten, dass er die Überlieferung richtig verstanden und sie korrekt weitergegeben hatte. Im Übrigen sollte der Tradent oder die Tradentin mehr als eine Überlieferung weitergegeben haben. Entscheidend ist auch, dass der Isnâd lückenlos ist. Ausdrücklich musste gesagt werden, dass Muhammad eine bestimmte Formulierung wirklich von sich gegeben oder eine überlieferte Handlung wirklich vollzogen hatte. Handelte es sich um eine Überlieferung, in der das Schweigen des Propheten bezeugt wurde, muss auch dies ausdrücklich ausgesprochen werden. Inhaltlich wurde geprüft, ob die Überlieferung tatsächlich in die kulturelle Umgebung der islamischen Frühgemeinde passte.

Die Hadîth-Gelehrten stellten also einen Bewertungskatalog für die überprüften Traditionen auf. Ein zuverlässiger Hadîth wird bis heute als *sahîh* (arabisch für: gesund) bezeichnet. Die zweite, weniger zuverlässige Überlieferung nennt man *hasan* (arabisch für: schön). Überlieferungen, deren Traditionskette oder Inhalt als problematisch angesehen wurde, nennt man *da'îf* (arabisch für: schwach). Im Lauf der Zeit entwickelten sich mehrere Hadîth-Sammlungen, die von der sunnitischen Gelehrsamkeit auf der einen und andere, die von der schiitischen Hadîth-Wissenschaft auf der anderen Seite als kanonisch betrachtet werden.

Die einzelnen Überlieferungen sind entweder in einzelnen Kapiteln nach inhaltlichen Gesichtspunkten oder nach dem Ordnungsprinzip der Überliefererkette zusammengestellt. Im zweiten Fall werden die einzelnen Isnâd-Ketten alphabetisch angeordnet. In diese kanonischen Sammlungen wurden nur Überlieferungen der Kategorie *sahîh* aufgenommen. Zwar wurden auch Traditionen der Kategorien *hasan* und sogar der Kategorie *da'îf* notiert, sie haben jedoch keine Autorität und werden eher aus antiquarischem Interesse erhalten. Allerdings haben salafistische Gelehrte wie Muhammad Nâsir al-Dîn al-Albâni (1914–1999) auch großen Gelehrten vom islamischen Mittelalter bis in die Gegenwart vorgeworfen, sich in ihren Werken auf schwache Prophetentraditionen bezogen zu haben.

Die Sammlung und Prüfung der Traditionen kann seit dem 10. Jahrhundert als abgeschlossen betrachtet werden. Es hatte sich eine Gruppe von fünf oder sechs Hadîth-Sammlungen herausgestellt, die einen allgemein akzeptierten Autoritätscharakter erhalten haben. Die muslimischen Autoritäten sind sich nicht bei allen Textsammlungen über deren Verbindlichkeit einig. Im Übrigen gibt es bis heute Kontroversen um einzelne Überlieferungen.

So scheiden bis heute schiitische Gelehrte all die Traditionen aus, in deren Überliefererkette Aischa, die Lieblingsfrau des Propheten Muhammad genannt wird. Der Grund dafür ist, dass sich Aischa bei den Auseinandersetzungen um die Führungspositionen in der muslimischen Gemeinde nach dem Tod Muhammads im Jahr 632 vehement für die Partei ausgesprochen hatte, die ihren Vater, Abu Bakr, unterstützte, und sich gegen Ali, den Schwiegersohn des Propheten gewandt hatte. Sie wurde daher zu einer von den Schiiten äußerst kritisch betrachteten Person der islamischen Frühzeit (> Kapitel 5.1). Schiiten lehnen auch andere Überlieferer ab, die sich in den Auseinandersetzungen um die Leitung der muslimischen Gemeinde gegen Ali ausgesprochen hatten. Doch auch innerhalb der sunnitischen Gelehrtenschaft finden sich Einzelne, die z. B. grundsätzlich allen Prophetentraditionen Autorität absprechen, in deren Überliefererkette Frauen genannt werden. Damit werden auch Prophetenaussprüche, die von Aischa oder anderen Gattinnen Muhammads überliefert werden, in ihrer Authentie bestritten.

Das Interesse an den Aussprüchen des Propheten soll übrigens von dem frommen Umayyadenkalifen Umar ibn Abd al-Aziz (681–720) ausgegangen sein. Ihm ging es eher darum, die Worte des Propheten als fromme Erinnerung zu sammeln. Zweck ihrer Lektüre oder Rezitation war es, der Erbauung zu dienen. Als Rechtsquelle wurden sie zunächst nicht angesehen.

Zu den heute von der Mehrheit der Sunniten als echt und damit verbindlich anerkannten Hadîth-Sammlungen, die damit als kanonisch bezeichnet werden können, gehören u. a. die von al-Bukhârî (810–870), von al-Tirmidhî (815–892), von al-Muslim (821–875), von Abû Dâwûd (817–888), von Ibn Mâjâ (824–886), von al-Nasâ'î; (830–915) und von Ahmad ibn Hanbal (780–865). Insgesamt soll es sich um etwa 60 000 unterschiedliche Traditionen handeln, die auf den Propheten Muhammad zurückgeführt werden. Etliche werden in allen Sammlungen mit kleinen Variationen überliefert, sodass das quantitative Material noch sehr viel umfangreicher ist. Als absolut authentisch werden die Sammlungen von al-Bukhârî und Muslim anagesehen. Kritik an diesen Texten von heutigen Muslimen, auch von muslimischen Handîth-Spezialisten werden als unzulässig bewertet und können zum Vorwurf der Apostasie führen. Die Kanonisierung der tradierten Sammlungen hat dazu geführt, dass in den innerislamischen Debatten häufig die Überliefererketten ausgelassen werden und stattdessen der Name des jeweiligen großen Hadîth-Sammlers genannt wird.

3.3 Die schiitischen Imam-Traditionen

Neben den Prophetentraditionen kennt die schiitische Religionsgelehrsamkeit auch noch die Überlieferung der Imame. Die Bedeutung dieser Traditionen ist darin begründet, dass schiitische Gläubige der Leitung durch einen lebendigen Imam für ihre Seligkeit bedürfen. Für die Zwölferschia, die zahlenmäßig größte schiitische Gruppe, trat nach dem Tod des 11. Imams und der Entrückung des 12. Imams, von dem die Schiiten glauben, dass er sich in der großen Verborgenheit (arabisch *ghayba*) befindet, aus der er als der sehnsüchtig erwartete Erlöser zurückkehren wird, ein Problem auf, das die sunnitische Mehrheit nach dem Tod des Propheten bewältigen musste. Da alle Imame nach schiitischer Überzeugung sündenlos sind, haben die über sie überlieferten Handlungen und Aussprüche einen Vorbildcharakter. Die Schia reagierte darauf analog dem Verhalten der Sunniten. Auch die Schiiten stellten nun Sammlungen von den Aussprüchen der

Imame zusammen. Für sie stellte sich die Unterscheidung zwischen echten und gefälschten Überlieferungen aber insofern als einfacher heraus, als die Lehren und die Aussprüche der Imame vor allem seit dem 5. Imam, Mûsâ Qâzim (†799), im Bewusstsein der Bedeutung dieser Aussprüche mündlich überliefert und schriftlich festgehalten wurden. Es handelte sich bei der Erstellung der schiitischen Überlieferungen also eher um eine Herausgebertätigkeit.

Es begann eine Sammlungsaktivität über die Aussagen, Handlungen und stillschweigenden Billigungen der Imame, wobei es sich konkret vor allem um die des 5. und 6. Imam handelt.

Der schiitische Islam betont die Vernunft als einen grundlegenden Aspekt des religiösen Lebens und des schiitischen Rechts. Daher finden sich in den Traditionen zahlreiche Beispiele für diese Haltung, sei es, dass sie auf den Propheten, sei es dass sie auf einen der Imame zurückgeführt werden. So heißt es: „Nach unseren Gefährten. Der Gesandte Gottes sagte: ‚Gott hat den Dienern nichts Besseres zugeteilt als die Vernunft. Der Schlaf des Verständigen ist besser als das Wachen des Unwissenden, und der Ruheplatz des Verständigen ist besser als das Hinausstreben des Unwissenden. Gott hat keinen Propheten und keinen Gesandten geschickt, bis seine Vernunft vollkommen wurde und seine Vernunft besser wurde als die Vernunft seiner ganzen Gemeinschaft." Der Sammler kommentiert diese Tradition folgendermaßen: „Was der Prophet in seinem Inneren erfasst, ist besser als die Bemühungen derer, die Bemühungen anstellen. Der Diener erfüllt nicht die Pflichten gegenüber Gott, bis er sie begreift. Und alle Frommen erreichen nicht in ihrer Frömmigkeit, was der Verständige erreicht. Und die Verständigen sind es, von denen Gott gesagt hat: ‚Jedoch bedenken es nur die Einsichtigen." (Khoury 2011: 16 f)

Angesichts der besonderen Bedeutung der Imame für die schiitische Form des Islams ist nicht erstaunlich, dass auch diese Thematik häufig angesprochen wird. Auf diesen Zusammenhang geht eine Tradition des 5. Imams Muhammad ibn Ali al-Bâqir (gest. 733) zurück: „Er (der Imam) wurde nach den Worten Gottes gefragt: ‚Darum glaubt an Gott und seinen Gesandten und das Licht, das wir herabgesandt haben' (Koran, 64, 8). Er sagte: ‚Das Licht, bei Gott, das sind die Imame aus den Angehörigen Muhammads, bis zum Tag der Auferstehung. Sie sind, bei Gott, das Licht Gottes in den Himmeln und auf der Erde. Bei Gott, das Licht des Imam in den Herzen der Gläubigen ist heller als die Sonne, die am Tag leuchtet. Sie sind es, die in den Herzen der Gläubigen leuchten. Gott entzieht ihr Licht denen, die er will; da werden ihre Herzen finster. Bei Gott, kein Diener liebt uns und leistet uns Gefolgschaft, bis Gott sein Herz läutert. Und Gott läutert das Herz eines Dichters nicht, bis dieser uns (seine Sache) überliefert und sich uns gegenüber friedlich verhält. Wenn er sich uns gegenüber friedlich verhält, behütet Gott ihn vor der harten Abrechnung und er schützt ihn vor der Angst des gewaltigen Tags der Abrechnung.'" (Khoury 2011: 41)

Von der Stilistik her sind die schiitischen Propheten- und Imam-Traditionen häufig ausführlicher. So lautet eine Tradition, die auf den 6. Imam, Ja'far ibn Muhammad al-Sâdiq (gest. 765) zurückgeht: „Als Gott den Adam (aus dem Paradies) vertrieb, befahl er ihm, (die Felder) zu bestellen und zu säen. Und er gab ihm Pflanzen von den Pflanzen des Paradieses. Er gab ihm Dattelpalmen, Weistöcke, Olivenbäume und Granatäpfel. Er pflanzte sie, auf dass sie für seine Nachfolger und seine Nachkommen da sind. Auch aß er von ihren Früchten. Da sagte der Teufel zu ihm: ‚O Adam, was sind das für Pflanzen, die ich nicht kenne, wo ich doch vor dir auf der Erde war? Erlaube mir, etwas davon zu essen.' Adam weigerte sich, es ihm zu erlauben. Der Teufel kam am Ende des Lebens Adams und sagte zu Eva: ‚Mich peinigt der Hunger und der Durst.' Eva sagte zu ihm: ‚Was willst du?' Er sagte: ‚Ich will, dass du mich von diesen Früchten kosten lässt.' Eva sagte: ‚Adam hat mir aufgetragen, dir nichts von diesen Früchten kosten zu geben; denn sie sind aus dem Paradies, und es schickt sich nicht für dich, davon etwas zu essen.' Er sagte zu ihr: ‚Dann press etwas davon in meine Handfläche.' Sie erlaubte es ihm nicht. Da sagte er: ‚Lass mich es lutschen. Ich esse es nicht.' Da nahm sie eine Weintrabe und gab sie ihm. Er lutschte sie, aß sie aber nicht, weil Eva darauf bestand.. Als er anfing, darauf zu beißen, nahm Eva sie ihm aus dem Mund. Da offenbarte Gott dem Adam: ‚Die Trauben hat mein und dein Feind gelutscht. So verbiete ich dir von dem Saft der Traube das, womit der Atem des Teufels sich vermischt hat.'" Diesem Bericht folgt dann noch der Kommentar: „So wurde der Wein für verboten erklärt, weil der Feind Gottes, der Teufel, eine List gegen Eva angewandt hatte, so dass der Teufel die Traube lutschte. Hätte er die ganze Weintraube gegessen, dann wären die Weintrauben verboten worden ganz vom Anfang bis zum Ende, und alle ihre Früchte und was daraus fließt." (Khoury 2011: 154 f)

Westliche Forscher wie Paul Sander, der zu den wenigen gehört, die sich mit den schiitischen Traditionen befasst haben, hält den überwiegenden Teil der Imam-Traditionen für authentisch. Er weist zugleich darauf hin, dass es sich um Selbstaussagen der Imame handelt:

> „Es wird also allenfalls ein Anspruch formuliert […]. Wenn man die Überlieferung unter diesem Gesichtspunkt betrachtet, dann zeigen sie nicht unbedingt souveräne Führer ihrer Gemeinde, sondern Imame, die um ihre führende Rolle kämpfen müssen. Wäre die charismatische Autorität der Imame unter ihren Anhängern kritiklos und unbedingt anerkannt gewesen, dann müssten die Traditionen uns gar nicht erst von Ermahnungen der Imame berichten, sich im Zweifelsfall doch unbedingt an sie zu wenden." (Sander 2005, S. 74)

Die Sammlungen entstanden spätestens zu Ende des 9. Jahrhunderts. Als für die Schiiten kanonische Sammlungen werden die von al-Kulainî (864–940), Ibn Bâbawayh (auch: Ibn Bâbûya, 918–991) und Hasan al-Tûsî (995–1067), auf den zwei dieser Sammlungen zurückgehen, angesehen.

3.4 Die westlichen Debatten

Zum Ende des 19. Jahrhunderts entstand in der westlichen Islamwissenschaft eine Debatte um die Frage, ob es sich bei den kanonischen Traditionen um authentische Aussprüche des Propheten Muhammad handele.

Vor allem der ungarische Mitbegründer der modernen westlichen Islamwissenschaft, Ignaz Goldziher, untersuchte mit einer aus den Bibelwissenschaften bekannten historisch-kritischen Methode diese genuin islamische Textsorte. Bei dieser Methode werden u. a. die Text- und Redaktionsgeschichte wie die Form des Textes, die Begriffs- und Motivgeschichte und nicht zuletzt der politische und soziale Kontext der Gesellschaft, in der der Text entstanden ist, untersucht. Goldziher unterzog also die Hadîth-Sammlungen einer genauen Untersuchung, bei der er einzelne Überlieferungen miteinander verglich und versuchte, sie in einen politisch-historischen Kontext einzufügen. Er kam zu dem Ergebnis, dass die von den muslimischen Gelehrten als authentisch betrachteten Traditionen als jünger einzuschätzen sind. Sie seien erst nach dem Tod des Propheten im Jahre 632 entstanden, und zwar teilweise erheblich später. Dies begründete er u. a. mit der Feststellung, dass zahlreiche Traditionen sich auf politische und militärische Auseinandersetzungen beziehen, die sich erst nach 632 ereignet haben. Er erklärt diese Entwicklung damit, dass man die Lehrsätze nur mit der Autorität des Propheten legitimieren könne. Zugleich sei diese nachträgliche Zuschreibung kein Geheimnis gewesen. Muhammad selbst habe diese Entwicklung vorausgesagt und gebilligt. Es heißt bei Goldziher:

> „Der Traditionsforscher 'Âsim al-Nabîl (starb in Basra im Jahre 212 [828/829 christlicher Zeitrechnung] im Alter von 90 Jahren) sagt es rund heraus: ‚Ich habe die Erfahrung gemacht, dass der Fromme hinsichtlich keiner anderen Sache zur Lüge mehr bereit ist, als hinsichtlich des Hadîth'; [...] Die Muhammedaner hatten im II. Jahrhundert [8./9. Jahrhundert christlicher Zeitrechnung] das volle Bewußtsein davon, dass die Anlehnung eines Spruchs an Muhammad bloß die Form für die Anerkennung seiner Berechtigung darzustellen habe und daß unter den guten Hadîthen vieles Falsche zu finden sei. Sie lassen diese Beobachtung durch den Propheten selbst in einem Hadîth ausdrücken, welches diese Verhältnisse in schlagender Weise zu charakterisieren geeignet ist. ‚Nach meinem Hingange – sagt der Prophet – werden die mir beigelegten Aussprüche sich vermehren, ebenso wie man auch den früheren Propheten in großer Anzahl Aussprüche zugeschrieben hat. Was man euch nun als meinen Spruch mitteilt, das müsst ihr mit dem Gottesbuch [Koran] vergleichen; was mit

diesem im Einklang ist, das ist von mir, ob ich es auch wirklich gesagte habe oder nicht.' Freier konnte man wohl nicht erklären, daß es nicht so sehr auf die wirkliche Authentie, als auf die religiöse Correctheit des Ausspruchs abgesehen ist, und daß man im Namen des Propheten Sprüche und Lehren tradiren könne, die nie aus seinem Munde gekommen. ‚Was zu guter Rede gesagt ist, das habe ich selbst gesagt' – so lässt man Muhammad diesen Grundsatz noch allgemeiner aussprechen." (Goldziher 1888, S. 47 f.)

Die westliche Debatte um die Echtheit der Prophetentraditionen ging in der Folgezeit dann jeweils mit Auseinandersetzungen um die Authentizität der Quellen zur frühislamischen Geschichte und zum Leben des Propheten Muhammad einher. Diese halten bis auf den heutigen Tag an. So fasst Marco Schöller zusammen:

„Für die Rekonstruktion der islamischen Überlieferung bedeutet die aufgezeigte Entwicklung, daß wir zwar wichtige, oft ‚unorthodoxe' Elemente der *Tafsîr-* und *Sîra-*Tradition aus den erhaltenen Quellen herausarbeiten und die darauf einwirkenden Interessen der *Fiqh-*Gelehrten bloßlegen können, dass wir jedoch aufgrund dieser Elemente noch nicht in der Lage sind, Aussagen zu den historischen Abläufen im Hijaz des beginnenden 1./9. Jahrhunderts zu machen. Vielmehr haben wir damit nur die unterschiedlichen, heute zugänglichen Inhalte der Überlieferung, im Verbund mit den späteren Mechanismen ihrer Überarbeitung und Umformung ans Licht geholt. Das Verhältnis, das zwischen dem Inhalt der verschiedenen Traditionen und den tatsächlichen historischen Geschehnissen besteht, bleibt unbekannt." (Schöller 1998, S. 468)

In dieser Position wurde der belgische Jesuit Lammens (1862–1937) durch den Rechtshistoriker Joseph Schacht (1902–69) unterstützt, der sich in seinen Werken zu den Ursprüngen des islamischen Rechts, z. B. in *Origins of Muhammadan Jurisprudence* (1950) ebenfalls mit seiner historisch-kritischen Methode mit den Prophetentraditionen auseinandersetzt.

Kritik daran, die Historizität der Hadîthe in ihrer Gesamtheit zu verwerfen, war von Carl Heinrich Becker wie von Theodor Nöldeke gekommen. Joseph Schacht nahm nun die Überlegungen Goldzihers wieder auf. Er hatte sich ausführlich mit der Entstehungsgeschichte des islamischen Rechts befasst und war dabei zu der Auffassung gekommen, dass Anwendung von Prophetentraditionen in den frühen islamischen Rechtsbüchern nicht besonders hervorgehoben oder ihnen keine herausragende Bedeutung zuerkannt wurde (> Kapitel 1). Daraus ergab sich für ihn die Frage, ob es überhaupt einen authentischen Kern an Informationen, die auf den Propheten zurückgingen, gäbe. Die Debatte wandte sich dann einem anderen Feld zu. Durch die Festlegung des Übergangs von der Mündlichkeit der Prophetentraditionen zu deren schriftlicher Fixierung hofften vor allem jüngere westliche Islamwissenschaftler, zu einer historischen Versicherung der Echtheit der Traditionen zu gelangen.

Die bedeutende Papyrusforscherin Nabia Abbot (1896–1981) setzt die Verschriftlichung zum Ende des ersten Jahrhunderts der islamischen Zeitrechnung, also in den ersten Jahrzehnten des 8. Jahrhunderts christlicher Zeitrechnung an. Noch weiter zurück geht der in Frankfurt am Main lebende Fachmann für frühe arabisch-islamische Literatur Fuat Sezgin, der in seiner umfangreichen Darstellung der arabischen Literaturgeschichte *Geschichte des arabischen Schrifttums* (erschienen ab 1967) die Auffassung vertritt, dass die Aussprüche des Propheten schon zu dessen Lebzeiten schriftlich festgehalten wurden. Gregor Schoeler hat diese Thematik dann Ende der 1990er-Jahre noch einmal in seinem Buch *Charakter und Authentie der muslimischen Überlieferung über das Leben Mohammeds* (1996) aufgenommen. Auch Harald Motzki macht in seinen Forschungen zur Frühgeschichte des islamischen Rechts, z. B. in *The Origins of Islamic Jurisprudence* (2002), deutlich, dass die Feststellungen von Joseph Schacht über die mangelnde Echtheit der frühislamischen Rechtsquellen noch einmal kritisch betrachtet werden müssen. Motzki kommt ebenfalls zu dem Ergebnis, dass die frühen Quellen ein hohes Maß an Authentizität haben und älter sind, als die früheren Betrachter gemeint haben. Gautier H. A. Juynboll gewinnt in seiner ausführlichen Untersuchung aber schließlich die Erkenntnis, dass es wohl keine Methode gibt oder geben kann, die echte und nicht echte Prophetentraditionen voneinander unterscheiden könnte:

„Es ist sicher unwahrscheinlich, dass wir jemals eine auch nur ansatzweise erfolgreiche Methode finden werden, mit der wir mit unwiderlegbarer Sicherheit in der Lage sind, die Historizität der Zuschreibung einer Aussage zum Propheten nachzuweisen, von wenigen einzelnen Fällen abgesehen." (Juynboll 1983, S. 71, Übersetzung des Verfassers)

So ein überzeugender Versuch, eine Überlieferung in das erste Jahrhundert islamischer Zeitrechnung (7. Jahrhundert christlicher Zeitrechnung), wenn nicht gar in die Lebenszeit des Propheten zu datieren, ist von Harald Motzki unternommen worden. Er schreibt im Übrigen:

„Die ganze Theorie einer ursprünglich anonymen *lebendigen Tradition*, die retroaktiv zurückreproduziert wurde zunächst auf die Nachfolger [die zweite Generation nach den Prophetengenossen], dann auf die *Sahâba* [Prophetengenossen] und schließlich auf den Propheten selbst, ist ein Konstrukt, der in dieser Form nicht aufrecht erhalten werden kann. Selbstverständlich hat es zahlreiche Projektionen von Meinungen auf den Propheten und die *sahâba* gegeben. Aber dies ist ein Phänomen, das erst ziemlich spät einsetzte [...]." (Motzki 2002, S. 296, Übersetzung des Verfassers)

Mögen auch diese Untersuchungen trotz allen darin aufgebrachten Geistes und Fleißes den Bereich der historisch-kritischen Methoden im Grunde noch nicht verlassen haben, so führt der Göttinger Islamwissenschaftler Tilman Nagel auf eine neue, andere kognitive Ebene. Er meint, dass es müßig sei, der Echtheit des Hadîth nachzugehen. Er sei schlicht als eine der koranischen Heilsbotschaft verwandte Literaturgattung aufzufassen, die eine Besonderheit des Islams darstellt. Neben der Einführung der Gebetsrichtung nach Mekka, die die Gläubigen überall auf der Welt auf ein gemeinsames Zentrum hin ausrichtet, war die Entstehung des Hadîth einer der Gründe für die weltgeschichtliche Bedeutung des Islams.

> „[...] in ihm erfährt die göttliche Rechtsleitung, die Muhammad in Medina für sich beansprucht – nicht zuletzt gegen die ganz andere Auffassung der Juden von der Prophetenschaft – ihre Ablösung von der Person des in seiner Gemeinde Wirkenden und eröffnet den Weg zu einer nach muslimischen *âdâb* [Verhaltensnormen] gestalteten Gemeinschaft [...] Der Islamwissenschaft, speziell der *hadîth*-Forschung, stellt sich daher die dringliche Aufgabe, Wesen und Funktion des *hadîth* in dem skizzierten Zusammenhang zu ermitteln. Diese nicht einfache Aufgabe [...] führt meines Erachtens zu wesentlichen Erkenntnissen über die islamische Kultur und wird auch die Erfassung der religiösen Eigenart ihres Fundaments ermöglichen, das der zeitgenössischen Forschung trotz oder wegen aller Themenvielfalt aus dem Blick geraten ist." (Nagel 2002, S. 87)

Fragen und Anregungen

- Welche Bedeutung haben die Überliefererketten für die Echtheit der Prophetentraditionen aus islamischer Sicht?
- Was sind die Unterschiede zwischen sunnitischen und schiitischen Hadîthen?
- Welches sind die wichtigsten Hadîth-Sammlungen?
- Erläutern Sie, wie sich die Einschätzungen von Joseph Schacht und Harald Motzki in Bezug auf die Authentizität der sunnitischen Prophetentraditionen unterscheiden?

Lektüreempfehlungen

Erik Dickinson: The Development of Early Sunnite Hadîth Critisism, Leiden 2001.
Untersuchung am Beispiel von Ibn Abî Hâtim al-Râzî, einem Gelehrten, der kurz nach der Kanonisierung der Hadîth-Sammlungen lebte, wie innerhalb der muslimischen Gelehrtenschaft ein kritisches Nachdenken über die Verwendung von Prophetentraditionen entstand und welche Gefahren sie wegen des Streits um die Hadîth-Literatur für die Einheit der islamischen Welt befürchtete.

Claude Gilliot / Tilman Nagel (Hg.): Das Prophetenhadîth. Dimensionen einer islamischen Literaturgattung, Göttingen 2005. *In diesem Sammelband verschiedener Autoren werden* *die unterschiedlichsten Aspekte der aktuellen Hadîth-Forschung von der philologischen Bedeutung des Wortes „hadîth" über Einzelaspekte wie den Teufel im Hadîth bis zur Bedeutung des Hadîth für die islamische Mystik untersucht.*

Ignaz Goldziher: Muhammedanische Studien II, Halle 1888. Bedeutendste Schrift des ungarischen Vaters der Islamwissenschaft. *Während der erste Band die Zusammenstellung verschiedener Einzeluntersuchungen zu verschiedenen kulturgeschichtlichen Themen darstellt, analysiert Goldziher im zweiten Band die Prophetentraditionen und gab damit den Anstoß zu einer bis in die Gegenwart andauernden Debatte.*

Gautier H. A. Juynboll: Muslim Traditions. Studies in Chronology, Provenance and Authorship of early Hadîth, Cambridge 1983. *Beschreibung der historischen Entwicklung der Prophetentraditionen und zeitliche Einordnung in das Ende des ersten islamischen Jahrhunderts, also das frühe achte Jahrhundert christlicher Zeitrechnung.*

Theodor Adel Khoury: Der Hadith. Urkunde der islamischen Tradition, übersetzt und ausgewählt, Gütersloh, 2008 – 2011. Bde. 1 – 5. *Inhaltlich geordnete Übersetzung von Traditionen aus den wichtigsten sunnitischen und schiitischen Hadith-Sammlungen.*

Harald Motzki: Wie glaubwürdig sind die Handithe? Die klassische islamische Hadith-Kritik im Licht moderner Wissenschaft, Wiesbaden 2014. *Knappe, gut lesbare Einführung in die Hadith-Wissenschaft der Muslime und die Kritik der westlichen Islamwissenschaft.*

Gregor Schoeler: Charakter und Authentie der muslimischen Überlieferung über das Leben Muhammads, Berlin 1996. *Komplexe Studie über einige wenige Prophetenüberlieferungen, die diese sehr weit in die islamische Frühzeit zurückverfolgen kann.*

4 Das islamische Recht in Geschichte und Gegenwart

Abbildung 4: Maqâmât des al-Harîrî, Szene: Abû Zayd plädiert vor dem Kadi von Ma'arra, arabischer Maler um 1335.

Die Illustration zu einer Episode aus den Makamen des Hariri aus dem 14. Jahrhundert schildert eine Gerichtsszene. Der Richter sitzt in ruhiger Haltung und ohne sichtbare Gemütsbewegung auf einem Kissen. Der ihm beflissen zugewandte Mann ist eine der Gerichtsparteien. Er plädiert für seine Sache. Die im Hintergrund stehenden Personen gehören zur Gegenpartei. Sie sind offenbar nicht mit den Ausführungen ihres Prozessgegners einverstanden. Nach den Verfahrensregeln der islamischen Gerichte hat der Richter die Möglichkeit, Zeugen zu befragen und selbst oder durch die Unterstützung von männlichen oder weiblichen Gerichtsdienern die Streitsache aufzuklären.

Die unterschiedlichen Quellen des islamischen Rechtes bestehen aus dem Koran, dem Hadîth, dem Analogieschluss und dem Konsens, die sich teilweise ergänzen, aber auch teilweise widersprechen. Ihre Rolle wird von den unterschiedlichen Konfessionen jeweils unterschiedlich bewertet, was sich aus der uneinheitlich bemessenen Bedeutung der Rechtsgelehrten erklärt. Daraus folgt die Existenz verschiedener Rechtssysteme, die auch nebeneinander im gleichen Staat existieren können. Die Debatte um die Entstehung des islamischen Rechtes verdeutlicht letztlich die hohe Autorität, die das islamische Recht unter den Gläubigen genießt.

4.1 Quellen der Rechtsprechung

Die auf verschiedenen gesellschaftlichen Ebenen innerhalb und außerhalb der islamischen Welt geführten Debatten um das islamische Recht drehen sich vornehmlich um die Frage, wie sehr dieses Recht auf die juristischen Systeme der jeweiligen Staaten Einfluss nehmen soll. Die Islamizität eines Staates wird im Positiven wie im Negativen von der Bedeutung des islamischen Rechts abhängig gemacht. Diese Einschätzungen werden von den Vertretern radikal-islamischer Vorstellungen ebenso vorgenommen wie von westlichen politischen Akteuren. Dabei wird häufig nicht weiter definiert, worum es sich beim islamischen Recht eigentlich handelt. Da werden Begriffe wie Scharia, Fiqh und Sunna verwendet, traditionelle nichtislamische Rechtsformen und -praktiken werden islamisiert, eindeutige Regelungen des islamischen Rechts werden dagegen ignoriert oder missachtet. Das darf insofern nicht erstaunen, als das islamische Recht auf eine besondere Tradition zurückblicken kann, die fast so alt ist wie der Islam selbst. Rechtsreformen hat es in dieser Zeit kaum gegeben, vielmehr erweiterte sich das Material, auf dessen Grundlage sich das islamische Recht entwickelt, immer weiter, nahm je nach der Region lokale und regionale Formen der Rechtsprechung auf und hat inzwischen eine nicht mehr überschaubare Komplexität.

Die islamische Jurisprudenz (arabisch *fiqh*) im sunnitischen wie schiitischen Islam beruht auf verschiedenen Rechtsquellen, die hierarchisch strukturiert sind. Die wichtigste Rechtsquelle ist selbstverständlich der Koran. In diesem finden sich rechtliche Festlegungen zu verschiedenen Bereichen des öffentlichen wie des privaten Lebens. Problematisch ist dabei, dass sich einige dieser Festlegungen widersprechen oder zu widersprechen scheinen.

Dies lässt sich z. B. am Beispiel des Weinverbots dokumentieren. Dort heißt es zunächst:

„Und wir gaben euch von den Früchten der Palmen und der Weinstöcke, woraus ihr euch ein Rauschgetränk und einen schönen Unterhalt nehmt. Darin ist ein Zeichen für die Leute, die verständig sind." (Sure 16, 67)

In Sure 4, 43 werden die Gläubigen aufgefordert, nicht betrunken zum Gebet zu kommen. Dann heißt es schließlich:

„O ihr, die ihr glaubt, der Wein, das Glücksspiel, die Opfersteine und die Lospfeile seien ein Gräuel von Satans Werk, meidet es, auf dass es euch wohl ergehe. Der Satan will ja durch Wein und Glücksspiel Feindschaft und Hass zwischen euch erregen und euch vom Gedenken Gottes und vom Gebet abbringen. Werdet ihr nun wohl aufhören?" (Sure 5, 90 f.)

Die Korankommentatoren erklären diese Diskrepanz im Text mit einem didaktischen Prinzip. Die barbarischen vorislamischen Araber konnten nur schrittweise von ihren Praktiken abgebracht werden. Wäre das Weinverbot unvermittelt offenbart worden, hätte es die Abneigung gegen den Islam verstärkt. Daraus ergab sich für die islamische Rechtsgelehrsamkeit, dass es zwei Arten von rechtlichen Bestimmungen im Koran geben muss. Die erste wird als definitiv (arabisch *hâsim*) bezeichnet. Diese Festlegungen sind nicht interpretierbar. Als Beispiel gelten verschiedene strafrechtliche Bestimmungen oder die erbrechtlichen Regelungen. Andere Regelungen werden als präsumtiv (arabisch *zanni*) bezeichnet. So lässt die in Sure 5, 38 angeordnete Bestrafung des Diebstahls durch die Amputation der Hand offen, ob es sich um die linke oder die rechte Hand handelt und an welcher Stelle des Arms diese erfolgen soll, am Handgelenk, bis zum Ellbogen oder bis zur Schulter. Hier besteht also ein rechtlicher Spielraum.

Gemeinhin werden bei den rechtlichen Bestimmungen des Korans des Weiteren allgemeine und spezielle Bestimmungen unterschieden. Dabei übersteigt die Zahl der allgemeinen Regelungen die speziellen um ein Mehrfaches. Spezielle rechtliche Festlegungen finden sich vor allem in den Vorschriften zu den Glaubenspflichten, im Bereich des Personalstatus und im Erbrecht. Bei den rechtsrelevanten Äußerungen des Korans wird ferner unterschieden zwischen den Regelungen, die das Verhältnis des Menschen zu Gott ordnen, und denen, die die Beziehungen der Menschen untereinander bestimmen. Bei letzteren werden von den muslimischen Rechtstheoretikern sieben Gegenstandsgruppen unterschieden. Nach ihrem Umfang gelistet ergibt sich folgende Ordnung:

- Personalstatut
- Zivilrechtliche Bestimmungen
- Strafrecht
- Prozessrecht
- Völkerrecht
- Staats- und Verfassungsrecht

– Wirtschafts- und Finanzrecht.

Problematisch aus der Sicht der Gelehrten ist die Tatsache, dass einzelne Aussagen des Korans von eben diesem wieder zurückgenommen bzw. eingeschränkt worden sind. Es herrscht jedoch über die Stellen, die aufgehoben werden, keine Einigkeit.

Die in der Hierarchie der Rechtsquellen auf den Koran folgende ist das Vorbild des Propheten Muhammad, wie es in den Hadîth-Sammlungen dokumentiert wird.

Allerdings finden sich einige muslimische Gelehrte, die sich gegen die Nutzung der Aussprüche des Propheten als Rechtsquelle gewandt haben und dies mit dem Koran selbst, z. B. Sure 6, 38 begründen: „Wir haben im Buch nichts übergangen." Dennoch hält eine Mehrheit von Gelehrten dafür, dass die Prophetentraditionen eine wichtige Ergänzung und Erläuterung der rechtlichen Bestimmungen des Korans darstellen. Sie bestätigen, verdeutlichen und begründen seine Regelungen, wo das erforderlich ist oder erforderlich erscheint. Den Gelehrten des islamischen Rechts ist aber bewusst, dass sich verschiedene der überlieferten und als echt anerkannten Äußerungen des Propheten nicht widersprechen. In diesen Fällen kann daher über eine Aufhebung der Festlegungen nachgedacht werden. Darüber aber, welche die andere aufhebt, herrscht keine Übereinstimmung. In einigen wenigen Fällen meinen die Gelehrten erstaunlicher Weise, dass eine Prophetentradition eine Festlegung des Korans aufheben kann.

> „Die Gelehrten einigten sich darauf, dass die Abrogation von Koran durch Sunna vom Verstand her möglich ist, aber sie waren unterschiedlicher Meinung darüber, ob sie mit Blick auf das Offenbarungsrecht (*shar 'an*) stattfand. Da gelangte die Allgemeinheit zu der Auffassung, dass jenes möglich ist und stattfand." (zitiert nach: Krawietz 2002, S. 166)

Für das schiitische Recht werden die beiden Rechtsquellen Koran und Prophetentraditionen noch durch die Überlieferungen der Aussprüche der Imame ergänzt.

Neben diesen primären Rechtsquellen hat das islamische Recht sekundäre Rechtsquellen entwickelt. Hier ist zunächst der Konsens (arabisch *ijmâ'*) zu nennen. Die Mehrzahl der Gelehrten versteht darunter die Übereinstimmung in einer rechtlichen oder dogmatischen Frage innerhalb der gesellschaftlichen Gruppe der Gelehrten einer Konfession oder einer Rechtsschule und nicht etwa der muslimischen Gemeinschaft in ihrer Gesamtheit. Die Definition derer, die an diesen Entscheidungsprozessen teilnehmen dürfen, ist jedoch nicht präzise. Wie oft in Fragen des Rechts, des Ritus oder des Dogmas wird zunächst eine negative Auswahl getroffen. Zu den nicht zur Teilnahme am Konsens Befugten gehören

Kinder, Geisteskranke, Tote oder noch nicht Geborene. Juristische Laien werden ebenfalls ausgeschlossen. Umgekehrt kann das Recht zur Beteiligung am Ijmâ' durch die Absolvierung einer entsprechenden Ausbildung erworben werden. Bei den entsprechend Gebildeten besteht geradezu die Notwendigkeit, diese am Entscheidungsprozess durch Ijmâ' zu beteiligen. Früher kam auch noch ein regionales Prinzip hinzu, nach dem der Ijmâ' rechtlich verbindlich war, wenn die Gelehrten einer Region sich auf eine bestimmte Meinung verständigt hatten. Begründet wird die Valenz des Ijmâ' u. a. mit dem Koranvers:

> „Ihr seid die beste Gemeinschaft, die je unter den Menschen hervorgebracht worden ist. Ihr gebietet das Rechte und verbietet das Verwerfliche und glaubt an Gott." (Sure 3, 110)

Nach einer Prophetentradition soll Muhammad festgestellt haben, dass seine Gemeinde in ihrer Gesamtheit in einer wichtigen Sache nicht in die Irre gehen werde. Drohe dies, werde gewiss jemand auftreten, der diese Verirrung anprangern und damit den Konsens verhindern werde (vgl. Krawietz 2002, S. 184).

Umstritten ist unter den Gelehrten auch, in welcher Form der Konsens hergestellt werden müsse. Eine Mehrheit ist der Meinung, dass die Zustimmung zu einer zunächst nicht geklärten Problematik schriftlich oder mündlich, also ausdrücklich und daher letztendlich dokumentierbar, zu erfolgen habe. Auch ein entsprechendes Handeln durch einen Gelehrten kann als Form der Zustimmung gewertet werden. Stillschweigen wird nur von wenigen Gelehrten als Form der Zustimmung gewertet.

Gerade die Regionalisierung des Ijmâ' brachte mit der Verbesserung der Kommunikation zwischen den verschiedenen Teilen der islamischen Welt Probleme für den Ijmâ' mit sich. Auf dem Konsens beruhende Vorschriften des islamischen Rechts konnten in verschiedenen Regionen durchaus unterschiedlich ausfallen. Solche kontroversen Stellungnahmen waren geeignet, die Autorität der Gelehrtenschaft infrage zu stellen, wenn diese Differenzen einer breiteren Schicht von Gläubigen bekannt und in ihren Konsequenzen bewusst wurden.

Daher ist in den 1980er-Jahren durch die Islamische Weltliga eine Akademie für islamisches Recht (Fiqh) eingerichtet worden, in der auf regelmäßigen Treffen muslimische Rechtsgelehrte unter Assistenz von Akademikern aus den verschiedensten Bereichen der modernen Wissenschaften über die Billigung oder das Verbot der zahlreichen Erfindungen und Entdeckungen in den Bereichen, Medizin, Technologie, Wirtschaft und Kultur debattieren und ihre Beurteilungen dieser Phänomene abgeben. Diese Entscheidungen werden mit allen Möglichkeiten der modernen Kommunikationstechnologie in der islamischen Welt verbreitet. Wie weit sie dann von den Gläubigen tatsächlich akzeptiert werden, bleibt zu untersuchen.

Eine weitere sekundäre Rechtsquelle ist der Analogieschluss (arabisch *qiyâs*). Dabei werden rechtliche Festlegungen getroffen, bei denen vergleichbare Vorgaben aus dem Koran oder den Prophetentraditionen herangezogen werden. Auch Regelungen, die auf Konsens beruhen, können für den Analogieschluss verwendet werden. Natürlich finden sich Koran- und Hadîth-Zitate, die zur Rechtfertigung dieser Rechtsquelle herangezogen werden. Bemerkenswert ist aber, dass vor allem rationale Argumente herangezogen werden. Die islamische Rechtsgelehrsamkeit stellt in diesem Zusammenhang fest, dass die auf der Basis von Koran, Hadîth und Konsens festgelegten rechtlichen Bestimmungen endlich sind, dass aber die möglichen Rechtsfälle in ihrer Gesamtheit wahrscheinlich eine unendliche Zahl aufweisen. Daraus ergibt sich die so formulierte Schlussfolgerung: Endliches vermag nur dann Unendliches zu regeln, wenn man die vorhandenen Regelungen versteht und sie auf neue Sachverhalte anwendet, also Analogieschluss betreibt. Unter theologischen Gesichtspunkten kann man so argumentieren:

> „Gott führte Gesetze nur auf Grund allgemeinen Interesses oder des Allgemeinwohls (*maslaha*) ein. Wenn ein im Koran geregelter Sachverhalt und ein nicht erwähnter ähnlicher Sachverhalt zur Entscheidung anstehen, ist es ein Gebot der Weisheit und der Gerechtigkeit, diese gleich zu behandeln." (Krawietz 2002, S. 212)

Häufig werden damit die islamischen Rechtsquellen abgeschlossen. Es ist aber darauf hinzuweisen, dass vom Beginn der islamischen Rechtsgeschichte an noch weitere Kriterien für die Rechtsfindung genannt werden.

Hier ist vor allem der gesunde Menschverstand (arabisch *'aql*) zu nennen. Als Beispiel für diese Form der Argumentation mag dazu der folgende Fall aus dem Bereich der rituellen Reinheit dienen: Wenn nach anderen Quellen, also dem Koran, den Prophetentraditionen oder dem Konsens der Gelehrten festgestellt wird, dass der Speichel eines Hundes als rituell unrein zu betrachten ist, dann kann auch der Urin eines Hundes nicht als rituell rein betrachtet werden, auch wenn es weder im Koran, den Prophetentraditionen noch im Konsens der Gelehrten eine entsprechende Feststellung gibt. Nach der aktuellen Einschätzung westlicher Wissenschaftler handelt es sich hier um die älteste Methode der islamischen Rechtsschöpfung.

Harald Motzki (2002) spricht in diesem Zusammenhang von *ra'y*, persönlicher Meinung. Sie entstand im ersten Jahrhundert der islamischen Geschichte auf der Grundlage der Quellen Koran und Hadîth. Da angesichts der Ausweitung des muslimischen Herrschaftsgebiets und der unterschiedlichen gesellschaftlichen und politischen Bedingungen die Zahl der durch *ra'y* entstanden Variationen von

Rechtsentscheidungen immer stärker zunahm, entwickelte sich dann eine Gegenbewegung, die diese Rechtsquelle strikt ablehnte.

Für die rechtlichen Entscheidungen spielt auch das Konzept des Gutdünkens (arabisch *istihsân*) eine Rolle. Ferner wird immer wieder das Gewohnheitsrecht (*'urf* und *'âdât*), also die rechtlichen Traditionen der vorislamischen Zeit, als Entscheidungskriterium einer rechtlichen Entscheidung beigezogen.

Die islamische Rechtsgelehrsamkeit macht immer wieder deutlich, dass das Ziel des rechtlichen Handelns die Erkennung und Durchsetzung regelmäßiger, schützenswerter Interessen oder des Gemeinwohls ist. Zwar können die Menschen die Prinzipien des Allgemeinwohls mithilfe des Verstandes durchaus erkennen. Diese Erkenntnis ist allerdings durch die menschliche Begrenzung des Wissens und der Erkenntnis nicht immer gegeben:

> „Die Interessen des Menschen im Leben sind zahlreich und unterschiedlich; denn sie befinden sich nicht im Gleichklang, sondern sind verschiedenartig und untereinander widerstrebend, einige davon sind feststehend und ändern sich nicht, während andere hinzukommen und nicht von dauerhafter Natur sind." (Krawietz 2002, S. 226)

Diese persönlichen Interessen führen dann dazu, dass der einzelne Mensch Ziele verfolgt, die im Endeffekt nicht zum Ziel des Allgemeinwohls führen. Daher ist nur eine über alle menschlichen Interessen hinausgehende Autorität in der Lage, mit ihren Sanktionen und Versprechungen die schwachen menschlichen Geschöpfe zu einer wirklich vernünftigen Handlung zu bewegen. Schließlich muss noch darauf hingewiesen werden, dass die Entwicklung des islamischen Rechts auch von den vor der Entwicklung des Islams vorhandenen rechtlichen Vorstellungen beeinflusst worden ist, und noch immer beeinflusst wird. Diese werden als *'Âdât* bezeichnet und unterscheiden sich natürlich je nach den sozialen und politischen Traditionen der jeweiligen Regionen. Dies gilt vor allem für die Praxis des Alltagsrechts. Auch von den heutigen islamischen Rechtsgelehrten wird dieses Gewohnheitsrecht als eine Grundlage ihrer Entscheidungen anerkannt. Das ist auch bei diesen vor allem dann der Fall, wenn die zu entscheidenden Fragen sich auf das Alltagsleben beziehen.

Nach der Vorstellung der islamischen Gelehrten müssen drei von durch das Recht zu schützenden Interessen festgestellt werden:
- ‚notwendige Interessen'
- ‚bedürfnisorientierte Interessen'
- ‚auf Verbesserung orientierte Interessen'.

An erster Stelle stehen dabei die ‚notwendigen Interessen'. Es handelt sich um Dinge,

> „[...] auf die im Hinblick auf das Bestehen der menschlichen Gesellschaft und die Existenz menschlichen Lebens nicht verzichtet werden kann. [...] um Angelegenheiten, von denen das gesellschaftliche und das religiöse Leben der Menschen insofern abhängt, als das Leben im Diesseits in Unordnung gerät, wenn sie nicht bedacht werden, und im Jenseits die Glückseligkeit verloren geht und Bestrafung ausgelöst wird." (Krawietz 2002, S. 228)

Dabei geht es nicht nur um das Wohl und Wehe des Einzelnen, sondern auch der Gemeinschaft insgesamt, im Diesseits wie im Jenseits. Ohne sie würde die Ordnung des Lebens aufgelöst, und Verderben und Chaos würden sich ausbreiten. Es handelt sich dabei um fünf grundlegende, basale Rechtsgüter:
- Religion
- Leben
- Vernunft
- Reinheit der Abstammung
- Besitz.

Es ist die vornehmste Aufgabe des Rechts, diese unterschiedlichen Rechtsgüter zu bewahren und vor Angriffen zu beschützen.

Neben den grundlegenden Interessen, die das Recht zu schützen hat, gibt es auch ‚bedürfnisorientierte Interessen'. Dabei handelt es sich um Dinge oder Handlungen, die erforderlich sind, um Schäden abzuwehren oder Bedrängnissen zu entkommen. Die Gelehrtenschaft begründet dieses Ziel rechtlichen Handelns mit zahlreichen Koranversen, nach denen es Gott den Menschen nicht schwer, sondern leicht machen wolle. Hervorzuheben ist im Zusammenhang mit den schützenswerten Interessen vor allem, dass sogar Vorschriften des Korans außer Acht gelassen werden können: Kranke müssen nicht fasten wie auch die Kämpfer im Glaubenskampf. Vor allem aber dürfen Nahrungsmitteltabus übertreten werden, wenn ansonsten der Hungertod droht.

Schließlich gibt es noch die ‚auf Verbesserung orientierte Interessen', die den Schutz des islamischen Rechts erfahren. Diese lassen die guten Dinge stärker in den Vordergrund des Interesses der Gläubigen treten und drängen die schlechten Dinge zurück. Ohne dieses Konzept der Beförderung des Guten und der Zurückdrängung des Schlechten gerät die allgemeine Ordnung in Gefahr. Grundlage dieser Vorstellung ist ein Ausspruch des Propheten: „Ich wurde vielmehr gesandt, um die edlen Sitten vollkommen zu machen." (zitiert nach: Krawietz 2002, S. 235) Zu den auf Verbesserung orientierten Interessen können wichtige oder weniger wichtige Dinge gehören. Als Beispiele können eher marginale Regelungen wie die Verbesserung von Tischsitten genannt werden oder die Regel, dass keine Nahrungsmittel verschwendet werden sollen. Dieses rechtliche Konzept wird heute vor allem dann angewandt, wenn Entscheidungen im Zusammenhang mit modernen Erfindungen getroffen werden sollen. Häufig finden sich rechtliche Feststellungen in Bezug auf Neuerungen, die das Leben der Menschen erleichtern können. Dabei kann es um Transportmittel wie Kraftfahrzeuge oder Flugzeuge ebenso gehen, wie um Waschmaschinen oder moderne elektronische Kommunikationsmittel. Es kann aber nicht erstaunen, dass sich die muslimischen Rechtsgelehrten nicht darüber einigen konnten, was die auf Verbesserung orientierten Interessen eigentlich sein könnten.

Vor allem die modernen muslimischen Rechtstheoretiker sind der Ansicht, dass das islamische Recht durch die Hand der Regierung Dinge verbieten muss, die durchaus über positive Eigenschaften verfügen, aber im Endeffekt als negativ betrachtet werden. Als Beispiel für diese Situation wird folgendes Beispiel vorgetragen: Es geht um die Frage der Genehmigung der Übersetzung des Korans in andere Sprachen. Übersetzungstätigkeit ist grundsätzlich nicht zu beanstanden. Die Gelehrten sind im Gegenteil der Meinung, dass die Übersetzungstätigkeit eine gute Möglichkeit ist, Muslime unterschiedlicher Herkunft einander geistig näher zu bringen. Anders verhält es sich aber mit der Übersetzung des Korans. Hier wird die Übertragung auch nur eines einzigen Wortes des arabischen Textes in eine andere Sprache als ein Verstoß gegen die Vorgaben der Regeln des islamischen, aber auch des byzantinischen Rechts angesehen. Auch die Schreibung von Korantexten mithilfe von Gerätschaften wie Schreibmaschine oder Computer wird von zahlreichen Gelehrten als problematisch betrachtet. Denn Texte des heiligen Buches der Muslime in einer Zeitung oder Zeitschrift könnten immer wieder einmal in einem politischen oder religiösen Kontext, aber auch in einem anderen redaktionellen Zusammenhang erscheinen, der der Würde des heiligen Wortes nicht angemessen sei.

Ein anderes Thema bezüglich der Frage der auf Verbesserung orientierten Interessen können z. B. auch Fragen nach Festen ohne einen religiösen Hintergrund sein. Ist es also erlaubt, Feste wie Neujahr, Muttertag, Tag des Kindes, Internationaler Frauentag, Hochzeitstag usw. feierlich zu begehen? Dies muss vor allem angesichts der Tatsache gefragt werden, dass durch die Vielzahl dieser säkularen Feste die Konzentration auf die beiden muslimischen Hochfeste, das Fest des Fastenbrechens und das Opferfest, verloren gehen kann. So wurde seit den 2015er Jahren berichtet, dass wahhabitische, aber auch andere radikale Prediger sich heftig gegen weihnachtlichen Bräuche in muslimischen Familien in der Diaspora wandten oder die Teilnahme an Parties zu Silvester. Eine andere, immer wieder behandelte Thematik ist auch die Frage nach der Billigung der beruflichen Tätigkeit von Frauen. Diese Frage wird gestellt, weil manche

Rechtsgelehrte eine Gefahr für das ‚basale' Rechtsgut der Reinheit der Abstammung gefährdet sehen.

Alles in allem musste sich das islamische Recht seit dem 19. Jahrhundert durch den intensiveren Kontakt der muslimischen mit den modernen westlichen Gesellschaften und den damit verbundenen geistigen, sozialen, kulturellen, vor allem aber technischen Entwicklungen in vielfältigen Bereichen verändern. So entstanden verschiedene Methoden der Weiterentwicklung wie die Formalisierung von Recht und Rechtspraxis. Dafür waren in vielen Fällen entsprechende staatliche Vorgaben ursächlich. Als Beispiel sei auf die Kodifikation des islamischen Rechts durch die *Mecelle*, ein zwischen 1869 und 1876 entstandenes und teilweise bis 1926 gültiges Gesetzeswerk des Osmanischen Reiches hingewiesen. Die *Mecelle* beruht auf den Regeln und Vorgaben der hanafitischen Rechtsschule, übernimmt jedoch nicht in allen Fällen die Mehrheitsmeinungen, sondern die von abweichenden Positionen einzelner Rechtsgelehrter, wenn diese nach der Ansicht die Herausgeber des Werks als geeigneter für die aktuellen gesellschaftlichen Verhältnisse erscheinen. Die *Mecelle* beinhaltet vor allem die Bereiche des Verfahrens- und des Wirtschaftsrechts. Nach diesem Vorbild sind entsprechende Gesetzestexte in den unterschiedlichsten Staaten mit dem Islam als Staatsreligion entstanden. Zu den Kernbereichen des modernen islamischen Rechts zählt Matthias Rohe in seinem Werk ‚Das islamische Recht. Geschichte und Gegenwart' von 2009 das Personenstands-, Familien- und Erbrecht u. a. mit den Themen Heiratsmindestalter, informelle Ehe und Verlöbnis, Eheverträge, Unterhaltsrecht, um nur einige zu nennen. Einen zweiten Bereich bilden das Vertragsrecht, das Wirtschaftsrecht und das Deliktrecht. Dabei geht es u. a. auch um die religiösen Aspekte des Wirtschaftens, also vor alle um das komplizierte Thema des Zinsverbots. Als dritten Bereich nennt Rohe das Staats- und Verwaltungsrecht, in dem Themen wie Staatsorganisation und Rechtsstaatlichkeit ebenso angesprochen werden wie die Rolle von Frauen in Staats- und Verwaltungsämtern oder die Position von religiösen Minderheiten und die Frage der internationalen Rechtsbeziehungen. Schließlich ist noch das Strafrecht zu nennen, bei dem Rohe auf die Themen der Apostasie und der ‚Ehrenschutzdelikte', also der Verbrechen aus verletzter Ehre eingeht.

Eine bedeutende moderne Organisationsform zur Vereinheitlichung der islamischen Rechtsfindung ist die *dâr al-iftâ'*, wörtlich ‚Haus der Erteilung von Rechtsgutachten', auch Mufti-Amt genannt. Die erste Einrichtung dieser Art entstand 1895 in Kairo. An ihrer Spitze steht der Groß-Mufti von Ägypten. Dort ist es neben der Azhar-Universität und dem Ministerium für religiöse Angelegenheiten und Fromme Stiftungen die bedeutendste muslimische religiöse Einrichtung des Landes. Die von diesem Amt erlassenen Rechtsgutachten entstehen einerseits in Reaktion auf Fragen von Muslimen, aber auch Nicht-Muslimen und andererseits angesichts aktueller Debatten in der ägyptischen oder der internationalen muslimischen Öffentlichkeit. Die allgemeine Bedeutung der Gutachten stellt sich unterschiedlich dar. So reagierte die *dâr al-iftâ'* auf Äußerungen von Vertretern des sogen. ‚Islamischen Staates', aber auch zur Praxis des Valentinstags, dort übrigens positiv. Bei Fragen von Muslimen kann es sich ebenfalls um bedeutende Themen wie die der korrekten Form der Glaubenspflichten handeln, aber auch z. B. um das Thema der *'aqîqa*, der Feier aus Anlass der Geburt eines Kindes. In diesem Fall erläutert der entsprechende Verfasser des Gutachtens die Praxis und die Geschichte diese Brauchs und empfiehlt diese. Neben solchen offiziellen, staatlich geförderten Einrichtungen, die es z. B. auch in Libyen und Saudi-Arabien gibt, finden sich z. B. auf dem indischen Subkontinent auch private Einrichtungen dieser Art, deren Autorität aber vergleichsweise begrenzt ist.

All diese Einrichtungen verfügen inzwischen auch über entsprechende moderne Kommunikationsmittel, mit denen sie ihre Gutachten, aber auch Darstellungen zur Geschichte des Islams oder des Lebens des Propheten Muhammad einem internet-affinen Publikum anbieten. Als erfolgreichste Website kann aber wohl die des aus Ägypten stammenden Scheich Yusuf al-Qaradâwî genannt werden, die von Qatar aus betrieben wird. Angeblich wird etwa 250 Tsd mal am Tag auf sie zugegriffen (zu ihm s. Gräfe: Medien-Fatwas 2010).

4.2 Bedeutung und Funktion der Rechtsgelehrten

Bei Gelegenheit meinte ein bedeutender deutscher Rechtsanwalt, nachdem ihm die Rolle der islamischen Rechtgelehrten erläutert worden war, dass es sich bei dem islamischen Recht um ein durchaus anwaltsfreundliches Rechtssystem handele. Diese pragmatische Einschätzung ist in mancherlei Hinsicht durchaus zutreffend, auch wenn der Vergleich zwischen dem deutschen Rechtssystem und der Art der islamischen Rechtsschöpfung eigentlich nicht zulässig ist. Denn das islamische Recht ist ein komplexes System von Regelungen und methodologischen Vorgaben, das sich ständig weiterentwickelt, wobei es nicht von politischen Gesetzgebern abhängig ist, sondern von Rechtsgelehrten mit ihren individuellen Ansichten und Auslegungen der autoritativen Rechtsquellen.

Die Notwendigkeit der Weiterentwicklung hängt mit der muslimischen Überzeugung zusammen, dass alle Handlungen des Menschen bei Gott als dem gerechten Richter einer Überprüfung unterzogen werden. Diese Handlungen stehen in einem konkreten Zusammenhang mit allen kulturellen und technologischen Veränderungen, die der Mensch im Verlauf seines Lebens zur Kenntnis nimmt und die er in der Folge auch nutzt.

Hier ergibt sich notwendigerweise die Frage, ob z. B. die technologischen Innovationen, die Eingang in das Alltagsleben gewinnen, den göttlichen Vorgaben entsprechen. Einfache Gläubige können diese Fragen aus ihrer Kenntnis der religiösen Vorgaben nicht beantworten. Sie bedürfen dazu der Hilfe von kompetenter Stelle: von den muslimischen Rechtsgelehrten. Die Gelehrten haben im Verlauf eines Studiums, das unter Umständen Jahrzehnte gedauert hat, Methoden und Techniken gelernt, die es ihnen ermöglichen, die Fragen der einfachen Gläubigen zu beantworten. Auf die entsprechenden Fragen der Gläubigen hin erstatten sie ein Rechtsgutachten (arabisch *fatwâ*).

Es handelt sich hierbei um eine Rechtsmeinung und nicht um einen Urteilsspruch. Die Frage der Verbindlichkeit einer solchen Fatwa stellt sich bei Sunniten und bei Schiiten unterschiedlich dar. Im sunnitischen Islam ist ein Rechtsgutachten für den einzelnen Gläubigen nicht absolut verbindlich. Natürlich wird er sich zunächst nur an einen Gelehrten wenden, von dessen Kompetenz und moralischer Haltung er überzeugt ist. Andererseits sind die Fragenden aber auch nicht durch ein Dogma verpflichtet, sich an die Äußerungen des Gelehrten zu halten. Dies gilt vor allem dann, wenn bekannt ist, dass sich andere Gelehrte zur derselben Frage in gegensätzlicher Weise geäußert haben. Wie weit die sunnitischen Gläubigen den Rechtsmeinungen und Gutachten der Gelehrten folgen, bleibt ihre eigene Entscheidung.

Anders verhält es sich bei den Anhängern des schiitischen Islams. Nach schiitischer Vorstellung kann der Gläubige nur durch die Führung der Imame das Heil erlangen. Da sich der letzte Imam in der Verborgenheit aufhält, ist die geistige und religiöse Führung der schiitischen Gemeinschaft in die Hand der Rechtsgelehrten übergegangen. Jeder Gläubige muss sich der Führung eines Rechtsgelehrten anvertrauen. Er kann diesen Gelehrten frei wählen. Wenn er sich aber für einen von ihnen entschieden hat, dann muss er in Zukunft allen seinen Anweisungen folgen. Sie sind für seine Lebensführung und sein Glaubensleben verbindlich. Diese Autoritätsbeziehung wird erst durch den Tod des Gelehrten oder des Gläubigen beendet.

4.3 Parallelität verschiedener Rechtssysteme

Wenn man die rechtlichen Verhältnisse in islamischen Staaten betrachtet, kann man mindestens drei nebeneinander existierende Rechtssysteme feststellen. Das ist auch dann der Fall, wenn Regierungen aus ideologischen oder politischen Gründen behaupten, dass bei ihnen ausschließlich das islamische Recht zur Anwendung gelange.

Von jeher gab es in islamischen Staaten neben dem islamischen Recht auch andere rechtliche Bestimmungen. Diese bezogen sich zunächst auf die im islamischen Staat lebenden Nicht-Muslime, unter denen ein jeweils eigenes Recht galt, dass von den Führern der Minderheiten formuliert, weiterentwickelt und exekutiert wurde. Im islamischen Kontext gab es neben den islamischen Gerichtshöfen auch staatliche Gerichte, an die sich die Untertanen wenden konnten. Hier spielte gewiss das islamische Recht eine Rolle. Die Entscheidungen konnten aber auch nach anderen rechtlichen Grundsätzen erfolgen. Dabei spielten praktische Verwaltungserwägungen ebenso eine Rolle wie das Gewohnheitsrecht der jeweiligen islamischen Region. Man denke nur an die unterschiedlichen erbrechtlichen Traditionen in patrilinearen Gesellschaften wie denen der Araber oder matrilinearen Gruppen wie den Minankabau im indonesischen Sumatra oder den Hausa in Westafrika.

Diese Zweigleisigkeit ist bis heute festzustellen, wenn es je nach den politischen Rahmenbedingungen neben dem islamischen Recht den königlichen Befehl (arabisch *amr malikî*) in den islamischen Monarchien, z. B. in Saudi-Arabien, oder den Befehl eines ‚revolutionären Kommandorates', wie in manchen islamischen Staaten nach einem erfolgreichen politischen Umsturz, gibt, die Rechtswirkung haben. Zumindest in Saudi-Arabien ist der *amr malikî* inzwischen zu einem auch von den islamischen Gelehrten anerkannten Rechtsprinzip geworden. Mit dem wachsenden europäischen Einfluss in verschiedenen islamischen Staaten, vor allem durch die koloniale Expansion, sind weite Bereiche des islamischen Rechts in der Praxis durch juristische Konzepte und Texte ersetzt worden, die aus dem modernen westlichen Recht stammen.

Dies gilt für das Verfassungsrecht, das internationale Recht oder das Strafrecht. Auch in weiten Bereichen des Zivilrechts konnten westliche Rechtsvorschriften gegenüber dem islamischen Recht Raum gewinnen. In manchen Ländern wie Marokko, Ägypten, Syrien oder Indonesien bestehen gerade im Zivilrecht das westliche und das islamische Recht auch gleichzeitig nebeneinander. In solchen Fällen können die streitenden Seiten bestimmen, nach welchem Recht das Verfahren geführt werden soll. In anderen Staaten werden nur Teile des islamischen Rechts wie z. B. das Erbrecht angewendet.

Gerade im Alltag spielt ferner das Gewohnheitsrecht eine große, manchmal die entscheidende Rolle. Es ist nicht ausgeschlossen, dass staatliche Gerichte die Konfliktparteien auf das Gewohnheitsrecht verweisen und eine Entscheidung ablehnen. In manchen Fällen können die Entscheidungen der staatlichen Gerichte auch durch Gerichte, die nach dem Gewohnheitsrecht urteilen, ergänzt werden.

4.4 Die Debatte um die Entstehung des islamischen Rechts

Hatten sich die ersten westlichen Gelehrten, wie Eduard Sachau (1845–1930), die sich mit dem islamischen Recht und seiner Geschichte auseinandersetzten, noch kaum einen Gedanken um die Historizität der Quellen, aus denen sich dieses Recht entwickelte, gemacht, veränderte sich dies durch die Forschungen von Ignaz Goldziher, der pauschal die Authentizität der Prophetentraditionen infrage gestellt hatte.

Joseph Schacht hatte dann vor allem in seinem mehrfach nachgedruckten Werk *Origins of Mohammadan Jurisprudence* (1950) festgestellt, dass das islamische Recht nicht im 1. Jahrhundert der Hijra, also des 7. Jahrhunderts christlicher Zeitrechnung, sondern erst im darauf folgenden Jahrhundert in seinen Grundzügen entstanden sei. Unter Bezug auf Goldziher konstatierte er zum Beispiel, dass die Feststellung der muslimischen Tradition, die Entstehung des Rechts mit den klassischen Quellen, Koran, Hadîth und dem Konsens der Gelehrten beginnen zu lassen, nicht haltbar sei. Vielmehr habe die Rechtsprechung zunächst auf der persönlichen Einschätzung (arabisch *ra' y*) der ersten muslimischen Juristen beruht. Daneben war er der Ansicht, dass die Grundlagen des islamischen Rechts von Richtern (arabisch *qâdî*) und Gouverneuren der Omayyadenzeit (661–750) gelegt worden seien. Die berühmten Rechtsgelehrten, auf die die Ursprünge des islamischen Rechts gemeinhin zurückgeführt werden, hätten damit nichts zu tun gehabt. Zwar stimmten nicht alle damaligen Rezensenten dieser These zu, die Mehrheit der westlichen Islamwissenschaftler äußerten sich aber sehr positiv, und der Nachdruck des Werks, der für ein Buch eines so speziellen Inhalts ungewöhnlich ist, macht die Wirkungsmächtigkeit deutlich. Kritik kam vor allem von muslimischen Rechts- und Wissenschaftshistorikern. Besonders scharf äußerte sich Muhammad M. Azami, der von Schacht schreibt, dass er die wichtigsten Texte nicht berücksichtige, dass die Stellen, die er zitiere, seiner Aussage widersprächen, und dass er die Zitate verfremde. Letztlich sei seine Methode unwissenschaftlich (vgl. Motzki 2002, S. 40).

Diese Kritik, wie auch die von den Islamwissenschaftlern Johann Fück (1894–1974) oder Erwin Gräf (1914–1976), wurde kaum zur Kenntnis genommen. Erst eine umfassende Untersuchung von Harald Motzki machte deutlich, dass Schachts These einer Revision unterzogen werden muss. Motzki zeigt, dass die generelle Feststellung von Schacht bezüglich der Bedeutung des Ra'y nicht durch die Quellen bestätigt wird. Vielmehr habe man sich auch schon im 1. Jahrhundert der islamischen Zeitrechnung (7. Jahrhundert christlicher Zeitrechnung) auf den Koran und die Aussprüche des Propheten bezogen, wenngleich dies noch nicht in dem Maße erfolgte wie in späteren Zeiten. Auch gegen die den Richtern und politischen Autoritäten zugeschriebene Rolle erhebt Motzki Einspruch. Dabei unterscheidet er zwischen dem Privat- und dem Strafrecht. Zumindest im Privatrecht spielen diese politischen Kräfte nur eine marginale Rolle, was im Bereich des Strafrechts anders aussehen kann.

Die Debatte um die Geschichte des islamischen Rechts ist deshalb von so großer Bedeutung, weil dessen Autorität bei den gläubigen Muslimen eben auf der Herkunft aus der Zeit des Propheten und des Frühislams beruht. Das islamische Recht aber spielt in den aktuellen Auseinandersetzungen um eine wahre islamischen Gesellschaft und den Aufbau und die Strukturen eines ‚echten' islamischen Staates eine zentrale Rolle. Vor allem konservative und radikale muslimische Autoren propagieren die Bedeutung des islamischen Rechts für einen islamischen Staat. Länder, in denen dieses Recht nicht in allen Bereichen gültig ist, dürfen nach deren Ansicht nicht als islamisch verstanden werden. Konservative, stark traditionell ausgerichtete Staaten wie Saudi-Arabien weisen in offiziellen Verlautbarungen immer wieder darauf hin, dass die Durchsetzung und Anwendung des islamischen Rechts eine der Hauptaufgaben aller staatlichen Institutionen sei.

Fragen und Anregungen

- Welches sind die islamischen Rechtsquellen?
- Überlegen Sie, worin sich sunnitische und schiitische Rechtsquellen unterscheiden.
- Welches sind die basalen Rechtsgüter für das islamische Recht?
- Erläutern Sie, welches die islamischen Rechtsschulen sind und wo sie verbreitet sind.

Lektüreempfehlungen

Noel N. Coulson: A History of Islamic Law, Edinburgh 1994. *Eine knappe Überblicksdarstellung über die verschiedenen Begriffe und rechtlichen Konstruktionen des islamischen Rechts.*
Bettina Gräfe: Medien-Fatwas@Yusuf al-Qaradawi. Die Popularisierung des islamischen Rechts, Berlin 2010. *Originelle Untersuchung zu der wichtigsten Stimme des islamischen Rechts im Internet.*
Birgit Krawietz: Die Hierarchien der islamischen Rechtsquellen, Berlin 2002. *Auf der Basis neuerer islamischer Rechtsliteratur werden die Entwicklung und die unterschiedliche Valenz der verschiedenen islamischen Rechtsquellen untersucht und damit ein Einblick in die gegenwärtigen Positionen muslimischer Rechtsgelehrter gegeben.*
Chibli Mallat: The Renewal of Islamic Law. Muhammad Baqer as-Sadr, Najaf, and the Shi' I International, Cambridge 1993. *Studie, die aufzeigt, wie sich die Modernisierung des*

schiitischen Rechts vollziehen kann und welche Hindernisse derartige Prozesse erschweren.

Harald Motzki: The Origins of Islamic Jurisprudence. Meccan Fiqh before the Classical Schools, Leiden 2002. *Überzeugende Auseinandersetzung mit den verschiedenen westlichen wissenschaftlichen Positionen zur Entstehung des islamischen Rechts und eine klare Präzisierung der Entwicklung auf der Grundlage einer Vielzahl arabischer Quellen.*

Mathias Rohe: Das islamische Recht. Geschichte und Gegenwart, München 2009. *Faktenreiche Darstellung aus der Feder eines der derzeit besten Kenner des islamischenRechts.*

Lawrence Rosen: Bargaining for Reality. The Construction of Social Relations in a Muslim Community, Chicago 1984. *Rechtsethnologischen Untersuchung, die die praktische Seite der Anwendung islamischen Rechts in Marokko beschreibt.*

5 Orthodoxie und Heterodoxien im Islam

Abbildung 5: Imam-Husain-Schrein in Kerbela, Irak, 1994.

Das Bild zeigt die Kuppel der Abbas Ibn Ali Moschee in Kerbela. Hier ist Abbas Ibn Ali (647–680), der Halbbruder von Hussein Ibn Ali, dem größten schiitischen Heiligen, begraben. Abbas gilt als einer der engsten Vertrauten Husseins und fand mit ihm 680 in der ‚Schlacht von Kerbela' zusammen mit seinem Halbbruder den Tod. Die beiden Grabmoscheen sind durch einen Platz mit einander verbunden. Wie alle Kuppeln der Grabmoscheen großer schiitischer Heiliger ist auch diese mit Goldplatten bedeckt. Die Leiter an der Kuppel hat keine rituellen, sondern nur bauerhaltende Funktionen. Die aufwändigen Fliesenarbeiten sind iranischen Ursprungs. Jährlich besuchen Millionen von schiitischen Pilgern neben den Grabmoscheen von Ali Ibn Abi Talib im nahen Najaf und Hussein in Kerbela auch die Moschee von Abbas.

Im Islam kam es bald nach dem Tod des Propheten zu Spaltungen in verschiedene Gruppierungen, von denen die Sunniten und die Schiiten die wichtigsten sind. Ursache der Trennung ist der Streit um die Nachfolger des Propheten und ihre Bedeutung. Die Schiiten erkennen als religiöse Führer alleine die direkten Nachkommen Muhammads an, da nur ihnen die göttliche Offenbarung zuteil wurde. Die Sunniten hingegen wählten ihre Führer nach deren religiösen und politischen Fähigkeiten, wobei die Abstammung vom Propheten nur eine untergeordnete Rolle spielt. Die Besonderheiten der Konfessionen, ihre Untergruppierungen und die innerislamische Debatte um die Schia werden hier erläutert.

5.1 Die konfessionelle Spaltung

Wie jedes große kulturelle und religiöse System hat sich auch der Islam im Verlauf seiner Geschichte in verschiedene Gruppen und Untergruppen unterschiedlicher Größe und historischer Kontinuität aufgeteilt. Die wichtigste Unterscheidung ist die zwischen Sunniten und Schiiten. Dabei stellen die Sunniten mit ca. 80 % der Muslime der Welt eine deutliche Mehrheit dar. Während sich die sunnitische Mehrheit aber weitgehend ihre Einheit bewahrte, haben sich die Ausdifferenzierungen bei den Schiiten weiter fortgesetzt. Der Ursprung der Trennung von Sunniten und Schiiten, die von den Muslimen insgesamt als ‚große Heimsuchung' (arabisch *al-fitna al-kubrâ*) bezeichnet wird, liegt in der ungeklärten Frage der Nachfolge des Propheten Muhammad als Führer der jungen muslimischen Gemeinde, als der Prophet im Jahr 632 starb. Im Grunde standen sich zwei unterschiedliche politische Konzepte gegenüber. Die Vertreter der einen Seite plädierten für Ali, den Cousin und Schwiegersohn Muhammads, als den rechten Nachfolger. Die andere Seite votierte für Abu Bakr, einen der frühesten Anhänger Muhammads außerhalb seiner direkten Familie. Er gehörte nur indirekt durch die Ehe seiner Tochter Aischa mit dem Propheten zur Familie Muhammads. In dieser Konfrontation standen sich zwei traditionelle arabische gesellschaftliche Konzepte gegenüber.

Die einen vertraten das genealogische Konzept, nach dem die Herrschaft im Clan bzw. in der Sippe in einer Linie vom Inhaber der Herrschaftsgewalt auf den ältesten männlichen Nachkommen übergehen soll, während die anderen, welche die Befürwortung der Übernahme der Macht über die Gemeinde von Medina durch Abu Bakr vertraten, von einem egalitären Konzept ausgingen, nach dem es nicht auf den Grad der Verwandtschaft zum Herrscher ankam, sondern auf die politischen, strategischen, rhetorischen und anderen Fähigkeiten, um die Gemeinschaft der Muslime erfolgreich zu führen. Im Endeffekt konnte sich Abu Bakr durchsetzen. Er übernahm das Amt des Kalifen (arabisch *Khalīfa*, eigentlich Stellvertreter) von 632 bis 634. Ali hielt zunächst still, ohne aber seine Ansprüche aufzugeben. Als er endlich 656 an die Macht kam, hatte sich das islamische Gemeinwesen beträchtlich verändert. Unter der Herrschaft des Kalifen Omar (634–644) hatten islamische Heere sich bis nach Nordafrika und über den Iran bis nach Indien vorgewagt und ein großes Reich geschaffen. Der dritte Kalif, Osman (644–656), war ein frommer, politisch aber unerfahrener Mann, der sich bei seiner Herrschaftsausübung vor allem auf seine verwandtschaftlichen Beziehungen verließ. So etablierte er einen seiner Verwandten, Mu'awiya, in Damaskus als Gouverneur. Als Osman ermordet wurde, wurde die Tat mit Ali in Verbindung gebracht. Dieser konnte zwar das Kalifat übernehmen, musste sich aber von Anfang an des Vorwurfs erwehren, er sei in das Komplott gegen Osman verwickelt gewesen. In Damaskus erkannte Mu'awiya seine Herrschaft nicht an. Es kam zu politischen und militärischen Auseinandersetzungen, bei denen Ali ungeschickt taktierte. Schließlich fand er sich bereit, sich einem Schiedsspruch zu unterwerfen, weshalb er einen Teil seiner Anhänger verlor.

Diese werden als Kharijiten (arabisch für: die, die weggezogen sind) bezeichnet. Nachfolger dieser Oppositionsgruppe existieren bis heute als Ibaditen (arabisch für: Diener Gottes) in Oman, Tunesien und Algerien.

5.2 Die Sunniten

Das Wort Sunniten wird vom arabischen *sunna* abgeleitet. Dies kann mit Herkommen, Brauch wiedergegeben werden. Ein Sunnit versteht sich als ein Muslim, der sich bemüht, nach der Sunna zu leben. Darunter ist wiederum das Vorbild des Propheten Muhammad zu verstehen, das in den Berichten über sein Leben und durch seine Aussprüche als bezeugt angesehen wird. Da sich der Prophet wie kein anderer Mensch an die im Koran formulierten göttlichen Vorgaben gehalten hat, steht auch für den sunnitischen Muslim der Koran an erster Stelle. Die Sunniten machen mit einem Anteil von mehr als 80 % die eindeutige Mehrheit der Muslime aus. Deshalb werden sie häufig als die muslimische Orthodoxie gesehen. Ihre dogmatischen Vorstellungen und rituellen Praktiken werden auch in den allgemeinen Darstellungen des Islams als die Grundformen betrachtet, von denen sich die Glaubensvorstellungen und Praktiken der anderen Gruppen unterscheiden. Letztere werden daher als heterodox beschrieben, obwohl sich natürlich die Schiiten selbst ebenfalls als orthodox sehen.

Der sunnitische Islam ist in seiner religiösen und rechtlichen Praxis durch eine strikte Bezugnahme auf den Koran und die Überlieferungen der Sprüche des Propheten Muhammad gekennzeichnet. Zwar haben sich daneben auch die weiteren Rechtsquellen wie der Konsens und der Analogieschluss entwickelt (> Kapitel 4), diese werden jedoch nicht von allen sunnitischen Rechtsschulen vertreten. Die sunnitischen religiösen Rituale stellen sich als eher karg dar. Betont wird die Unmittelbarkeit der Beziehung des Gläubigen zu seinem göttlichen Schöpfer. Religiöse Funktionsträger sind daher im Grunde nicht erforderlich. Ein Lehramt, das für die Sunniten verbindliche Vorschriften aufstellt, kann es deshalb eigentlich nicht geben. Zwar hat sich inzwischen ein System von Rechtsgutachten und Gutachtern ergeben, die über eine gewisse Autorität gegenüber den Gläubigen verfügen, eine abschließende Entscheidungsmacht ist aber weiterhin nicht vorhanden.

Die beiden großen Konfessionen des Islams, Sunniten und Schiiten erkennen sich gegenseitig an. In der Alltagspraxis kommt es aber nicht selten zu Konflikten, wenn die beiden Religionsgruppen in unmittelbarer Nähe zueinander ansässig sind. Dies ist z. B. im Libanon oder im Irak der Fall. Dabei stellt sich heraus, dass es neben dogmatischen vor allem rituelle Unterschiede sind, die die Konflikte stimulieren. Beide Seiten stellen die rituelle Reinheit der anderen infrage. Andere Konflikte sind im Ehe- und Erbrecht festzustellen.

5.3 Die Schiiten

Unter Mu'awiya (603–680), der sich als erster Kalif der Dynastie der Omayyaden in Damaskus etabliert hatte, und unter seinen Nachfolgern kam es immer wieder zu Aufständen in den verschiedenen Bereichen des omayyadischen Herrschaftsbereichs. Diese Konflikte mögen vornehmlich auf wirtschaftliche oder politische Motive zurückzuführen sein, sie äußerten sich aber in einer Terminologie, die von den Vorstellungen der Anhänger der Partei Alis, der Schiiten, gekennzeichnet war.

Für die Schiiten waren Mu'awiya und alle anderen Herrscher, die nicht aus der Familie des Propheten über seine Tochter Fatima stammten, Usurpatoren, deren Herrschaftsansprüche und folglich auch deren Herrschaft illegitim waren. Der folgenreichste dieser Aufstände ereignete sich im Jahr 680 im mesopotamischen Kufa. Die Aufständischen riefen Hussein, den Sohn Alis und Enkel des

Propheten Muhammad, zu Hilfe. Hussein, der damals schon kein junger Mann mehr war, machte sich mit geringer militärischer Begleitung von Medina aus auf und traf in Kerbela, in der Nähe von Kufa, wo der Aufstand inzwischen niedergeschlagen war, auf eine überlegene omayyadische Streitmacht. Bei dem sich ergebenden Gefecht fanden alle männlichen Mitglieder der Gruppe Husseins den Tod, unter ihnen auch der Prophetenenkel selbst.

Die gesamte islamische Welt, vor allem aber die Schiiten, betrauert noch heute am Todestag des Prophetenenkels, dem 10. Muharram, dieses tragische Ereignis. Diese militärische Auseinandersetzung, die man eher als ein Scharmützel bezeichnen könnte, hatte für die Zukunft der islamischen Welt eine größere Bedeutung als manche Schlacht, an der tausende von Kämpfern beteiligt waren. Das Ende Husseins bei Kerbela wurde von den Schiiten als Opfertod geheiligt. Hussein habe den Tod auf sich genommen, um für die Sünden der Menschheit zu büßen.

In einem komplizierten religionsgeschichtlichen Prozess entwickelte sich unter den Schiiten die Vorstellung, dass die großen Gestalten der schiitischen Frühzeit, also zunächst Ali und seine Söhne Hassan und Hussein, durch die Vermittlung des Propheten Muhammad über besondere Fähigkeiten verfügten, den Koran in einer absoluten Weise auszulegen. Dieses Wissen um die äußere (arabisch *zâhir*), vor allem aber die innere (arabisch *bâtin*) Wahrheit des Wortes Gottes, das Ali, seinen Söhnen und einigen von deren Nachkommen zu eigen sei, ist nach schiitischer Überzeugung für die Gläubigen notwendig, um das Heil zu erlangen. Unter der äußeren Wahrheit wird die direkte und offenkundige Bedeutung des Korantextes verstanden: Das, was der Koran sagt, ist wahr, auch wenn dem Menschen seine Bedeutung nicht klar ist. Die innere, die verborgene Wahrheit meint dagegen die Aussagen des Korans, die nur wenigen Menschen zugänglich sind. Die verborgene Wahrheit kann sich von der äußeren Wahrheit deutlich unterscheiden.

Die Nachkommen Muhammads, die nach schiitischem Glauben diese Fähigkeit besitzen, werden als Imame bezeichnet. Sein besonderes Wissen überträgt der Imam im Moment seines Todes auf seinen Nachfolger, der dieses Wissen unmittelbar erhält und sofort anwenden kann. Auf diese Weise sind die Gläubigen nie ohne eine religiöse Führung. Diese Führung ist aus religiösen wie aus sozialen Gründen unbedingt erforderlich und kann nur durch die Imame erfolgen. Der zeitgenössische schiitische Gelehrte Hussein Tabatabai kommentiert:

> „Persönliche und soziale Gerechtigkeit können nur von einer Person sichergestellt werden, die irrtumsfrei ist und von Gott davor bewahrt wird, Fehler zu begehen. Wenn das nicht der Fall wäre, könnten Menschen Herrscher oder religiöse Autoritäten werden, die nicht frei sind von der Möglichkeit der Verzerrung des Denkens oder von Verrat an den Pflichten, die ihnen

auferlegt sind. Wenn dies geschehen würde, könnte die gerechte und Freiheit schaffende Herrschaft des Islams nach und nach verändert werden in eine diktatorische Herrschaft und völlig autokratische Regierung. Darüber hinaus könnten die reinen Lehren, wie es bei einigen anderen Religionen der Fall ist, Opfer von Veränderungen und Verzerrungen werden, in der Hand von selbstsüchtigen Gelehrten, die sich der Erfüllung ihrer fleischlichen Gelüste hingeben. Wie der heilige Prophet bestätigt hat, folgte Ali in vollkommener Weise und in jeder Hinsicht dem Buche Gottes und den Überlieferungen des Propheten in Wort und Tat." (Tabatabai 1975, S. 185)

Wegen der Sündenfreiheit der Imame sind für das schiitische Recht auch die Aussprüche der Imame, die wie die des Propheten Muhammad gesammelt wurden, eine Quelle der Rechtsschöpfung.

Nach schiitischer Vorstellung kann es jeweils nur einen lebenden Imam geben. Die Entscheidung über den Nachfolger wird vom sterbenden Imam getroffen. Er übergibt einen kurzen Moment vor seinem Tod sein besonderes Wissen und seine mit dem Imamat verbundenen Eigenschaften an diesen. Bei dem Nachfolger kann es sich auch um ein Kind handeln. Natürlich hat es in der religiös-politischen Praxis auch immer wieder Konflikte um die Anerkennung einer bestimmten Person als neuen Imam gegeben. Unter Umständen erkannte nur ein Teil der Gläubigen den neuen Imam an. Für diese Gruppe konnte die genealogische Kette der Imame damit enden. Das führte in einigen Fällen zu einer Aufspaltung der schiitischen Gemeinschaft. So kann man Fünfer-, Siebener- und Zwölfer-Schiiten unterscheiden, ja nachdem bei welchem Imam die Kette der Imame abgebrochen wurde.

In allen schiitischen Gruppierungen ergab sich das Problem, dass nach dem Abbruch der Imamkette der Dogmatik folgend jemand da sein musste, der den Gläubigen seine Rechtleitung darbietet. Nun hatte sich schon spätestens in spätomayyadischer Zeit die Vorstellung eines Messias herausgebildet, der vor dem Ende der Zeiten ein Reich der Gerechtigkeit und des Friedens errichten werde. Diese Gestalt, auf die sich die Heilserwartung der Gläubigen richtete, wird als Mahdi (arabisch für: der Rechtgeleitete) bezeichnet. Die Vorstellung vom Mahdi wird im Koran nicht angesprochen, aber in den Prophetentraditionen ist von ihm die Rede. Dort heißt es:

„Zum Ende meiner Gemeinschaft wird der Mahdi kommen. Gott wird ihm Frühlingsregen zu trinken geben und auf der Erde wird er reichlich Pflanzen wachsen lassen. Der Mahdi wird großzügig Geld verteilen und das Vieh wird zahlreich sein. Die Gemeinschaft der Gläubigen wird stark sein." (zitiert nach: Heine 1979, S. 25)

In einer anderen Tradition wird das eschatologische Moment angesprochen:

"Die Stunde des Gerichts wird nicht kommen, bis die Erde erfüllt sein wird mit Ungerechtigkeit, Verbrechen und Feindseligkeit. Dann wird einer aus meiner Familie hervortreten, der sie mit Gleichheit und Gerechtigkeit erfüllen wird, wie sie zuvor mit Verbrechen und Feindseligkeit angefüllt war." (zitiert nach: Heine 1979, S. 26)

Diese Idee der Heilserwartung wurde von den Schiiten stärker als von der sunnitischen Mehrheit an- und aufgenommen. Brach die Kette der Imame ab, wurde dies von den Gläubigen ignoriert und der mehr oder weniger fiktive Sohn des letzten Imams wurde zum neuen Imam erklärt, der eines Tages als Mahdi wieder erscheinen werde. Für die Zwölfer-Schiiten, von denen hier als der zahlenmäßig stärksten schiitischen Konfession die Rede sein soll, verschwand der 12. Imam Muhammad al-Mahdi im Jahr 874 in der damaligen abbasidischen Residenzstadt Samarra, nördlich von Bagdad. Der Ort, an dem er verschwand, wird von den Schiiten bis heute in Verehrung gehalten. Daher war die Zerstörung der schiitischen Heiligtümer in Samarra durch radikale Sunniten im Jahr 2006 ein Vorgang, der von den Schiiten als ein nicht wieder gut zu machendes Sakrileg verstanden wird.

Eine Besonderheit des schiitischen Glaubenslebens und der religiösen Praxis hängt direkt mit der Überzeugung zusammen, dass der Mahdi eines Tages zurückkehren wird und die historische Ungerechtigkeit der Verweigerung der Herrschaft durch eine Person aus der Nachkommenschaft des Propheten Muhammad beenden wird. Der Mahdi wird als Messias wiederkehren. In den ersten zehn Tagen des ersten islamischen Monats, des Muharram, gedenken Schiiten in aller Welt in lebhaften Trauerkundgebungen des Todes des Prophetenenkels Hussein. Höhepunkt ist der zehnte Tag, Aschura. Das Gedenken geschieht in verschiedenen Trauerritualen (arabisch *ta'ziya*), in denen der Ereignisse von Kerbela gedacht wird. Berichte über die Ermordung der männlichen Begleiter Husseins und schließlich des Prophetenenkels selbst werden rezitiert. Die Ereignisse werden in Prozessionen dargestellt, und schließlich gibt es Passionsspiele, in denen die tragischen Ereignisse wiedergegeben werden. Bei letzteren handelt es sich um eine der wenigen in der islamischen Literatur bekannten Formen dramatischer Kunst. Zu den Ritualen gehören ferner Flaggelanten-Umzüge, bei denen sich junge Männer, die sich in weiße Leichentücher hüllen, mit Eisenketten geißeln oder mit Schwertern Verletzungen im Stirnbereich beibringen. Die Verbindung zu dem erwarteten Mahdi wird hergestellt durch ein reiterloses, gesatteltes Pferd, das für ihn in den Prozessionen mitgeführt wird, damit er es sofort bei seinem Erscheinen besteigen kann, um auf ihm an der Spitze seiner Anhänger in den letzten Kampf zwischen Gut und Böse zu ziehen.

Einige Zeit sollen Vermittler noch in der Lage gewesen sein, Botschaften des in der Verborgenheit (arabisch *ghaiba*) befindlichen Imam an seine Anhänger weiterzuleiten. Als der letzte dieser Sendboten 941 erklärte, dass der Kontakt zu Muhammad al-Mahdi abgebrochen sei und der Imam sich nun in der großen Verborgenheit befände, reagierten die Schiiten mit einer beständigen Heilserwartung, die je nach den politischen, gesellschaftlichen und wirtschaftlichen Umständen von unterschiedlicher Intensität sein kann, aber bis heute für die Mehrzahl von ihnen ein Teil ihrer gelebten Realität ist. Diese als Gewissheit erfahrene Heilserwartung löste aber nicht das Problem der notwendigen Führung der Gläubigen durch einen Imam. In einem längeren religionsgeschichtlichen Prozess gelang es seit dem 16. Jahrhundert der gesellschaftlichen Gruppe der schiitischen Religions- und Rechtsgelehrten, die Funktion des Imams in der Rechtleitung der Gläubigen zu übernehmen.

Sie konnten sich vor allem ab 1501 zu der bestimmenden Kraft des schiitischen Islams entwickeln, als im Iran die Dynastie der Safawiden (1501–1722) die Macht übernahm, die den zwölfer-schiitischen Islam zur Staatsreligion machten. Auch die Herrscher dieser Dynastie wurden als illegitim angesehen und konnten nur dann als Herrscher akzeptiert werden, wenn sie sich den Regeln und den Vorschriften des schiitischen Islams unterwarfen. Bis heute bestimmen die Religionsgelehrten für alle schiitischen Muslime in der Welt, was den schiitischen Islam dogmatisch und ethisch ausmacht. Sie üben die Leitung der Gemeinde der Gläubigen stellvertretend für den verborgenen Imam aus.

Die schiitische Gelehrtenschaft hat sich zu einem besonderen hierarchischen System entwickelt. Über die Position der einzelnen Gelehrten in diesem System entscheidet neben der persönlichen Frömmigkeit und Integrität auch seine wissenschaftliche Fähigkeit. Durch entsprechende Leistungen, die im Rahmen eines Prüfungssystems erfüllt werden müssen, erhält er Lehrbefähigungen, die mit verschiedenen Titeln verbunden sind. Der höchste dieser Titel ist der des Ayatollah (arabisch für: Wunder Gottes).

Jeder schiitische Gläubige muss sich einem Rechtsgelehrten (arabisch *mujtahid*) anschließen. Er hat die Freiheit der Wahl. Hat er sich aber für einen entschieden, muss er sein Leben lang oder bis zum Tod des Gelehrten dessen Anweisungen und Regeln zur Richtschnur für die Gestaltungen seines religiösen wie seines alltäglichen Lebens nehmen. Für diese religiöse Leitung schuldet der Gläubige seinem geistlichen Leiter Gehorsam und Dank. Diese Bindung drückt sich auch durch eine besondere Abgabe aus, den Anteil des Imams (arabisch *sahm al-Imâm*), den der Rechtsgelehrte für seinen eigenen Lebensunterhalt, aber auch für den seiner Schüler verwendet. Ferner finanziert er damit verschiedene karitative Unternehmungen, schulische Einrichtungen, Krankenhäuser und anderes.

Aus dem lebenslangen religiösen und moralischen Abhängigkeitsverhältnis eines Gläubigen zu seinem Mujtahid hat sich eine Art von schiitischem Klerus entwickelt. Denn jeder schiitische Muslim, auch der der den Beruf des Religionsgelehrten ergreift, befindet sich zunächst in einem entsprechenden religiösen Abhängigkeitsverhältnis. Dieses kann aufgelöst werden, wenn ein Religionsgelehrter davon überzeugt ist, selbst für sich Entscheidungen zu treffen. Eine gewisse Verbundenheit zu seinem religiösen Führer bleibt jedoch erhalten. So kann es vorkommen, dass eine Gruppe von Rechtsgelehrten einen bedeutenden Gelehrten um Unterstützung bittet. So geschah es 2005, als etliche schiitische Gelehrte aus dem Iran den im Irak residierenden Ayatollah Ali al-Sistani baten, bei den Konflikten innerhalb der iranischen Religionsgelehrten Partei zu ergreifen.

Die verschiedenen führenden Religionsgelehrten stehen in der Regel in einem ernsthaften Konkurrenzkampf um die Position des höchsten Rechtsgelehrten, des Marja al-Taqlîd. Diese höchste schiitische religiöse Autorität wird dann von der überwiegenden Mehrheit der gläubigen Schiiten als vorbildlich und richtungweisend anerkannt. Es gibt allerdings keine eingeübte Praxis, nach der der Marja al-Taqlîd bestimmt wird. In der Regel finden sich zwei oder drei bedeutende Gelehrte, die als mögliche höchste Autoritäten bezeichnet werden. Dabei wird schlussendlich derjenige der Marja al-Taqlîd, der seine Konkurrenten überlebt. Es gibt aber auch Situationen, in denen nur ein einziger Gelehrter für diese herausragende Position infrage kommt. Dann bekennt sich innerhalb der schiitischen Gemeinschaft nach und nach eine immer größere Zahl von Gläubigen zu diesem Gelehrten, der schließlich mangels anderer Möglichkeiten als die entscheidende religiöse Gestalt für die aktuelle Epoche anerkannt wird.

Der Einfluss und die politische Macht eines höchsten Rechtsgelehrten für die gesamte schiitische Welt sind beträchtlich. Hierzu sei nur ein gerne zitiertes Beispiel angeführt: Als zum Ende des 19. Jahrhunderts der Iran in die finanzielle Abhängigkeit von westlichen Geldgebern geriet, verlangten diese zur Absicherung ihres finanziellen Engagements die Kontrolle und die wirtschaftliche Nutzung der Tabakproduktion und des Tabakhandels im Iran. Zu diesem Zweck wurde die ‚Tabakregie' gegründet, eine Monopolfirma in ausländischem Besitz, die die gesamte Tabakproduktion, die Verarbeitung und den Verkauf kontrollieren sollte. Für den höchsten schiitischen Rechtsgelehrten, der damals im osmanisch-türkischen Irak, also außerhalb des iranischen Hoheitsgebietes lebte und lehrte, war damit eine entscheidende Grenze überschritten. Er fürchtete einen überwältigenden europäischen Einfluss im Iran und sah darin eine Gefahr für die schiitische Identität des Landes. Er veröffentlichte ein Rechtsgutachten (arabisch *fatwâ*), in dem er festhielt, dass alle Gläubigen, die in Zukunft Tabak herstellten, bearbeiteten oder konsumierten, sich im Krieg gegen den verborgenen Imam befänden; mit anderen Worten: Sie würden als Abtrünnige betrachtet. Mit dem Bekanntwerden dieses Rechtsgutachtens gaben alle Iraner das Rauchen auf, womit der gesamte Tabakmarkt im Iran zusammenbrach. Die ‚Tabakregie' ging in

Konkurs. Natürlich haben die obersten Rechtsgelehrten dieses Mittel der absoluten Sanktion nur selten angewandt. Anderenfalls würde es in seiner Wirkung sicherlich sehr rasch nachlassen.

Die Mehrzahl der schiitischen Rechtsgelehrten ist darüber hinaus der Ansicht, dass sich die Gelehrten nicht in die allzu weltlichen Fragen und Probleme einzumischen hätten. Diese Position wird als Quietismus bezeichnet.

Dieser Position steht die Forderung des Ayatollah Ruhollah Khomeini (1902–89) gegenüber, der diese quietistische Haltung seiner Kollegen kritisierte und das Konzept von der Herrschaft der Rechtsgelehrten (arabisch *velayet-e faqîh*) entwickelte. Er forderte die direkte Machtausübung durch die dafür am besten geeigneten Rechtsgelehrten. Seit dem Sieg der islamischen Revolution unter Khomeini im Jahre 1979 wird dieses Konzept in der Islamischen Republik Iran erprobt. Inzwischen erfährt es aber innerhalb und außerhalb des Iran von schiitischen Gelehrten eine zum Teil heftige Kritik. Darin wird vor allem darauf hingewiesen, dass die Religionsgelehrten nicht ohne weiteres Spezialisten in all den Gebieten sein können, in denen politische Entscheidungen getroffen werden müssen. Politische Fehlentscheidungen werden aber von denen, die darunter leiden müssen, nicht den einzelnen Entscheidungsträgern zugeschrieben, sondern der schiitischen Geistlichkeit in ihrer Gesamtheit.

Die Struktur der schiitischen Geistlichkeit hat im Endeffekt für die Weiterentwicklung und Modernisierung eine Reihe von Vorteilen. Dies gilt vor allem für die wissenschaftliche Entwicklung. Schon in der Zeit, in der das Abbasidenkalifat unter die Kontrolle der schiitischen Dynastie der Buyiden geriet (945–1055), hatte sich in Bagdad und Umgebung eine lebhafte Wissenschaftskultur entwickelt. Besonderen Wert legten die schiitischen Gelehrten auf die Zusammenstellung und kritische Sichtung der umfangreichen schiitischen Prophetentraditionen, die durch ein schier unübersehbares Traditionsmaterial der Aussprüche und Lehrtexte der schiitischen Imame ergänzt wurde. Diese Aussprüche der Imame bildeten und bilden auch heute eine der wichtigsten Quellen der schiitischen theologischen und juristischen Debatten. Die Tatsache, dass sich manche dieser Imamtraditionen widersprechen oder schiitischer Sicht zu widersprechen scheinen, mag zu der besonderen kritischen Wissenschaftstradition der Schiiten beigetragen haben. Die schiitischen Gelehrten des Mittelalters hatten die rationalistischen Bewegungen des mittelalterlichen Islams intensiver zur Kenntnis genommen und an deren Debatten teilgenommen als ihre sunnitischen Kollegen. Sie hatten den Verstand als entscheidendes Kriterium auch für theologisches Denken anerkannt. Diese Bedeutung der Vernunft wird bis heute von schiitischen Gesprächspartnern als zentrales Moment ihres Denkens und Argumentierens hervorgehoben. An den modernen Ausbildungsstätten für schiitische Theologen und Rechtsglehrte werden schon seit der Mitte des 19. Jahrhunderts neben den klassischen Fächern auch moderne wie Geographie, Astronomie, Ökonomie und Soziologie unterrichtet.

Es gibt einige Besonderheiten, in denen sich die Schiiten von den Sunniten in der praktischen Religionsausübung und den ethischen Regeln unterscheiden. Diese Unterschiede werden von den sunnitischen Gegnern der Schia in ihren Polemiken besonders stark hervorgehoben. Zu nennen ist hier vor allem die Taqiya (arabisch für: Simulation). Danach ist es schiitischen Muslimen erlaubt, ihren Glauben zu verleugnen, wenn ihnen sonst die Gefahr der Hinrichtung droht. In solchen Fällen dürfen sie beten wie Sunniten oder auch Christen und alle anderen Regeln des Islams vernachlässigen.

Die andere spezifisch schiitische Regel ist die der zeitlich beschränkten Ehe. Nach schiitischer Einstellung gibt es zwei Eheformen. Die eine wird mit dem Ziel einer dauerhaften Beziehung aufgenommen, auch wenn es zu einem späteren Zeitpunkt zur Trennung der beiden Ehepartner kommt. Nach den für die Schiiten typischen Regelungen zum Eherecht kann ein Mann aber auch eine Ehe eingehen, in der schon im Ehevertrag das Datum der Auflösung dieser Ehe festgelegt ist. Eine derartige Ehe wird als Mut'a-Ehe, Genussehe, oder Zireh bezeichnet (> Kapitel 10.2).

Neben der Mehrheit der Zwölfer-Schiiten, deren Überzeugung in den vorangegangenen Abschnitten beschrieben wurde, finden sich auch noch andere schiitische Gruppierungen, nach deren Überzeugung die Kette der Imame schon früher abgebrochen ist. Zu nennen sind hier die Fünfer-Schiiten, die auch als Zaiditen bezeichnet werden. Sie beziehen sich auf den Sohn des vierten Imams. Ihr Hauptsiedlungsgebiet ist der Jemen, wo Angehörige dieser Minderheit auch bis 1962 die Herrscher stellten. Die bemerkenswertesten Unterschiede zu sunnitischen sowie anderen schiitischen Vorstellungen finden sich im Staatsrecht, also in der Frage der Nachfolge eines Herrschers. Dabei gilt ein Prinzip, wie es sich auch bei den Sunniten findet: Derjenige Prätendent, der sich gegen die anderen durchsetzt, die ebenfalls Anspruch auf die Herrschaft erheben, kann für sich in Anspruch nehmen, dass er mit dem Willen Gottes regiert. Das bedeutet zugleich, dass ein Prätendent, der erst nach einigen Jahren über die Mittel und die strategischen Erfahrungen verfügt und in einem Aufstand den aktuellen Herrscher beseitigt, auch dies nur mit dem Willen Gottes tun kann.

Bekannter als die Fünfer-Schia ist die Siebener-Schia, die auch als Islamiliyya (Ismailiten) bezeichnet wird. Ihre Vorstellungen und Glaubensüberzeugungen waren lange Zeit Außenstehenden verborgen. Inzwischen kann man ihre Doktrin in etwa so beschreiben: Der Imam bildet das geistige und organisatorische Zentrum der ismailitischen Gemeinschaft. Die Imame bündeln in sich alles Wissen, auch das der esoterischen Wahrheiten, die den Uneingeweihten verborgen bleiben. Die Imame stellen daher uneingeschränkte Autoritäten dar und genießen Treue und Gehorsam der Gläubigen. Nach ismailitischer Überzeugung teilt sich die Weltgeschichte in verschiedene zeitliche Zyklen auf, an deren jeweiligem Beginn ein sprechender Imam oder Prophet steht; ihm folgt eine Reihe von Imamen, die nicht Überbringer einer Offenbarung sind. Ferner gibt es Zyklen verborgener Imame, in denen die Lehre geheim bleibt, und Zyklen offenbarender Imame, in denen die Lehre durch Missionare verbreitet wird. Die Imame verfügen über das Wissen der inneren, den meisten Gläubigen verborgenen Bedeutung des Korans. Die grundlegende Pflicht des Gläubigen ist die Erkenntnis des wahren Imams. Er ist aufgerufen, immer und unter allen Umständen nach der Wahrheit zu suchen, eine Bemühung, die als schwierig und von Rückschritten begleitet beschrieben wird.

Anhängern der Ismailiyya gelang es hin und wieder, die politische Macht in einigen Teilen der islamischen Welt zu erobern. Hier ist die Dynastie der Fatimiden (909–1171) in Nordafrika und Ägypten zu nennen. Seit dem Mittelalter von Geheimnissen umwoben ist die ismailitische Gruppe der Assasinen, denen man die Erfindung von Terror und politischem Mord zuschreibt. Inzwischen haben sich die Ismailiten zu einer relativ kleinen, aber sehr aktiven Religionsgruppe entwickelt, die vor allem in Zentralasien, Afghanistan, Indien und nicht zuletzt in Großbritannien leben, und bis heute unter der Leitung ihres Oberhaupts, des Agha Khan, für wirtschaftliche, pädagogische und karitative Aktivitäten in der Öffentlichkeit bekannt sind.

5.4 Die innerislamische Debatte um die Schia

Es ist bemerkenswert, dass sich innerhalb der westlichen Debatte um den schiitischen Islam kaum grundlegende Kontroversen entwickelt haben. Dies mag zunächst einmal daran liegen, dass die wissenschaftliche Erforschung der verschiedenen Strömungen und Aspekte der Schia nur von wenigen Forschern betrieben wird, die sich jeweils auf Forschungsgebiete konzentrieren, in denen sie als die einzigen Spezialisten angesehen werden müssen. Im Übrigen kann die systematische Schiaforschung auf kaum mehr als vier oder fünf Jahrzehnte zurückblicken.

Anders verhält es sich dagegen mit den interkonfessionellen Auseinandersetzungen zwischen dem Mehrheitsislam der Sunniten und den Schiiten. Dabei darf nicht übersehen werden, dass diese Kontroversen zumindest von einem Teil der westlichen Forscher dergestalt übernommen worden sind, dass sie nicht selten bei ihrer Beurteilung der Schia die Einschätzung sunnitischer Kritiker übernommen haben. Im Gespräch mit Nicht-Muslimen werden vor allem Sunniten darauf hinweisen, dass sich Sunniten und Schiiten gegenseitig als Muslime anerkennen. Daneben gibt es aber Traditionen an gegenseitigen Polemiken, bei denen auf schiitischer Seite die Tatsache, dass kein Nachkomme des Propheten Muhammad die Gemeinde der Muslime leitete und bis heute leitet, als himmelschreiende Ungerechtigkeit angeprangert wird.

Verantwortlich dafür sind aus schiitischer Sicht zunächst einmal die ersten drei Kalifen, die Ali an der Ausübung seiner legitimen Herrschaft hinderten. Für Sunniten sind diese aber geschichtliche Heroen und religiöse Vorbilder ersten Ranges. Bis in die jüngere Vergangenheit gab es die Praxis, dass die eine Gruppe die Helden der anderen formelhaft schmähte. Vor allem die Polemik der Sunniten gegen die Schia hängt nicht zuletzt mit der Tatsache zusammen, dass die Kenntnisse der Sunniten über Doktrin und religiöse Praxis der Schiiten sich durchaus in Grenzen halten. So wird die Verehrung der Imame samt den Wallfahrten an deren Begräbnisstätten als eine Form von Polytheismus betrachtet. Die schiitische Praxis der Taqiya, also die Erlaubnis, in Gefahrensituationen die Zugehörigkeit zur Schia zu leugnen, betrachten die Sunniten als die Erlaubnis zu lügen. Die schiitische Sonderform der Ehe, die Ehe auf Zeit, stellt für sunnitische Polemiker die Billigung der Prostitution dar. Da sich bei manchen schiitischen Gelehrten in Vergangenheit und Gegenwart in ihren Schriften deutliche soziale Tendenzen finden lassen, polemisieren sunnitische Gegner gegen die Schiiten mit der Feststellung „Shî 'î Shuyû 'î" (Ein Schiit ist ein Kommunist; vgl. Naef 1997).

Natürlich finden sich auch auf der schiitischen Seite entsprechende Polemiken. Allerdings sind die gegenwärtigen schiitischen Gelehrten im Gespräch mit westlichen Informanten der Meinung, dass die Beziehungen zu den anderen monotheistischen Religionen sich sehr positiv gestalten. So wird man in der heiligen Stadt Ghom im Iran, einem Zentrum der schiitischen theologischen Gelehrsamkeit darauf hingewiesen, dass es in den dortigen theologischen Einrichtungen auch Professuren für jüdische und christliche Theologie gäbe. Auf die Frage, ob sich auch Vertreter der sunnitischen Theologie zu finden seien, wird man mit einem gewissen Bedauern darauf hingewiesen, dass dies derzeit nicht möglich sei.

Es gibt vor allem seit dem 19. Jahrhundert immer wieder Versuche, eine Annäherung zwischen Sunniten und Schiiten zu bewerkstelligen. So wurde in den 1940er-Jahren an der sunnitischen Azhar-Hochschule in Kairo eine besondere Abteilung für die Erforschung der schiitischen Theologie und Jurisprudenz eingerichtet, die jedoch schließlich zu einer Professur für persische Sprache reduziert wurde. Die Förderung oder Behinderung der Bemühungen um die Annäherung zwischen den beiden Konfessionen war und bleibt abhängig von den politischen Beziehungen zwischen den wichtigen sunnitischen und schiitischen Staaten, vor allem Ägypten und Saudi-Arabien auf der einen und dem Iran auf der anderen Seite.

5.5 Green Deen

In der muslimischen Diaspora hat sich im ersten Jahrzehnt des 21. Jahrhunderts eine die konfessionellen Differenzen nicht beachtende Form von Islam entwickelt, die vor allem in Nordamerika, aber auch in Europa zahlreiche muslimische Anhänger gefunden hat. Eine Rolle spielen auch muslimische Autoritäten in Indonesien. Nach dem erfolgreichen Buch von Ibrahim Abdul-Matin ‚Green Deen. What Islam Teaches about Protecting the Planet' von 2010 wird sie als Green Deen bezeichnet. Darin werden neben Umwelt-Fachleuten verschiedener religiöser Herkunft auch zahlreiche muslimische Autoren und Gesprächspartner zitiert, ohne dass eine konfessionelle Zugehörigkeit genannt wird, auch wenn sie dem Leser in einigen Fällen bekannt sein dürfte. Abdul-Matin definiert 'Green Deen' so: „A Green Deen ist the choice to practice the religion of Islam while affirming the integral relationship between faith and the environment, or, better said, the natural world, the universe and all, that is in it" (Abdul-Matin 2010: 3). Abdul-Matin plädiert dafür, alle Bereiche des Lebens als Teil der religiösen Praxis zu verstehen. Er kritisiert den weit verbreiteten exzessiven Konsum und schlägt eine Reihe von praktischen Verhaltensweisen vor, mit denen diesem entgegengewirkt werden kann. Diese sind auch mit religiösen Verdiensten verbunden. Im Bereich des Bauens sollen Praktiken, die für die Umwelt von Vorteil sind, angewandt werden. Das gilt auch für den Bau von Moscheen und anderen für Muslime bestimmten Bauwerken. Im Zusammenhang mit der Energieproduktion wird zwischen Energie aus der Hölle und Energie vom Himmel unterschieden. Unter der nicht erneuerbaren Energie aus der Hölle werden alle Energieträger verstanden, die aus der Erde kommen, also Kohle, Erdgas und Erdöl. Die erneuerbare Energie vom Himmel wird durch Sonne und Wind produziert. Abdul-Matin zitiert auch in diesem Kontext immer wieder Verse des Korans. Ausführlich geht er auch auf die Bedeutung des Wassers und der Nahrungsmittel ein.

Der einflussreichste Autor der muslimischen ‚Umwelttheologie' ist Sayyed Hossein Nasr (geb. 1933 in Teheran), der seit 1984 an der George Washington University lehrt. Sein wichtigstes Werk in diesem Zusammenhang ist ‚Man and Nature. The Spiritual Crisis in Modern Man' von 1997. Für die westliche Islamwissenschaft ist das Thema der Ökologie bisher noch kein intensiv verfolgtes Forschungsthema. Lediglich von der Soziologin Sigrid Nökel gibt es einen kurzen Text unter der Überschrift: ‚Islam, Umweltschutz und nachhaltiges Handeln' aus dem Jahr 2009. Umweltbewusste muslimische Gruppierungen in Deutschland haben unter dem Begriff *al-himâ* (Schutz, geheiligter Bezirk) erste Texte veröffentlicht.

Fragen und Anregungen

- Welche islamischen Konfessionen kennen Sie?
- Wo sind deren Verbreitungsgebiete?
- Welches sind die grundlegenden dogmatischen Unterschiede zwischen Sunniten und Schiiten?
- Was ist Taqiya?
- Nennen Sie islamische Heilserwartungsbewegungen.
- Gibt es neben ökologisch orientierten Vertretern der muslimischen Diaspora auch in muslimischen Mehrheitsgesellschaften vergleichbare Debatten?

Lektüreempfehlungen

Ibrahim Abdul-Matin: Green Deen. What Islam Teaches about Protecting the Planet, San Francisco 2010. *Lesenswertes muslimisches Plädoyer für ein Leben in Übereinstimmung mit der Schöpfung.*

Rainer Brunner: Annäherung und Distanz. Schia, Azhar und die islamische Ökumene, Berlin 1996. *Geschichte der Beziehungen zwischen Sunniten und Schiiten in der Moderne.*

Winfried Buchta: Who Rules Iran? The Structure of Power in the Islamic Republic, Washington 2001. *Interessanter Einblick in die politischen und religiösen Machtverhältnisse des führenden schiitischen Staates.*

Werner Ende / Rainer Brunner (Hg.): Twelver Shia in Modern Times. Religious Culture and Political History, Leiden 2001. *Der Sammelband betrachtet unter den verschiedensten Aspekten die Entwicklungen, die die schiitischen Gemeinschaften seit dem 20. Jahrhundert genommen haben.*

Heinz Halm: Die Gnosis, die extreme Schia und die Alawiten, Zürich 1982. *Eine der wenigen modernen Darstellungen zu den verschiedenen Sonderformen der Schia.*

Heinz Halm: Die Schia, Wiesbaden 1988. *Eine inzwischen als klassisch zu bezeichnende Darstellung von Geschichte und Glauben der Schiiten.*

Yitzhak Nakash: The Shi'is of Iraq, Princeton 1994. *Quellen- und faktenreiche Beschreibung der Geschichte der Schiiten im Irak im 19. und 20. Jahrhundert.*

6 Gottesfreunde oder Nachahmer des Propheten

Abbildung 6: Mevlewi-Kloster in Konya mit tanzenden Derwischen.

Zu den bekanntesten muslimischen Mystiker-Organisationen gehört die der Mevlewis, deren Zentrum sich im türkischen Konya befindet. Gegründet wurde sie von dem Mystiker und Dichter Jalâl al-Dîn Rûmî (1207–1273). Sufi-Organisationen zeichnen sich durch unterschiedliche rituelle Übungen aus, durch die sich die einzelnen Gruppen neben dogmatischen und historischen Einzelheiten ebenfalls unterscheiden. Die Übungen der Mevlewis gehören zu den kompliziertesten und sind von großer Symbolhaftigkeit. Während andere Sufi-Gruppen mit einfachen rhythmischen Bewegungen und der Wiederholung kurzer Anrufungen Gottes oder des Propheten ihre Rituale vollziehen, tragen die Mevlewis bei ihren Übungen eine spezielle weiße Kleidung aus langen, weit geschnittenen Röcken und einem engen Oberteil. Traditionell gehört dazu auch eine hohe, konisch zulaufende Mütze. Die Teilnehmer an dem Ritual bewegen sich auf einem Kreis um eine zentrale Person, wobei sie sich gleichzeitig ums sich selbst drehen. Dabei ertönt Musik von Trommel oder Tamburin und Rohrflöte. Auch für Zuschauer stellt dieser Tanz eine beeindruckende Erfahrung dar. Wegen ihres Rituals werden die Mevlewis auch als ‚tanzende Derwische' bezeichnet.

Der erste Abschnitt des folgenden Kapitels gibt einen Überblick über die Entstehung und rituellen Formen der islamischen Mystik, deren Ziel die Vereinigung mit Gott in der Liebe zu ihm ist. Es wird aufgezeigt, inwieweit diese Form des Islams unter anderen Richtungen umstritten war, andererseits aber auch Einfluss auf die Politik und Gestaltung des Alltags gewann und sogar heute noch gelegentlich gewinnt. Der zweite Teil skizziert eine andauernde Kontroverse um die Inhalte mystischer Vorstellungen, die insbesondere in der westlichen Islamwissenschaft geführt wird. Die Debatte unterscheidet sich durch die unterschiedliche Annäherung an den Islam, vor allem durch literaturwissenschaftliche und sozialwissenschaftliche Ansätze.

6.1 Mystische Bewegungen

Der orthodoxe sunnitische Islam ist von ritueller Schlichtheit gekennzeichnet. Vom komplexen Ritual der Pilgerfahrt abgesehen, ist kaum eine rituelle Praxis zu beobachten, die die Emotionen anspricht. Die orthodoxen Vorstellungen von Gott lassen ihn als einen weit entfernten Schöpfer erscheinen, dem sich das Geschöpf mit Ausnahme des Propheten nicht nähern kann. Konträr zu dieser strengen Theologie entstand im 9. Jahrhundert eine vielgestaltige Gegenbewegung, die im Lauf der religionsgeschichtlichen Entwicklung für eine mystische Form der Religion erstaunliche Ausmaße annahm. Mystische Ideen finden sich nicht nur in der sunnitischen, sondern auch in der schiitischen Form des Islams (> Kapitel 5). Da sich die Schia aber bereits durch ein höheres Maß an Emotionalität auszeichnet, blieb die Zahl der Mystiker hier verhältnismäßig gering.

Der einzelne Mystiker wird als Sufi bezeichnet, nach dem Gewand aus Wolle (arabisch *sûf*), das die frühesten Gottessucher trugen. Eine andere Bezeichnung ist Derwisch, von dem persischen *darwîsh* (arm). Die islamische Mystik sieht in Gott den Geliebten, dem sich der Mensch als Liebender immer weiter annähert, um schließlich ganz mit ihm zu verschmelzen oder in ihm aufzugehen. Diese Vorstellung von einer Liebesbeziehung zwischen Gott und Mensch faszinierte viele Menschen, und diese Idee wurde weit über die islamische Welt hinaus schon im europäischen Mittelalter bekannt (vgl. Smith 1928; Schimmel 1979, S. 42–46). Die Sufis beschrieben ihre Annäherung an den göttlichen Geliebten als einen Weg oder Pfad (arabisch *tarîqa*), der aus verschiedenen, durch zahlreiche asketische Übungen gekennzeichneten Stadien besteht. Dazu gehören die superrogatorische, also über das vorgeschriebene Maß hinausgehende Erfüllung der islamischen Glaubenspflichten ebenso wie sexuelle Enthaltsamkeit, lange Vigilien (Nachtwachen mit religiösen Übungen) und der Rückzug in die Einsamkeit. Dabei steht die Gottesfurcht am Anfang des mystischen Pfades. Aus Gottesfurcht tut der Mensch Buße, die aber nicht nur für seine Verfehlungen vollzogen wird, sondern auch für seine guten Taten und Tugenden, die ihn ja auch von Gott ablenken können.

Der Gottesfurcht folgt das Gottvertrauen. Hier verlässt sich der Gottessucher ganz auf Gott und überlässt sich völlig der göttlichen Vorsehung, die das menschliche Schicksal bestimmt. Der Mensch ist in der Hand Gottes wie der Leichnam in der Hand des Totenwäschers. Mit diesem einprägsamen Bild beschreiben die Mystiker das Gottvertrauen. Wer sich in dieser Weise auf Gott verlasse, den erfüllen innerer Friede und eine unendliche Gelassenheit.

Nach der mystischen Lehre ist die Gotteserkenntnis die grundlegende Voraussetzung, um dem mystischen Pfad zu folgen. Da diese Gotteserkenntnis allen Menschen möglich ist, haben auch alle Menschen die Möglichkeit, den Weg des Mystikers zu gehen. Die Gotteserkenntnis wiederum ist möglich durch die Offenbarungen, die Gott den Menschen hat zukommen lassen. Für manche Mystiker ist die Gotteserkenntnis aber auch durch den Verstand und eine gewisse Rationalität erreichbar, die von Naturerscheinungen ausgeht. Der Mystiker bleibt bei der Überzeugung, dass Gott existiert, aber nicht stehen. Er strebt eine emotionale Gotteserkenntnis an. Dabei versucht er, Gott direkt zu erreichen und zur Erkenntnis seiner verborgenen Wesenheit zu gelangen. Dieses Vorhaben kann jedoch nur gelingen, wenn sich der Mystiker ganz auf seine Liebe zu Gott konzentriert und alles beiseite lässt, was sich zwischen ihn und das Objekt seiner Liebe stellt: die Welt, die Gesellschaft der Menschen, vor allem aber sich selbst in der Gesamtheit seiner Begierden und Wünsche, seiner Talente und Fertigkeiten. Durch diese bis zum Äußersten vorangetriebene ‚Entwerdung' kann der Mystiker zu den verborgenen Geheimnissen des göttlichen Wesens vordringen und Gott direkt erkennen. Diese Erkenntnis Gottes ist das eigentliche Ziel des Menschen. Dieses Ziel ist für die Mystiker wichtiger als die Erfüllung der Glaubenspflichten.

Hier wird ein antinomistisches Moment des Sufitums deutlich, das vor allem in der Spätzeit auch zahlreiche orthodoxe Kritiker auf den Plan gerufen hat. Unter Antinomismus versteht man eine Haltung, in der sich Gläubige bewusst nicht an die durch ihre Religion vorgeschriebenen Normen halten, weil sie sich Gott so nahe fühlen, dass die göttlichen Befehle für sie nicht mehr gelten.

Der mystische Pfad ist auch und vor allem aus der Sicht der Mystiker nicht ohne Gefahren und Risiken. Denn auf diesem Weg lauern Trugbilder und Irrtümer. So besteht die Gefahr, dass der mystische Wanderer sich schon in unmittelbarer Nähe zu seinem Ziel wähnt, in Wahrheit aber von seinem Weg abgekommen ist. Als Folge dieser Irrtümer kann es zu schmerzlichen Erkenntnissen, Verzweiflung und zu seelischen Abstürzen kommen. Daher ist es klug, auf diesem Weg nicht ohne Führer voranzuschreiten. Solch einer erfahrenen Person ist es bereits gelungen, tatsächlich in Gottes Nähe zu gelangen. Sie ist daher in der Lage, anderen Menschen auf dem mystischen Pfad den rechten Weg zu weisen und sie vor Irrwegen zu bewahren. Die Beziehung zwischen einem Lehrer des mystischen Pfades und einem Adepten kann auch als Lehrer-Schüler-Verhältnis oder als Autoritätsverhältnis beschrieben werden.

Sehr schnell gewann die mystische Lehre in weiten Teilen der islamischen Welt zahlreiche Anhänger. Aus Konventikeln, kleinen Gruppen, eines Lehrers mit einigen Schülern entwickelten sich seit dem 9. Jahrhundert hierarchisch strukturierte Großorganisationen mit tausenden von Anhängern. Diese Organisationen werden von westlichen Forschern als Orden oder Bruderschaften bezeichnet. Beide Begriffe sind nur bedingt richtig, denn es gab in den Sufi-Gemeinschaften auch weibliche Mitglieder, und die mit dem abendländischen Ordensbegriff verbundene Vorstellung von lebenslanger Zugehörigkeit oder von den Tugenden Armut, Gehorsam und Keuschheit treffen auf die islamischen Sufi-Gruppierungen nur bedingt zu. Viele Mitglieder von Sufi-Gruppen waren oder sind verheiratet. Manche Sufi-Gemeinschaften nehmen überhaupt nur verheiratete Mitglieder auf. Zwar gibt es Konvente (türkisch *tekke*, arabisch *zâwiyya*), in denen die Sufis gemeinschaftlich leben, und in der Mehrzahl der Sufi-Organisationen treffen die Anhänger sich regelmäßig dort oder an anderen Orten zu religiösen Übungen, aber im Übrigen führen sie ein bürgerliches Leben, gehen ihren Geschäften nach und sorgen für ihre Familien. Der arabische Name *tarîqa* (Plural *turuq*, Pfad) ist eine treffendere Bezeichnung für diese Gemeinschaften. Kennzeichnend für ihre organisatorische Struktur ist ein hierarchischer Aufbau. An der Spitze steht dabei der Führer, der als Pol oder Achse der Organisation beschrieben wird. Ordensgründern und Ordensführern wurden Wunderkräfte zugesprochen. Handelt es sich um eine Massenorganisation mit Millionen Mitgliedern, gibt es heute nationale und regionale Führungen, die sich weiter bis zu lokalen Gruppen verzweigen. Angesichts der großen Mitgliederzahlen der einzelnen Orden sind eine

Popularisierung mystischen Gedankenguts und ein fließender Übergang zu Vorstellungen der islamischen Volksreligion nicht weiter verwunderlich. Die Lehre vom Gottvertrauen führte bei den Anhängern zu einer deutlich ausgeprägten Haltung der Schicksalsergebenheit.

Die Rituale der Bruderschaften entwickelten sich zu Techniken, die geradezu Formen von Massenhysterie hervorrufen können. Bei ihren regelmäßigen Treffen führen die Ordensmitglieder sogenannte Zikr-Übungen durch (Zikr von arabisch *dhikr*, Gedenken Gottes). Diese Übungen können stundenlang andauern. Sie unterscheiden sich in den verschiedenen Orden zwar in Einzelheiten, haben aber eine gemeinsame Grundstruktur: Nach einleitenden Gebeten stellen sich die Mitglieder in Reihen auf und beginnen, einen der Namen Gottes oder eine kurze Gebetsformel zu rezitieren. Dabei führen sie bestimmte Körperbewegungen durch, die aus einem Vor- und Zurückschwingen des Oberkörpers, einfachen Tanzschritten oder auch komplizierten gemeinsamen Tanzbewegungen bestehen können. Die Teilnehmer können durch Unterhaken der Arme oder Festhalten der Hände der beiden nächststehenden Teilnehmer miteinander in körperlichen Kontakt treten. Bei den bekannten tanzenden Derwischen der Mewlana-Gemeinschaft im türkischen Konya werden diese Kontakte dagegen vermieden. In den subtilen und hoch symbolischen Übungen der Tänzer werden durch Drehungen verschiedene Aspekte der göttlichen Schöpfung wiedergegeben. Die Tänze werden durch die Musik von Rohrflöte und Trommel begleitet, die für die orthodoxen muslimischen Rituale nicht gestattet sind. Dieser Tanz ist allerdings nur ein Teil eines komplexen Rituals der Mewlewis, bei dem Gebet und Ermahnung durch den Ordensführer oder einen seiner Stellvertreter ebenfalls eine tragende Rolle spielen. Des Weiteren gibt es auch Gesangsdarbietungen (vgl. Meier 1992, S. 23–52).

Gleichgültig welches Ritual durchgeführt wird, können diese Techniken Teilnehmer in ekstatische Zustände versetzen. Daher gibt es immer Ordensmitglieder, die an den eigentlichen Übungen nicht teilnehmen und stattdessen darauf zu achten haben, dass sich die Ordensbrüder bzw. -schwestern, die in Ekstase geraten, in diesem Zustand nicht selbst schwerwiegende Verletzungen zuziehen. Bei einigen Teilnehmern dieser Ritualen lassen sich geradezu suchtähnliche Abhängigkeiten von den rituellen Übungen feststellen. Bis heute praktizieren manche Orden noch Rituale, bei denen Selbstverstümmelungen nicht nur in Kauf genommen werden, sondern Teil der rituellen Übung sind. Diese Aktivitäten, aber auch die weniger spektakulären Zikr-Übungen haben nicht selten das Interesse eines Publikums gefunden, das nicht an der islamischen Mystik interessiert ist, dem es vielmehr um die merkwürdigen und eher in den Bereich von Zirkusvorführungen gehörenden Aspekte der Veranstaltungen geht. Mit den sich verstärkenden Strömen von Reisenden in manchen Tourismushochburgen in Nordafrika, aber auch in der Türkei oder Syrien, wurden derartige Veranstaltungen auch in die Programme der Tourismusindustrie übernommen, wobei einzig das Sensationsmoment des Rituals im Vordergrund steht und die Loblieder auf die Ordensgründer stark rhythmisiert zu Schlagern verkommen sind.

Die verschiedenen Sufi-Gemeinschaften weisen unterschiedliche Organisationsstrukturen auf. Alle sind hierarchisch aufgebaut. An der Spitze steht ein Scheich, dem die Mitglieder Gehorsam schulden. Ihm folgen, wie schon festgestellt, regionale Führer, die für die Mitglieder eines geographisch oder politisch definierten Gebiets zuständig sind. Die niedrigste Organisationsebene machen die lokalen Gruppen mit einer entsprechenden Führung aus. Dieser Struktur entsprechend verfügen die Sufigemeinschaften über Immobilien mit mehr oder weniger aufwändigen Gebäudekomplexen, die aus Moscheen, Medresen, Aufenthalts- und Gästebereichen und Nebengebäuden bestehen. Es kann sich dabei um ‚fromme Stiftungen' handeln. In einigen Fällen sind die Mystikergemeinschaften aber auch die direkten Eigentümer. Diese Zentren werden zur Durchführung der gemeinsamen Rituale genutzt, zur Instruierung der Mitglieder in den Ritualen und Dogmen der entsprechenden Gemeinschaft, zur Erfüllung sozialer Aufgaben, die sich die Organisationen stellen, wie z. B. den seit dem Mittelalter üblichen Suppenküchen und zur Unterbringung von Gästen.

Über besonders komplexe Hierarchien verfügte z. B. die Mewlewiyya, für die die Küche ein zentraler Ort des jeweiligen Ordenszentrums darstellte. Allein für die Organisation der Küche und anderer praktischer Aufgaben wie der Reinigung der Toiletten wurden achtzehn verschiedene, hierarchisch absteigende Positionen benötigt. Sie reichten von dem für alle Angelegenheiten der Küche Verantwortlichen, der zugleich der Assistent des Scheich war, bis zu den Helfern, die mit einfachen Tätigkeiten betraut wurden. Alle neuen Mitglieder der Mewlewiyya mussten verschiedene Positionen dieser Hierarchie durchlaufen, um als vollwertige Mitglieder in die Gemeinschaft aufgenommen zu werden.

Die Verzahnung von zivilem Alltagsleben und der Zugehörigkeit zu einem Orden führte zu einer gesellschaftlichen Durchdringung mit den besonderen religiösen Vorstellungen der islamischen Mystik. Zu einer vollständigen Kontrolle islamischer Gesellschaften durch die Orden ist es aber nur in ganz wenigen Fällen gekommen. Als Beispiel für eine solche Kontrolle sei auf die Sanusiyya in Libyen verwiesen. Die Sanusiyya ist eine Ende des 18. Jahrhunderts entstandene reformistische Sufi-Organisation, die im Gebiet des heutigen Libyen großen religiösen und politischen Einfluss auf die Bevölkerung gewinnen konnte. Im 20. Jahrhundert stellte sie die wichtigste Widerstandsorganisation gegen die italienischen Kolonialinteressen dar. Nach dem Zweiten Weltkrieg wurde der Führer der Sanussiyya Monarch des libyschen Königreichs, bis er durch die Revolution des Obersten Muammar al-Qadhdhafi 1969 abgesetzt wurde. In der Regel gab und gibt es jedoch mehrere Ordensgemeinschaften, die in den jeweiligen Staaten miteinander um politischen und gesellschaftlichen Einfluss konkurrierten. Den politischen Eliten oder auch den westlichen Kolonialmächten, die in ihrer Stellung durch die Orden bedroht wurden, gelang es in der Regel, die verschiedenen Gruppen gegeneinander auszuspielen oder sie durch finanzielle Zuwendungen an die Ordensführer und die Übertragung von Immobilien in eine gewisse Abhängigkeit zu bringen. Angesichts des Einflusses, den die Ordensführer auf ihre Anhänger ausüben konnten, stellten sie dennoch über Jahrhunderte einen wichtigen Faktor in der Politik, Wirtschaft und im gesellschaftlichen Leben der islamischen Gesellschaften dar. Nicht selten entwickelten sich die Orden angesichts ihrer Mitgliederzahl, ihrer organisatorischen Effizienz und ihrer wirtschaftlichen Macht zu einer deutlichen Alternative zu den großen staatlichen Institutionen und Agenturen. Häufig stellten sie die einzigen funktionierenden Strukturen, wenn islamische Staaten durch interne Spannungen oder auswärtige Aggressionen an der Erfüllung ihrer Aufgaben gehindert wurden. So waren es in vielen Fällen die Bruderschaften, die sich der europäischen kolonialen Expansion des 19. Jahrhunderts mit einem gewissen Erfolg entgegenstellen konnten. Die Sanusiyya im heutigen Libyen stehen hierfür ebenso wie z. B. der Ordensführer Abd al-Qadir al-Jaza'iri (1808–83), der sich als der stärkste Gegner gegen die französische Eroberung Algeriens im 19. Jahrhundert erwies.

Eine weitere Besonderheit der Bruderschaften ist ihr starker identitätsstiftender Charakter. Als Beispiel dafür kann der Orden der Muridiyya im Senegal dienen. Die Ende des 19. Jahrhundert gegründete Gemeinschaft weist die gleichen sozialen Strukturen auf, welche die im Zusammenbruch begriffene Gesellschaft der ethnischen Gruppe der Wolof gekennzeichnet hatte. So wie die traditionelle Wolof-Gesellschaft eine strikte Differenzierung zwischen der Oberschicht und dem Rest der Bevölkerung kannte, besteht die Muridiyya aus einer Hierarchie von Ordensführern, die sich aus der Nachkommenschaft des Ordensgründers Ahmadu Bamba (1853–1927) einerseits und den Muriden, den einfachen Mitgliedern der Gemeinschaft, zusammensetzt.

Bambas wichtigste Regel war es, Beten und Arbeiten in einen Zusammenhang zu bringen. Zwischen den beiden Gruppen der religiösen Führer und ihren Anhängern entwickelte sich eine Art von Arbeitsteilung, nach der die Eliten der Bruderschaft beten und die Mehrheit arbeitet. Dabei konzentrierte sich die Bruderschaft bei dieser Arbeit auf das senegalesische Marktprodukt der Erdnüsse, das für verschiedene Bereiche der Industrie zunächst der französischen Kolonialmacht und später französischer Vertragspartner gebraucht wurde. Die Muriden waren es, die die schweren Arbeiten auf den ständig erweiterten Anbaufeldern leisteten. Nach einiger Zeit kontrollierte die Bruderschaft der Muridiyya ca. 80 % der senegalesischen Erdnussproduktion und nahezu 100 % der im Land vorhandenen Transportkapazitäten. Die Konsequenzen für die wirtschaftliche und damit auch die politische Lage des Landes sind offenkundig. Inzwischen haben sich die wirtschaftlichen Aktivitäten der Muridiyya inhaltlich und räumlich erweitert. So gehört die Mehrheit der in Westeuropa operierenden westafrikanischen Straßenhändler dieser Gruppe an. Diese unterstützen durch ihre Tätigkeit inzwischen nicht nur die Aktivitäten der Gemeinschaft im Senegal, sondern auch die vor allem in Frankreich studierenden Angehörigen der Muridiyya. In vielerlei Hinsicht kann man dabei von einer Modernisierung der Gemeinschaft sprechen. Dies kommt auch in einer verstärkten religiösen Bedeutung von Frauen in der Bruderschaft zum Ausdruck. Weiterhin rekrutiert sich die überwiegende Mehrheit der Muridiyya aus der Ethnie der Wolof. Die Muridiyya trug entscheidend zur Stabilisierung der Identität der Wolof bei und stellt heute den entscheidenden Faktor für ihre ethnische Weiterexistenz dar (vgl. Behrman 1970).

Bis zum Beginn des 20. Jahrhunderts konnte man in der Mehrzahl der islamischen Länder nicht als Muslim leben, ohne Mitglied in einer oder mehreren Bruderschaften zu sein. Nur einige wenige Bruderschaften verboten die Mitgliedschaft in mehreren Orden (vgl. Abun Nasr 1965). In der ersten Hälfte des 20. Jahrhunderts nahm die Bedeutung der Bruderschaften für den Islam langsam ab. Schon im Mittelalter hatten es Spannungen und Konflikte zwischen manchen Vertretern der islamischen Orthodoxie und den Vertretern des Sufitums gegeben. Vor allem die verschiedenen muslimischen Reformer des 19. Jahrhunderts vom Gründer der fundamentalistischen Wahhabiten-Bewegung Ibn Abd al-Wahhâb (1703–92) bis zu den islamischen Reformern Jamâl al-Dîn al-Afghânî (1838–97) und Muhammad Abduh (1849–1905) übten heftige Kritik an den Mystikern und ihrer Lehre. Die wahhabitische Ideologie ist bis heute die Staatsdoktrin in Saudi-Arabien. Durch die starke wirtschaftliche und politische Stellung dieses Königreichs in der islamischen Welt findet deren kritische Haltung gegenüber der Mystik bis heute weite Verbreitung. Die Reformvorstellungen von al-Afghani und Abduh sind immer noch die Grundlage moderner muslimischer Denker. Zum einen sahen sie in der Verehrung der Ordensgründer und -führer und dem damit verbundenen Gräberkult einen Angriff auf die monotheistische Doktrin des Islams. Zum anderen empfanden manche Kritiker die Mystik in ihrer populären Form auch als Hindernis für eine Modernisierung des Islams. Diese Kritik blieb bei den neuen, modern ausgebildeten Eliten in der islamischen Welt nicht ungehört. Die Bruderschaften wurden auch von diesen als Relikte einer überkommenen Vorstellung von Islam angesehen. Eine weitere Ursache für die nachlassende Bedeutung der Orden lag in den tiefgreifenden sozialen und wirtschaftlichen Veränderungen, denen sich die islamische Welt in der Neuzeit gegenüber sah.

Die wachsende Urbanisierung machte z. B. lange Wege zu den Arbeitsstätten erforderlich, sodass den Mitgliedern der Bruderschaften kaum noch Zeit blieb, sich in den Ordenszentren ihren religiösen Übungen zu widmen. Die Einrichtung von Ordenszentren in der Nähe der Arbeitsstätten wäre insofern keine Lösung gewesen, weil die Rückwege in die Wohnungen im Anschluss an die religiösen Übungen zeitlich kaum noch zu bewältigen gewesen wären. Zwar wurden Bruderschaften gegründet, die versuchten, sich auf die neuen gesellschaftlichen Verhältnisse einzustellen, aber die Sichtbarkeit der Bruderschaften in der Öffentlichkeit ging mehr und mehr zurück. Auch der Nachwuchs verringerte sich, u. a. wegen der öffentlichen Kritik. Auf dem Land und in den kleinen Städten blieben die Orden aber immer noch ein Faktor, mit dem die herrschenden Eliten zu rechnen hatten. Sie bemühten sich daher, Einfluss auf die Sufi-Organisationen zu gewinnen. Dies geschah, indem von staatlichen Stellen Dachorganisationen für die Sufi-Gruppen initiiert wurden, die Kontrollfunktionen ausübten. Durch diese staatlichen Einrichtungen sollte verhindert werden, dass sich ‚Fehlentwicklungen' ergäben. Ein Ziel war dabei gewiss auch, dass die für die Sicherheit des Staates und der Regime zuständigen Behörden die Entstehung von oppositionellen Bewegungen unter dem Mantel der islamischen Mystik von vorne herein unterbinden wollten.

Die politisch ungefährlichen Mystiker-Organisationen erhielten Unterstützung durch staatliche Einrichtungen. Das geschah durch die Finanzierung von internationalen Konferenzen, Druckkostenbeihilfen für Publikationen und direkte Alimentierung von führenden Persönlichkeiten der Sufi-Bewegung. Hintergrund dieses staatlichen Engagements ist eine pragmatische Beurteilung der Sufis durch die Regime. Das Sufitum wird als natürlicher Antagonist zu den radikalen Strömungen des Islams betrachtet, die bekanntlich in einer teilweise gewaltförmigen Opposition gegen die herrschenden Regime stehen. Die quietistische, häufig weltabgewandte Haltung der Mystiker bei einer gleichzeitigen hohen Befriedigung emotionaler Bedürfnisse lässt den Regierungen eine höhere Bewegungsfreiheit bei innenpolitischen Entscheidungen. Die Bruderschaften binden zugleich potenzielle Kritiker und Gegner der Regime und stellen für die radikalen Gruppen eine nicht zu unterschätzende Konkurrenz dar. Neben diesen von realpolitischem Kalkül ausgehenden Überlegungen sind aber auch etliche Politiker in der islamischen Welt bekannt, die die Führer von mystischen Gemeinschaften als geistliche Berater und religiöse Führer an sich gezogen haben. Derartige Kontakte werden allerdings nicht publik gemacht. Diesen Sufis werden zahlreiche Vergünstigungen aus staatlichen Mitteln gewährt, die sie dann zugunsten ihrer Gemeinschaften verwenden können (vgl. de Jong 1983).

Es liegt sicher nicht an der staatlichen Unterstützung, dass sich seit dem Beginn der 1970er-Jahre ein neues Interesse an der islamischen Mystik vor allem bei den neuen Eliten in islamischen Gesellschaften feststellen lässt. Die seit dieser Zeit entstandene Re-Islamisierung hat dazu geführt, dass sich Intellektuelle,

Künstler, Politiker oder Medienschaffende, die die Radikalisierung des Islams für einen Irrweg halten, dem Sufitum zuwenden. Sie wahren eine deutliche Distanz zu den populären Formen der Mystik, die sie als einen ‚Sufismus der Straße' bezeichnen. Ihre Neigung zur Mystik spielt sich auf einem höheren Niveau ab, hat aber sicherlich eine gewisse Nähe zu den verschiedenen Spielarten der Esoterik.

Die strukturelle Stabilität der Ordensorganisation spielt heute wiederum besonders dann eine Rolle, wenn staatliche Institutionen oder Agenturen mehr und mehr an Autorität verlieren. Als Beispiel sei hier auf die Situation im Irak nach der Besetzung des Landes durch alliierte Truppen im Jahre 2003 hingewiesen. Die seit dieser Zeit mit unterschiedlicher Heftigkeit ausgetragenen innenpolitischen Auseinandersetzungen zwischen den verschiedensten gesellschaftlichen Gruppen und religiösen Strömungen haben eine Situation geschaffen, bei der schon von einem Zusammenbruch der staatlichen Ordnung gesprochen werden kann. Die Sufi-Gruppen im Irak der Baath-Herrschaft hatten zwar kontrolliert, aber in der Regel unbehelligt ihre Rituale praktizieren und dadurch auch ihre Struktur aufrecht erhalten und ihren Zusammenhalt bewahren können. Derzeit sehen sie sich Angriffen vor allem von radikal-sunnitischer Seite ausgesetzt, auf die sie mit der Aufstellung von Selbstverteidigungskräften reagieren. Ein anderes Beispiel sind Sufi-Bruderschaften im ägyptischen Nil-Delta. Diese hatten sich unbehelligt vom Regime des Präsidenten Mubarak entwickeln können. Auch die Aufregungen des Arabischen Frühlings von 2010/11 hatten sie nicht weiter tangiert. Als nach der Präsidentschaftswahl von 2012 mit Muhammad Mursi (geb.1951) ein führendes Mitglied der Muslim-Bruderschaft das höchste Staatsamt erhielt, kam es zu Unruhen. Verschiedenen Bruderschaften des Deltas organisierten darauf hin Demonstrationen, bei denen sie gegen den Präsidenten und gegen Angriffe von Mitgliedern der Muslim-Bruderschaft gegen ihre Einrichtungen protestierten.

6.2 Der Streit um den Neo-Sufismus

Die Erforschung des Sufitums durch westliche Wissenschaftler ist immer die Domäne einiger weniger Spezialisten gewesen, die sich intensiv mit dem mystischen Gedankengut im Islam befassten. Sie untersuchten die spezifische Terminologie der Mystik oder die Gedankenwelt einzelner Mystiker. Man könnte diese Wissenschaftler als Vertreter einer literarischen Erforschung des Sufitums beschreiben, die sich zunächst philologisch und dann geistes- oder religionsgeschichtlich mit den verschiedenen Ausprägungen der islamischen Mystik auseinandersetzten. Andere interessierten sich für die politische Bedeutung der Orden und ihren Einfluss auf die islamischen Gesellschaften. Dies ist kein rezentes Phänomen; man denke nur an die erste große Monografie von Edward E. Evans-Pritchard *The Sanusi of Cyrenaika*

(1949) über die Senussi-Bewegung in Libyen. Die Vertreter dieser Forschungsrichtung wären als Sozialhistoriker oder Sozialwissenschaftler, vor allem als Sozialanthropologen zu bezeichnen. Eine enge Zusammenarbeit der Vertreter der eher kulturell orientierten Forschungsrichtung auf der einen und der eher politisch ausgerichteten auf der anderen Seite kam nicht zu Stande.

Mit der wachsenden Bedeutung sozialwissenschaftlicher Fragestellungen in den Islamwissenschaften wurden die Unterschiede der beiden Richtungen immer deutlicher. Zunächst war das gegenseitige Interesse recht gering. Vor allem die Beschäftigung mit den aktuellen Verhältnissen, unter denen in der islamischen Welt, aber auch in westlichen Ländern Sufitum gelebt und praktiziert wird, war für die Literaturwissenschaftler nicht von Interesse, und die Sozialwissenschaftler kümmerten sich kaum um die feinsinnigen Überlegungen, die die Literaturwissenschaftler zu einzelnen Begriffen der mystischen Terminologie anstellten. Die unterschiedlichen Sichtweisen verdeutlicht die Rezension des ‚Literaturwissenschaftlers' Frederik de Jong zu dem Buch des britischen Sozialanthropologen Michael Gilsenan *Saint and Sufi in Modern Egypt'* (1974) im *Journal of Semitic Studies* (de Jong 1974, S. 322–328), in dem auf einige Fehlinterpretationen sufischer Begriffe hingewiesen wurde und die weitere Erforschung der Glaubensvorstellungen, Rituale und Organisationsstruktur der von Gilsenan untersuchten Sufi-Gemeinschaft eher herablassend zur Kenntnis genommen wurde.

Schärfe kam in die Kontroverse, als verschiedene ‚Sozialwissenschaftler', vor allem bei der Untersuchung der historischen Entwicklung jüngerer Ordensgemeinschaften, die sich vor allem in den Auseinandersetzungen mit den europäischen Kolonialmächten hervorgetan hatten, einen Unterschied in den Doktrinen dieser modernen Orden gegenüber dem klassischen Sufitum zu entdecken glaubten. Sie konstatierten, dass die Thematik der Liebe zu Gott und das Ziel der weitestgehenden Annäherung an ihn bei diesen neuen Gruppen keine Rolle mehr spiele. Vielmehr gehe es vor allem um eine Lebensgestaltung nach dem Vorbild des Propheten Muhammad. Diese neue, nüchterne Sufik nennt ihren Weg die *tarîqa muhammadiyya* (arabisch für: den Weg der Nachfolge des Propheten Muhammad; vgl. Trimingham 1971, S. 106). Darunter sei zu verstehen, dass für die Neo-Sufis das Ziel des mystischen Erlebens und Pfades nicht mehr die *unio mystika* (lateinisch für: mystische Einheit) mit Gott, sondern die Vereinigung mit dem Propheten Muhammad und die Befolgung des Gesetzes ist. Auf der Ebene der Erkenntnislehre verwerfen die Neo-Sufis angeblich den herkömmlichen *taqlîd*, die traditionsgebundene Befolgung des Gesetzes, zugunsten des *ijtihâd*, der persönlichen Rechtsfindung durch den Gebrauch der eigenen Vernunft. Dies, so meint man, seien die Ziele der Reformen, die von den neuen Orden des 18. und 19. Jahrhunderts angestrebt wurden (vgl. Trimingham 1971, 106 f.). Als Beispiel sei auf Bradford G. Martins 1976 erschienene Studie *Muslim Brotherhoods in 19th*

Century Afrika hingewiesen. In diesem Buch werden Bruderschaften aus Nordwest- aber auch aus Nordost-Afrika analysiert, die nicht zu den klassischen Forschungsgebieten der ‚Literaturwissenschaftler' gehören. Das Konzept des Neo-Sufismus fand etliche Anhänger, was nicht zuletzt mit der Tatsache zusammenhing, dass die damit verbundenen politischen Implikationen aufmerken ließen.

Gegen diese Idee des Neo-Sufismus begann Bernd Radtke in den 1990er-Jahren eine grundsätzliche Polemik, an der sich auch Seán O'Fahey beteiligte (vgl. Radtke 1994). Radtke wies darauf hin, dass auch in der mittelalterlichen islamischen Mystik das Vorbild des Propheten Muhammad eine besondere Rolle gespielt habe. Auch damals habe es schon Akzentverschiebungen innerhalb der sufischen Lehre gegeben. Insofern stimme eine nun als sensationell festgestellte Veränderung der Doktrin des Sufismus nicht mit den Feststellungen bei der Auswertung der Texte überein. Eine Akzentverschiebung mit einem neuen Begriff zu versehen, sei nicht akzeptabel. Der Neologismus wird auf die verschiedenen Kolonialverwaltungen zurückgeführt. Die Kolonialverwaltungen trafen auf einen von Sufi-Bruderschaften geführten und betriebenen Widerstand gegen die koloniale Expansion. Da sie ihn nicht mit den üblichen westlichen Vorstellungen vom Sufitum in Übereinstimmung bringen konnten, wurde der Begriff des Neo-Sufismus entwickelt.

In der Folge entwickelte sich die Debatte von der Frage des Sufitums fort hin zu Überlegungen über das Verhältnis von der Islamwissenschaft zur Ethnologie oder Sozialanthropologie und zu dem Vorwurf des Essentialismus gegenüber den Islamwissenschaftlern. Diese Debatte ist noch nicht abgeschlossen.

Fragen und Anregungen

- Ab wann und wo kann man Formen der islamischen Mystik feststellen?
- Wie nennt man die verschiedenen Stadien des mystischen Weges?
- Erläutern Sie, warum westliche Bezeichnungen für Mystikerorganisationen wie Bruderschaft oder Orden problematisch sind.
- Wie stellt sich die Haltung muslimischer Reformer gegenüber der islamischen Mystik dar?

Lektüreempfehlungen

Donald Cruise O'Brien / Christian Coulon (Hg.): Charisma and Brotherhood in African Islam,
Oxford 1988. *Auseinandersetzung mit den modernen Entwicklungen in den großen*

westafrikanischen Mystikerorganisationen und Vorbild für vergleichbare Untersuchungen in anderen Teilen der islamischen Welt.

Frederik S. de Jong / Bernd Radtke (Hg.): Islamic Mysticism Contested. Thirteen Centuries of Controversies and Polemics, Leiden 1999. *Neuester, umfangreicher Sammelband über die verschiedensten historischen Entwicklungen, rituellen Ausdrucksformen und sozialen Bedeutungen der Mystik und ihren Gegnern in den verschiedensten Regionen der islamischen Welt.*

Helmuth Ritter: Das Meer der Seele, Leiden 1955. *Immer noch eine der umfangreichsten und tiefgründigsten Studien über die Entstehung und Blüte der mittelalterlichen islamischen Mystik.*

Annemarie Schimmel: Mystische Dimensionen des Islams. Geschichte des Sufismus, Köln 1979. *Standarddarstellung zur islamischen Mystik, der aber nicht selten der Vorwurf der Romantisierung gemacht worden ist. Wie bei manchen anderen Werken der Autorin ist der Einfluss auf das öffentliche Bild der islamischen Mystik kaum zu überschätzen.*

7 Alltagskultur

Abbildung 7: Temporärer Markt im Süden Marokkos, 1988.

Temporäre Märkte sind in allen muslimischen Gesellschaften bekannt. Häufig finden sie an einem Donnerstag oder Freitag statt. Auf diese Weise können Händler und Kunden auch am mittäglichen Gemeinschaftsgebet am Freitag teilnehmen. Traditionell wird darauf hingewiesen, dass der Freitag als Tag des muslimischen Gemeinschaftsgebets bestimmt wurde, weil er in der vor-islamischen Zeit in Medina auch der Tag des Wochenmarktes war. Besondere wirtschaftliche, aber auch soziale Bedeutung haben die temporären Märkte auch heute noch in ländlichen Regionen. Hier haben die Landwirte die Möglichkeit ihre Produkte ohne die Einschaltung von Zwischenhändlern zu vermarkten. Wie die Abbildung von 1986 aus Marokko zeigt, können hier auch Frauen als Händlerinnen oder Kundinnen auftreten. Für die Händlerinnen ist es eine der wenigen Gelegenheiten, sich persönliche Einnahmen zu verschaffen. Gerade für die Frauen sind diese Märkte eine gute Gelegenheit zum Austausch von Informationen über aktuelle Familienverhältnisse, Heiratspolitik oder Klatsch.

Im folgenden Kapitel werden Aspekte des islamischen Lebens untersucht, die den Alltag von Muslimen prägen, strukturieren und typisieren. Gerade die Alltagskultur macht die Islamizität islamischer Gesellschaften offensichtlich. Sie kennzeichnen die Zugehörigkeit zum Islam stärker als dogmatische Debatten, juristische Auseinandersetzungen oder politische Konflikte. Kleidung, Nahrungsmittel, Spiele und andere Unterhaltungsformen haben in der islamwissenschaftlichen Forschung zwar keine dominierende Rolle gespielt, aber dennoch immer wieder das Interesse der Wissenschaftler gefunden. Die Alltagskultur stellt auch den Bereich islamwissenschaftlicher Untersuchungen dar, der sich am leichtesten mit Fächern wie der Völkerkunde oder der europäischen Ethnologie zu gemeinsamen interdisziplinären Projekten verbinden lässt.

7.1 Quellen der islamischen Alltagskultur

Die Alltagskultur islamischer Gesellschaften, die Realien, wie sie in den frühesten Untersuchungen genannt wurde, kann als einer der ältesten Themenkreise der Islamwissenschaft bezeichnet werden. Das hängt mit den ursprünglichen Motivationen für die Erforschung der islamischen Welt zusammen: Vertreter der Wissenschaft vom Alten Testament erhofften sich von den Forschungsergebnissen zur vorislamischen und frühislamischen, aber auch der zeitgenössischen Kulturgeschichte im Sinne einer wechselseitigen Erhellung Aufschlüsse über Normen, Regeln und gesellschaftliche Entwicklungen der Kinder Israel, wie sie in den Büchern des Alten Testaments beschrieben, aber von christlichen Theologen wie von jüdischen Religionswissenschaftlern jeweils unterschiedlich erläutert und interpretiert wurden. Man suchte nach Parallelen zwischen den Stämmen Israel und den Beduinenstämmen der arabischen Halbinsel und der Syrischen Wüste. So waren deutsche Alttestamentler und Orientalisten besonders interessiert an der Poesie der vorislamischen Araber, zu deren Verständnis es erforderlich war, auch und gerade deren materielle Kultur zu erforschen. Neben den Gedichten selbst waren es dann die mittelalterlichen arabischen Kommentatoren und Lexikografen, die zahlreiche Aussagen zur materiellen Kultur und zum Alltagsleben der beduinischen Gesellschaft machten. Aus diesen Quellen konnte der Kieler Orientalist Georg Jacob in seinem *Altarabischen Beduinenleben* 1897 einen guten Überblick über die vor- und frühislamische Alltagskultur geben. Auf ähnlichen Quellen beruhte auch die lexikografische Untersuchung von Reinhard Dozy *Dictionnaire détaillé des noms des vêtements chez les Arabes* (1834).

Eine andere wichtige Quellengruppe sind Texte der arabischen Adab-Literatur. Über kaum eine andere Gattung der arabischen Literatur ist von westlichen Forschern so viel nachgedacht worden wie über diese. Ursache für derartig intensive wissenschaftliche Bemühen um eine Systematisierung und Strukturierung der Gattung der Adab-Literatur war die formale wie inhaltliche Unterschiedlichkeit dieser Bücher. Über die Begriffsgeschichte des Adab sind wir recht gut unterrichtet. Zunächst bezeichnet der Begriff Brauch, Sitte und Verhalten, die aus der Tradition der Vorfahren stammen. In der Abbasidenzeit (750–1258) machte das Wort dann einen Begriffswandel durch und wurde nun als Begriff für Zivilisiertheit, Höflichkeit und Eleganz, wie man sie in den Städten fand, aufgefasst. Der italienische Orientalist Francesco Gabrieli (1904–96) hat Adab als Äquivalent zu *urbanitas* verstanden. Von dieser Bedeutung war der Schritt zum Begriff der Etikette nicht mehr weit.

Ausgehend von dieser Grundbedeutung kam es dann zu einer thematischen Erweiterung des Begriffs. Hatte die Bedeutung zunächst auf dem ethischen und sozialen Aspekt des Wortes gelegen, kam nun eine intellektuelle Komponente hinzu. Adab war jetzt die Summe aller Kenntnisse und Fähigkeiten, die einen Menschen zu einem zivilisierten Lebewesen in einer hoch zivilisierten Gesellschaft machen und mit denen er in dieser Gesellschaft bestehen und Erfolg haben konnte. Adab erhielt also einen durchaus funktionalen Aspekt und ähnelt damit dem Grundmotiv der Knigge'schen Forderung nach gutem Benehmen. Es ging nicht darum, von einer Sache genaue und erschöpfende Kenntnis zu besitzen, sondern lediglich so viel, dass man damit in der Gesellschaft als gebildet angesehen werden konnte. Diese Kenntnisse waren nun allerdings nicht nur auf einige Gebiete beschränkt, sondern mussten in möglichst allen Erscheinungsformen der mittelalterlichen arabischen Kultur angewendet werden.

So entstand ein Eklektizismus, dessen Normen Eleganz in der Formulierung, intellektuelle Beweglichkeit, Kurzweil und Witz waren. Wir haben es hier also mit ausgesprochen formalen qualifikatorischen Elementen zu tun. So ist es nicht verwunderlich, dass Bücher, die das Ziel hatten, einen Einzelnen zu einem universal gebildeten und in der besseren Gesellschaft akzeptierten Menschen zu formen, neben ihrem unzweifelhaft pädagogisch-didaktischen Moment auch ein enzyklopädisches Ziel hatten, indem sie zahlreiche, völlig verschiedene Themen behandelten. Häufig waren sie wie Enzyklopädien aufgebaut, und der Vergleich mit Konversationslexika, wie sie im Deutschland des 18. Jahrhunderts entstanden, ist sicher nicht zu weit hergeholt. Bemerkenswert ist aber auch, dass sich in diesem Literaturtypus durchaus eine gewisse soziale Zielrichtung bemerkbar machte, da dergleichen Werke für verschiedene Berufs- und Gesellschaftsgruppen verfasst wurden. Es sind solche überliefert worden, die sich an Richter, Ärzte, Verwaltungsbeamte oder die berufsmäßigen Zechgenossen wenden. Auf diese Weise wurde die professionelle Identität der einzelnen Berufsgruppen definiert und befestigt. Daneben wurden aber auch Adab-Werke verfasst, die sich an die größere Allgemeinheit wandten, der sie ein weit gefasstes Themenfeld anboten.

Bei dem hohen Maß an Bedeutung, die der Rhetorik in der mittelalterlichen arabischen Literatur zuerkannt wurde, ist es nicht verwunderlich, dass hier ein Schwerpunkt der Thematik der Adab-Literatur liegt. Sie folgt dabei allerdings in ihrem inhaltlichen Aufbau nicht einem vorgegebenen theoretischen Muster, sondern reiht zahlreiche Beispiele aneinander, in denen Stegreifgedichte, witzige Antworten und berühmte Reden referiert und zitiert werden. Da diese aus allen Bereichen des kulturellen und gesellschaftlichen Lebens der mittelalterlichen arabischen Gesellschaft entnommen wurden und die rhetorischen Meisterleistungen in der Mehrzahl der Fälle in dem Zusammenhang, in dem sie gefallen waren, dargestellt wurden, ist die Adab-Literatur eine reiche, wenn auch manchmal etwas mühsame Quelle für die islamische Kulturgeschichte im Allgemeinen und für die Alltaggeschichte im Besonderen.

Vor allem finden wir hier Beispiele aus dem literarischen Bereich: Gedichte, Lieder, elegante Prosa. Sie stehen oft im Zusammenhang mit Berichten über Kleidung, Reittiere, Waffen, Landschaften, Zeitvertreib, den Weinkonsum, merkwürdige Zeitgenossen, nicht zuletzt auch über das Essen. Da sich diese Literaturgattung nicht nur auf Vorkommnisse aus den gehobenen Gesellschaftsschichten konzentrierte, sondern ihre Beispiele auch aus dem Mittelstand und vor allem aus der Unterschicht sammelte, lässt sich ein Einblick in die Alltagskultur des gesamten Spektrums der mittelalterlichen islamischen Gesellschaft gewinnen.

Es gehört zu den Besonderheiten der islamischen Literaturen, dass sich die Autoren nicht nur für Vorgänge in der Ober- und Mittelschicht der islamischen Gesellschaften interessierten. Vielmehr hat sich auch eine Reihe von Texten erhalten, in denen gerade auch die Lebensweise der Unterschichten beschrieben wurde. Al-Jaubarî (erste Hälfte des 13. Jahrhunderts) berichtet von den Tricks und Kniffen von Taschenspielern. Der iranische Reisende und Literat Abû Dulaf verfasste (um 950) ein langes Gedicht auf die Banû Sâsân. Dabei handelt es sich um die Kollektivbezeichnung für jede Art von Spitzbuben, Betrügern, Trickstern und Halunken, die sich in den großen Städten der arabischen Welt herumtrieben. Gerade in diesen Darstellungen lassen sich zahlreiche Hinweise auf das Alltagsleben und die Alltagskultur der islamischen Welt finden.

Von Bedeutung für eine Darstellung der islamischen Alltagskultur sind auch historische Werke. In der arabischen Historiografie, aber auch in der anderer islamischer Literaturen, werden zwei verschiedene literarische Gattungen unterschieden. Es gibt einerseits die annalistische und andererseits die ereignisreferierende Form der historischen Darstellung. Die annalistische Form verfolgt historische Ereignisse in jeweils einem Jahr; da sich jedoch bedeutsame historische Vorgänge über mehrere Jahre hinziehen können, wird dieses Prinzip nicht in jedem Fall durchgehalten. Die Form ist im Übrigen offen. Ein Geschichtswerk dieses Typs kann als Weltgeschichte konzipiert sein, aber auch als Regional-, Lokal- oder Dynastiengeschichte. Daneben können auch die als Orbituarien (Nachrufe) konzipierten biografischen Lexika in diese annalistische Form der Darstellung eingeordnet werden. In diesen Werken wird der Persönlichkeiten gedacht, die in einem Jahr verstorben sind. Bei den Nachrufen finden sich auch immer wieder interessante Hinweise auf alltägliche Begebenheiten, die den Betrauerten widerfahren sind. Auch aus diesen Texten lassen sich Hinweise zur mittelalterlichen Alltagskultur finden. Das Maß, in dem der Autor eines annalistischen Werks auf Einzelheiten der historischen Vorgänge eingeht, liegt allein bei diesem.

Die ereignisreferierende Form dagegen, die wohl die ältere der beiden in der arabischen Literaturgeschichte ist, stellt oft verschiedene Versionen desselben historischen Vorgangs nebeneinander dar, unabhängig von der zeitlichen Dauer. Diese Form ist lebhafter und reicher an Einzelheiten. Gleichgültig wie die Form auch sein mag, enthalten auch die historischen Werke zahlreiche Einzelheiten über kulturgeschichtliche Zusammenhänge, wenngleich diese nicht zentral für diese Quellengattung sind.

Eine weitere aufschlussreiche Quelle zur Alltagskultur sind die sogenannten Hisba-Werke, die Handbücher für einen der wichtigsten Funktionäre der mittelalterlichen islamischen Städte, den Muhtasib (> Kapitel 11). Dieser Marktvogt hatte die Aufgabe, das Marktgeschehen zu kontrollieren und für die öffentliche Ordnung zu sorgen. Mithilfe der Hisba-Werke konnte der Muhtasib die auf dem Markt angebotenen Waren prüfen, denn es gehörte zu seinen Aufgaben, auf die Frische der angebotenen Lebensmittel ebenso zu achten wie auf deren Echtheit. So kontrollierte er z. B., ob das extrem teure Gewürz Safran mit Kurkuma gestreckt war oder bei teuren Stoffen die Gewebe mit minderwertigem, preiswertem Material vermischt waren. Diese Bücher zeichnen sich nur sehr selten durch theoretischen Überlegungen oder einen besonderen literarischen Anspruch aus. Der Quellenwert dieser Werke liegt vielmehr in ihrem Praxisbezug.

Schließlich sind auch noch die bekannten arabischen Märchensammlungen als kulturgeschichtliche Quellen zu nennen. Mögen die eigentlichen Handlungen auch fantastisch sein, so ist doch der kulturelle Rahmen sehr oft in die Realitäten des islamischen Mittelalters eingebettet. Gerade durch die Beschreibung des Alltags werden die märchenhaften Teile der Texte besonders hervorgehoben. Das gilt für den Bereich der materiellen Kultur ebenso wie für Fragen des alltäglichen Verhaltens oder kaufmännischer Praktiken.

Eine häufig übersehene Quelle zur arabischen Alltagskultur sind umgangssprachliche Texte, die von Dialektologen in den verschiedenen Regionen der arabischen Welt aufgenommen werden. Diese Aufnahmen gehen teilweise auf das erste Jahrzehnt des 20. Jahrhunderts zurück. Daher bieten sie Informationen von einiger historischer Tiefe und damit Hinweise auf kulturellen Wandel in diesem Jahrhundert.

7.2 Einfluss von Traditionen

So interessant diese Quellen unter kulturhistorischen Gesichtspunkten sind, so wenig Einfluss haben sie auf das Alltagsleben von Muslimen von heute. Hier spielen Traditionen eine Rolle, die durchaus auf vorislamische Regelungen zurückgehen können. Vor allem im Zusammenhang mit den Beziehungen und Verhaltensregeln zwischen den Geschlechtern bestehen auch keine nennenswerten Unterschiede zwischen Muslimen und orientalischen Juden oder Christen.

Dennoch erklären Muslime Alltagsnormen zu Regeln, die durch den Islam formuliert worden seien. Nicht in allen Fällen lässt sich für eine Regel aber eine entsprechende autoritative Quelle finden. Wenn sich solche Vorgaben tatsächlich auf den Koran oder die Aussprüche des Propheten Muhammad zurückführen lassen, werden sie von den Religionsgelehrten auch propagiert. Dabei werden heute auch die neuesten Kommunikationstechniken verwendet. So sagt Yusuf al-Qaradawi, der Fernseh-Prediger des Satellitensenders Al Dschasira zur Barttracht muslimischer Männer:

> „Der Hadîth-Gelehrte al-Bukhârî sagt: ‚Unterscheidet euch von den Polytheisten [arabisch *mushrikûn*]: Lasst den Bart wachsen und schneidet den Schnurbart.' Wie der Hadîth sagt, ist der Sinn hier die Unterscheidung von den Götzendienern [...]. Auch ist das Abrasieren des Bartes ein Affront gegen die männliche Natur, weil es ein Versuch ist, den Frauen ähnlich zu sein, wo doch der Bart ein zugehöriger Teil des Männlichen ist und eines seiner besonderen Merkmale darstellt." (al-Qaradawi 1989, S. 86)

Yusuf al-Qaradawi fügt der Vorschrift des Propheten also noch eine weitere Erklärung hinzu, die in dieser Form von dem Text nicht unmittelbar gedeckt ist.

Ähnliche Regelungen unter Bezugnahme auf einen Ausspruch des Propheten finden sich in zahlreichen anderen Bereichen des Alltagslebens. So kann es um Kleidung, Schmuck, Schönheitsoperationen, Perücken, Tanz, Museumsbesuche und vieles andere gehen. In vielen Fällen handelt es sich dabei um Sachverhalte, die in den Hadîth-Sammlungen (> Kapitel 3) nicht direkt angesprochen werden und entsprechend interpretiert werden müssen. Für den Fall, dass eine Alltagsnorm sich nicht durch die primären islamischen Rechtsquellen (> Kapitel 4) begründen lässt, oder diese Rechtsquellen Formulierungen übermitteln, die geradezu gegen die alltägliche Praxis votieren, werden solche Regelungen im Alltag ignoriert. Im Konfliktfall setzt sich in der Regel die Alltagspraxis durch. Sie wird auch nur in den seltensten Fällen hinterfragt.

7.3 Das kulinarische Beispiel

Ein zentraler Bereich der Alltagskultur ist sicherlich alles, was die grundsätzlichen Bedürfnisse des Menschen befriedigt. Neben Unterkunft (ist z. B. das Duschen im eigenen Badezimmer mit den rituellen Vorschriften des Islams zu vereinbaren? > Kapitel 11.3) und Kleidung (z. B. spezielle Kleidungsregeln für Frauen, > Kapitel 10.5) stehen hier Essen und Trinken an prominenter Stelle. Die wichtigste Quelle für die Geschichte der islamischen Kochkunst sind die mittelalterlichen Kochbücher. Schon der früheste erhaltene arabische Bücherkatalog, der *Fihrist* des Ibn al-Nadîm († ca. 998) verzeichnet etliche Kochbücher, die von Angehörigen der oberen Gesellschaftsschicht des Abbasidenreiches (750–1258) verfasst worden sind. Die Existenz dieser Bücher macht deutlich, dass das Interesse an der Kulinarik und deren gesellschaftlicher Stellenwert so hoch waren, dass man es für wert hielt, zu diesem Thema Bücher zu verfassen. Diese kulinarischen Interessen einer gehobenen Gesellschaft findet man in Bagdad, Kairo, Damaskus oder Andalusien ebenso wie an den Höfen der mittelalterlichen indischen Muslim-Herrscher.

Man kann zwei Gruppen von Autoren in der literarischen Gattung der Kochbücher unterscheiden. Auf der einen Seite sind es Köche, die für ihre Kollegen Rezepte skizzieren. Diese Texte sind sehr knapp gehalten und frei von jedem literarischen Anspruch. Man musste schon einige Erfahrung im Kochen haben, wenn man diese Bücher effektiv nutzen wollte. Die Rezepte sind oft sehr kurz und im Grunde nichts anderes als Hinweise für Fachleute, denen die entsprechenden Grundrezepte ohnehin schon bekannt sind.

Auf der anderen Seite gibt es Kochbücher, die eine deutliche Unterhaltungsfunktion haben und mit den aufwendigen Kochbüchern unserer Tage verglichen werden können, die man als *coffee table books* bezeichnet, weil man sie seinen Gästen an der nachmittäglichen Kaffeetafel zeigt, sie aber schon wegen ihres Preises nie in der Küche benutzen würde. Sie sind von Literaten verfasst, denen der Umgang mit Löffel und Kochtopf jedoch nicht fremd war. Als besonderes Beispiel für derartige literarische Kochbücher ist das Werk *Kitâb al-Tabîkh* (2007) von al-Warrâq aus dem 10. Jahrhundert zu nennen. Darin finden sich nicht nur Rezepte und Einzelheiten zu den verschiedenen Zutaten, sondern auch Anekdoten und Gedichte, die auf die beschriebenen Rezepte und Zutaten Bezug nehmen. Professionelle Köche aber waren diese Literaten nicht. Die Rezepte können ähnlich knapp wie die von Berufsköchen gehalten sein. Sie werden aber immer wieder von Gedichten, kurzen historischen Berichten oder Anekdoten unterbrochen. Auf diese Weise geben sie einen Einblick in die verschiedenen Aspekte der kulinarischen Praxis und sind damit eine wichtige Quelle für diesen Bereich der Alltagskultur.

Die überlieferten Kochbücher stammen aus verschiedenen Regionen der islamischen Welt. Wenn man sich hier nur auf die arabischen Kochbücher beschränkt, stellt sich doch immer noch die Frage, ob sich denn so etwas wie eine übergreifende Kochpraxis feststellten lässt, der man den gemeinsamen Namen ‚arabische Küche' zuerkennen kann. In der Tat lässt sich eine erstaunliche inhaltliche Einheitlichkeit der Rezepte feststellen. Diese kommt nicht von ungefähr. Die Gesellschaft des islamischen Mittelalters wies eine hohe Mobilität auf, die auf zwei Ursachen beruhte. Einerseits sind die Gläubigen gehalten, die Pilgerfahrt nach Mekka zu unternehmen. Solche Reisen dauerten unter den Bedingungen des islamischen Mittelalters manchmal mehrere Jahre. Bei diesen Fahrten lernten die Pilger die Küchen der Regionen kennen, die sie durchreisten, und brachten manches davon zurück in ihre Herkunftsorte.

Andererseits spielte für die Entwicklung der islamischen Gesellschaften der Handel eine zentrale Rolle. Kaufleute unternahmen lang andauernde, weite Reisen, bei denen sie auch die für die verschiedenen Regionen typischen Gerichte und deren Zubereitungsweisen kennenlernten. Außerdem standen sie in schriftlichem Kontakt mit Geschäftspartnern, von denen sie Einzelheiten über deren Alltag erfuhren, also auch über deren kulinarische Verhältnisse. Und schließlich waren Lebensmittel auch Bestandteil eines Warenangebots, für dessen Inhalt und Qualität sie sich schon berufsbedingt interessieren mussten. Diese Informationswege erklären, warum in Kochbüchern aus dem Irak Rezepte aus Andalusien zu finden sind, genauso wie aus nordafrikanischen Kochbüchern zu erkennen ist, dass hier syrische Zubereitungsarten bekannt waren. In vielen Fällen wurde die ursprüngliche Herkunft eines Gerichts durch einen entsprechenden Zusatz wie „andalusisch" oder „bagdadisch" deutlich gemacht.

Die Mehrzahl der mittelalterlichen Kochbücher ist für ein kulinarisch anspruchsvolles Publikum verfasst worden. Allerdings gibt es zumindest ein Kochbuch, das eine breite Rezept-Palette von einfachen zu raffinierten Zubereitungen vermittelt. Es stammt von einem andalusischen Exilanten aus dem 12. Jahrhundert, al-Tujîbî, der sich in Nordafrika an die Küche seiner Heimat erinnert. Wenn man dieses Kochbuch betrachtet, lässt sich feststellen, dass der einkommensbedingte Unterschied der Rezepte nicht in den Zubereitungsarten liegt, sondern in der Qualität und der Quantität von besonders teuren Zutaten.

Es bestätigt sich des Weiteren auch für die arabische Welt des Mittelalters die Feststellung von Michael Freeman über die chinesische Küche der Sung-Zeit (960–1279), dass eine der Voraussetzungen für eine anspruchsvolle Küche verschiedene Zutaten sind, die nicht allein aus einer Region stammen können. Sie müssen durch Händler importiert werden. „Feine Küche kann sich nicht aus den Überlieferungen einer einzigen Region entwickeln." (Freeman 1977, S. 144)

Die Küche, mit der wir es hier zu tun haben, ist also eine urbane Erscheinung, in der importierte Zutaten vorhanden waren. Im urbanen Kontext sind schließlich auch die Personen zu finden, die für das Entstehen einer anspruchsvollen Küche unabdingbar sind. Diese müssen bereit und in der Lage sein, ihnen bis dahin nicht bekannte Gerichte zu kosten. „Feine Küche benötigt eine größere Anzahl von abenteuerlustigen Essern." (Goody 1982, S. 98)

Dafür reichen die Angehörigen einer kleinen reichen Oberschicht, oder gar nur die eines Herrscherhofes nicht aus. Vielmehr bedarf es einer breiten Elite von Staatsbediensteten, Kaufleuten, Intellektuellen und Künstlern, die die Mittel und das Interesse an kulinarischen Besonderheiten aufbringen können. Trotz unserer geringen Kenntnis der gesellschaftlichen Strukturen des islamischen Mittelalters kann davon ausgegangen werden, dass eine ausreichend große Gruppe von Personen vorhanden war, sodass sich eine experimentierfreudige Küche entwickeln konnte. Im Übrigen zeichnete sich die mittelalterliche islamische Gesellschaft durch eine erhebliche soziale Mobilität aus. Angehörige der Unterschicht konnten wegen besonderer Begabungen in die Oberschicht aufsteigen, so wie sich durch politische Wechsel Mitglieder der Oberschicht plötzlich am unteren Ende der sozialen Leiter wiederfinden konnten. Diese Mobilität führte dazu, dass die verschiedensten Rezepte in allen Gesellschaftsschichten bekannt waren, auch wenn sie aus finanziellen Gründen nur einem begrenzten Kreis zugänglich waren.

Betrachtet man die modernen Kochbücher der islamischen Staaten, lassen sich hier interessante Entwicklungen feststellen. Wie in Europa haben Kochbücher inzwischen eine Vielzahl von Funktionen über die eigentliche Vermittlung von Kochrezepten hinaus. Zunächst einmal können sie, wie der Wiener Iranist Bert G. Fragner 1994 gezeigt hat, ein Ausweis für Modernität sein. Fragner zeigt an Kochbüchern, die im 19. Jahrhundert im Iran erschienen waren, dass der Besitz von Kochbüchern, in denen auch tatsächliche oder vermeintliche Rezepte aus den großen kulinarischen Nationen Europas wie Frankreich oder Italien stammten, als Belege für Weltoffenheit und Progressivität dienen sollte. Dies wird umso klarer, als etliche dieser Rezepte so falsch wiedergegeben waren, wie Fragner festgestellt hat, dass sie entweder gar nicht nachzukochen waren oder, wenn doch, wegen ihres üblen Geschmacks nicht zu konsumieren waren (vgl. Fragner 1994). Es ging also gar nicht darum, die Rezepte tatsächlich zu realisieren, sondern darum, sich durch die Kochbücher als modern zu zeigen.

Daneben geben Kochbücher auch Auskunft über die ideologischen Entwicklungen von Gesellschaften. Wenn man die arabischen Kochbücher der zweiten Hälfte des 20. Jahrhunderts Revue passieren lässt, kann das sehr gut nachgewiesen werden. Zunächst finden sich Kochbücher, die sehr deutlich von europäischen Vorbildern abhängig sind. So spielen in einem Kochbuch von Georges N. Rayes aus dem Beirut der 1950er-Jahre libanesische oder arabische

Rezepte kaum eine Rolle, obwohl der Titel des Buches *L'Art culinaire Libanais* (Die libanesische Kochkunst) durchaus einen Bezug zum Herkunftsland des Verfassers hat. Man muss in diesem Zusammenhang allerdings feststellen, dass dieses Kochbuch nahezu das einzige war, das überhaupt auf dem arabischen Buchmarkt zu erhalten war.

Diese Situation veränderte sich seit den frühen 1980er-Jahren. Nun entstand eine Vielzahl von Kochbüchern, in deren Titel das Wort „arabisch" verwendet wurde. Mit einer gewissen zeitlichen Verschiebung gegenüber den politisch-ideologischen Entwicklungen wird in diesen Kochbüchern ein gewisses panarabisches Konzept von Küche deutlich. Unterschiede zwischen einzelnen arabischen Regionalküchen werden nicht gemacht. Die Erinnerung an den lebhaften Austausch kulinarischen Wissens im Mittelalter ist längst verloren gegangen. Es wird vielmehr unter politischen Gesichtspunkten eine einheitliche arabische Küche konstruiert.

Diese Situation hat sich seit dem Beginn der 1990er-Jahre eindeutig verändert. Nun finden sich Kochbücher, die von Marokko im Westen bis zu den Golfstaaten im Osten vor allem regionale Küchen feiern. Zunächst sind viele dieser Kochbücher in europäischen Sprachen verfasst. In der Folge erschienen aber zahlreiche regionale Kochbücher in arabischer Sprache. Die Autoren schütten dabei in ihrem national-regionalen Eifer in einigen Fällen das Kind mit dem Bade aus. So erscheint ein Kochbuch, in dem von einer kuwaitischen Küche die Rede ist, obwohl sich diese Küche kaum von der des benachbarten Irak unterscheidet, wenn man einmal von der relativ größeren Zahl von Fischgerichten absieht, die hier beschrieben werden. Dieses Kochbuch wurde in den kuweitischen Botschaften in aller Welt Besuchern ausgehändigt.

Der ideologische Hintergrund der Regionalisierung der Kochbücher, vor allem im Bereich der Staaten des Golf-Kooperationsrates, einer Staatengemeinschaft, der die arabischen Länder der Golfregion angehören, ist leicht zu erklären. Die verringerte Bedeutung von panarabischen Ideologien hatte in vielen arabischen Staaten ein ideologisches, aber auch ein Identitätsdefizit hervorgerufen. Man besann sich daher auf seine regionalen kulturellen Besonderheiten. Zu diesen gehörte auch die Küche.

Es kam aber noch ein zweites Moment hinzu. In der Mehrzahl der arabischen Golfstaaten lebt eine große Zahl von Arbeitsmigranten, die aus Süd- und Südostasien stammen. Vor allem weibliche Migranten arbeiten als Haushaltshilfen und Kindermädchen. Die weiblichen Angehörigen der heimischen Eliten und des Mittelstands überließen diesen ausländischen Hilfskräften auch die Arbeit in der Küche. Auf diese Weise gelangten Kochtechniken und Gerichte aus deren Heimatländern in das kulinarische Repertoire und verdrängten die heimischen Traditionen. Daneben etablierten sich in den Städten der Golfregion Restaurants aus

Europa und Asien. Restaurants mit arabischer Küche waren dagegen nicht zu finden. Zu Beginn der 1990er-Jahre wurde die Gefahr der Überfremdung im kulinarischen Bereich ein Thema in den Medien. Sie wurde als Beispiel für die Gefahr eines allgemeinen Verlustes der kulturellen Identität angesehen. In der Folge wurden zahlreiche Kochbücher auf Arabisch und Englisch veröffentlicht, die die Küche der Golfregion in den Vordergrund stellten. Neuerdings finden sich auch wieder Restaurants mit lokalen Speiseangeboten, deren Küchen von Chefs mit internationalem Renommee geführt werden.

7.4 Die Debatte um das Verbot von Schweinefleisch

Dass der Koran den Konsum von Schweinefleisch verbietet, ist auch denen bekannt, die vom Islam im Übrigen nicht viel wissen. In der Tat wird dieses Speisetabu von Muslimen sehr viel ernsthafter befolgt als jede andere religiös begründete Regel. Häufig ist über die Ursachen dieses Verbots debattiert worden, wobei in diese Diskussionen auch das gleich lautende Verbot im Judentum mit einbezogen wurde.

Im Unterschied zu einigen anderen Speisevorschriften des Korans ist das Verbot von Schweinefleisch eindeutig: „Verboten ist euch nur Verendetes, Blut, Schweinefleisch und das, worüber ein anderer als Gott angerufen wurde. [...]" (Sure 2, 173) Die muslimischen Kommentatoren begründen das Verbot damit, dass das Schwein unrein sei und die Lebensgewohnheiten dieses Tiers unsauber und Ekel erregend seien. Als in der zweiten Hälfte des 19. Jahrhunderts die Trichinose entdeckt wurde, die man sich durch den Konsum von mangelhaft gekochtem Schweinefleisch zuziehen kann, wurde dies als ein Beleg für die Weisheit des Korans angesehen, der etwas verbot, wofür die Begründung von den Menschen erst viel später gefunden wurde. Allerdings kann man sich auch durch den Verzehr von Fleischsorten schwere Krankheiten zuziehen, die im Koran nicht verboten sind, z. B. durch Rindfleisch, Lammfleisch oder Ziegenfleisch, die Brucellose übertragen oder gar für den Milzbrand verantwortlich sein können. Die medizinische Begründung für das Tabu ist daher nicht überzeugend.

Die britische Ethnologin Mary Douglas hat in ihrem berühmten Buch *Purity and Danger* (Reinheit und Gefahr) 1966 eine andere Erklärung vorgetragen. Sie hat die zahlreichen Speiseverbote im Buch Leviticus des Alten Testaments analysiert und dabei festgestellt, dass die dort aufgezählten Tiere sich auf die eine oder andere Weise von der Norm unterscheiden. Sie sind fehl am Platz. Da ist z. B. von Fischen ohne Schuppen oder von Vögeln, die nicht fliegen können, die Rede. Douglas spricht hier von taxonomischer Anomalie. Diese Begründung gilt aber nicht für das Schwein.

Eine andere Begründung, die von dem Ethnologen Marvin Harris in seinem Buch *Good to eat. Riddles of food and culture* (*Wohlgeschmack und Widerwillen. Die Rätsel der Nahrungstabus*, 1985/1988) vorgetragen wurde, ist, dass die Kosten für die Aufzucht von Schweinen in warmen Gegenden wie dem Nahen Osten sehr viel höher seien als die anderer Tiere. Weil Schweine keine Schweißdrüsen haben, können sie Körperhitze nicht durch Schweiß ableiten. Sie müssen daher gekühlt werden, z. B. durch Wasser, das in Trockenregionen knapp und teuer ist. Harris zeigt, dass in den vorislamischen nahöstlichen Gesellschaften Schweine nicht unbekannt waren. Sie wurden im Alten Ägypten gezüchtet und das Neue Testament berichtet, dass Jesus die bösen Geister, die er aus einem Menschen austrieb (Matthäus 8, 20), in eine Schweineherde fahren ließ, die sich dann in einem See ertränkte. Schweine waren also nicht ungewöhnlich. Harris zitiert einen amerikanischen Ethnologen, Carlton Coon (1904–81):

> „Coon schrieb den Untergang des Schweins im Vorderen Orient der Abholzung und dem Anwachsen der menschlichen Bevölkerung zu. [...] Zur Vervollständigung von Coons archäologischem Szenarium möchte ich hinzufügen, dass parallel zu der Vernichtung der Wälder auch an die Wüsten angrenzendes Ackerbau- und Weideland der Erosion anheim fiel, getreu dem alten Abfolgeschema, das vom Wald über die kultivierte Fläche zum Weideland und schließlich zur Wüste führt." (Harris 1988, S. 75 f.)

Ferner sei das Schwein als Allesfresser ein direkter Konkurrent zum Menschen, der ebenfalls als Allesfresser bezeichnet wird.

Zumindest in dem koranischen Verbot ist jedoch ein religiöser Bezug hergestellt, der in den verschiedenen rationalisierenden Begründungen nicht beachtet wird. Aus altorientalischen Kulten ist bekannt, dass Schweine häufig als Opfertiere verwendet wurden. Es kann daher nicht ausgeschlossen werden, dass die eigentliche Ursache für das Tabu in einer strikten Ablehnung polytheistischer Rituale durch den Islam zu finden ist, der einen strengen Monotheismus propagiert.

Fragen und Anregungen

- Was sind die Gründe für das geringe wissenschaftliche Interesse an Formen der islamischen Alltagskultur?
- Nennen Sie Quellen zur Erforschung der Alltagskultur der mittelalterlichen islamischen Welt.
- Erläutern Sie die ideologisch-politischen Ursachen für die Entstehung von arabischen regional-spezifischen Kochbüchern.
- Nennen Sie mögliche Gründe für das Schweinefleischverbot im Islam.

Lektüreempfehlungen

Gustav Dalmann: Sitte und Brauchtum in Palästina, 8 Bde., Gütersloh 1928–42. *In diesem Werk werden die Aussagen des Alten Testaments mit der Lebensweise der arabischen Palästinenser im ersten Drittel des 20. Jahrhunderts verglichen.*

Heinz Grotzfeld: Das Bad im arabisch-islamischen Mittelalter, Wiesbaden 1970. *Beschreibung der architektonischen, organisatorischen, finanziellen und gesellschaftlichen Aspekte einer der wichtigen rituellen Institutionen der islamischen Gesellschaft.*

Peter Heine: Food Culture in the Near East, Middle East, and North Africa, Westport 2004. *Überblick über die kulinarischen Kulturen zwischen Marokko und Afghanistan.*

Yedida Stillman: Arab Dress. A Short History. From the Dawn of Islam to Modern Times, Leiden 2000. *Schilderung der Entwicklung der islamischen Kleidung von der Frühzeit bis in die Gegenwart.*

Sami Zubaida / Richard Tapper (Hg.): Culinary Cultures of the Middle East, London 1984. *Sammelband mit Beiträgen von Philologen, Ethnologen und Islamwissenschaftlern, in denen ein breites Spektrum kulturgeschichtlicher Aspekte zu Essen und Trinken im Mittleren Osten betrachtet werden.*

8 Das Bilderverbot – Übertretungen und kreative Alternativen

Abbildung 8: Schatzhaus der Omayyadenmoschee, Damaskus, 1995.

Das berühmte Schatzhaus der Omayyadenmoschee in Damaskus stammt aus dem 8. Jahrhundert und ist nicht zuletzt wegen seiner Mosaiken bekannt. Diese Mosaiken wurden sehr wahrscheinlich von byzantinischen Künstlern geschaffen. Kennzeichnend für die Thematik der Werke ist das Fehlen von lebenden Wesen. Das Bildprogramm besteht aus Pflanzen, Gebäuden und Landschaften. So finden man auf der Abbildung einer Wandseite des Schatzhauses eine große Dattelpalme, die sich über eine städtische Ansiedlung wölbt, die wiederum an einem Fluss liegt. Der mittelalterliche Geograph al-Maqdisî verstand um 985 die Mosaiken der Omayyadenmoschee als eine Beschreibung der Welt, wenn er meint: „Es gibt kaum einen Baum oder eine Stadt, die nicht auf diesen Wänden abgebildet worden wäre."

102 —— 8 Das Bilderverbot – Übertretungen und kreative Alternativen

Abbildung 9: Heiligenbilder in einer kleinen Moschee in Isfahan, Iran, 2016.

Vor allem im schiitischen Islam wird das Verbot der Darstellung von lebenden Wesen weniger strikt angewandt. Die schiitischen Heilgengestalten angefangen mit Ali ibn Abi Talib und seinem Sohn Hussein werden ebenso dargestellt wie die politischen Führer der Islamischen Republik Iran und vor allem die zahlreichen Gefallenen im Irakisch-Iranischen Krieg (1980–1989), deren Portraits auf der Basis von Passfotos an ihren Herkunftsorten gezeigt werden. Die hier vorgestellten Portraits schiitischer Heiliger stammen aus einer kleinen Grabmoschee in der Nähe der Jame-Moschee in Isfahan.

8 Das Bilderverbot – Übertretungen und kreative Alternativen — 103

Abbildung 10: Kaligrafie in einem Museum in Teheran, Iran, 2016.

Im Malek-Museum in Teheran hat ein moderner iranischer Kaligraph, dessen Werke in diesem Museum gezeigt werden, den Fahrstuhl mit expressiven Graphemen aus dem Repertoire der islamischen Schriftkunst dekoriert.

Im Koran selbst wird kein Bilderverbot ausgesprochen. Erst durch die Interpretation einiger Suren entwickelte sich eine Scheu vor der Darstellung der Schöpfung Gottes. Zugleich entstand die Furcht, dass Kunstwerke, vor allem Plastiken angebetet werden oder von der Verehrung Gottes ablenken könnten. Dennoch entwickelte sich eine spezielle islamische Kunst, vor allem in der Buchmalerei und in der Kaligrafie. Ab dem 16. Jahrhundert gewannen die westliche Kultur und mit ihr auch die bildende Kunst einen starken Einfluss auf die islamische Welt, was nicht zuletzt zu einer besonderen Kunstproduktion führte. Auch in der Gegenwart gilt die Förderung von darstellender Kunst als Zeichen der islamischen Annäherung an westliche Kultur und Lebensweise.

8.1 Entstehung des Bilderverbots

Aus der Sicht mancher nicht-muslimischer Beobachter gehört das Bilderverbot zu den signifikanten Merkmalen des Islams. Bei dieser schlichten Feststellung bleibt zunächst aber offen, um welche Form von Bildern es sich schlussendlich handelt. Der Koran selbst ist in dieser Frage nicht besonders aussagekräftig. Zwar wird in einem Vers angeordnet: „Ihr Gläubigen, siehe, Wein, Losspiel, Opfersteine sowie Pfeile sind ein Greuel – sind ein Werk des Satans. So meidet das, vielleicht wird's euch dann wohlergehen!" (Sure 5, 90). Aus den Opfersteinen auf Standbilder von heidnischen Göttern und oder auf Abbildungen von Gestalten der christlichen Religion zu schliessen, bedeutet schon ein gewisses Maß an interpretatorischer Freiheit, die sich die muslimischen Korankommentatoren aber gerne nahmen.

Das arabisch Wort für Bild, *sûra*, hängt mit dem arabischen Verb *sawwara* zusammen, was u. a. formen, gestalten, malen bedeuten kann. Im Koran bezieht sich dieses Wort aber vor allem auf die Handlungen der Schöpferkraft Gottes. Von dieser Wurzel ist auch das moderne arabische Wort *musawwir* für Maler abgeleitet. Dies ist aber zugleich eine der Bezeichnungen für Gott als den Schöpfer aller Dinge. *Musawwir* gehört zu den sogenannten 100 schönen Namen, mit denen Gott bezeichnet wird. Damit verbietet es sich jedoch, dieses Wort für einen Menschen und seine Tätigkeit zu verwenden. Wir haben es also eher mit einem indirekten Verbot der Herstellung von Abbildungen menschlicher Wesen durch den Text des Korans zu tun. Aus den so gearteten philologischen Überlegungen schlossen die muslimischen Ausleger des Korans auf ein entsprechendes Verbot. Der Schluss ist allerdings nicht unbedingt zwingend.

Anders verhält es sich mit den Prophetentraditionen, der andere autoritativen Quelle des Islams. Silvia Naef hat festgestellt, dass diese Quelle vier große Aussagegruppen beinhaltet, die sich mit dem Bild und der Herstellung von Bildern befasst. Die erste Gruppe geht auf folgenden Bericht des Propheten zurück: „Der Engel Gabriel bat um Erlaubnis, zum Propheten einzutreten. Dieser sagte: Tritt ein. Da sagte Gabriel: Wie soll ich eintreten, während in deinem Haus ein Vorhang mit Bildern hängt? Entweder werde ihre Köpfe weggeschnitten oder sie werden zu einem Teppich gemacht, über den man tritt." In einer anderen Tradition wird der Bericht erweitert mit der Bemerkung Gabriels, dass Engel kein Haus betreten, in dem sich ein Hund befindet. Da Hunde vom islamischen Recht als unreine Tiere angesehen werden (vgl. Kapitel 4.1), lag es nahe, dass man auch Bildern einen unreinen Charakter zusprach. Daraus folgt, dass Muslime aus rituellen Gründen nicht an Orten beten können, an denen sich Bilder befinden. In diesem Zusammenhang ist auch ein Satz des Propheten Muhammad bemerkenswert, nach dem die Gefahr besteht, dass sich Menschen durch Bilder vom Gebet abhalten oder in ihrer Andacht irritieren lassen. Die Distanzierung des Propheten und damit der frommen Gemeinde der islamischen Frühzeit von Bildern hat also zunächst mit Fragen des Rituals zu tun (vgl. Naef 2007, S. 15f). Sie hat sich vor allem im sunnitischen Mehrheitsislam durchsetzen können.

Die schiitische Rechtsauffassung ist in dieser Hinsicht weniger rigoros. So wird von einem der schiitischen Imame folgende Entscheidung überliefert. Auf die Frage eines Gläubigen, ob er das Gebet verrichten dürfe, wenn sich Abbildungen vor ihm in seinem Gesichtsfeld befänden, sagte dieser:

> „Nein, wirf ein Kleid darüber. Wenn sie sich rechts oder links von dir oder hinter der oder unter deinem Fuß oder über deinem Kopf befinden, ist nichts dagegen einzuwenden. Wenn sie sich dagegen in der Qibla (der Gebetsrichtung) befinden, dann wirf ein Gewand darüber und verrichte dann dein Gebet" (zitiert nach Naef 2007, S. 16).

Allerdings finden sich in dieser Frage auf schiitischer Seite auch einige andere Positionen. So heißt es in einem Prophetenausspruch, der von den Schiiten als authentisch angesehen wird: „Der Gesandte Gottes hat gesagt: Gabriel kam zu mir und hat gesagt: Wir Engel betreten kein Haus, in dem sich ein Hund befindet oder eine körperhafte Abbildung oder ein Gefäß, in das uriniert wird" (zitiert nach Naef 2007, S. 16). Die Frage der rituellen Unreinheit wird hier also noch deutlicher formuliert als in den sunnitischen Traditionen.

Ein anderes Argument für das Bilderverbot hängt mit der Tatsache zusammen, dass es zu den rituellen Praktiken im vorislamischen Arabien gehörte, Götterstandbilder zu verehren. In diesem Zusammenhang berichten die Traditionen, dass der Prophet Muhammad sich in all den Fällen negativ zum Vorhandensein von Bildwerken geäußert habe, in denen die Gefahr bestand, dass diese selbst verehrt würden. Eine von der Tradition immer wieder berichtete Episode berichtet, dass der Prophet verboten habe, dass seine Lieblingsfrau Aischa Vorhänge aufgehängt habe, auf denen Lebewesen dargestellt waren. Als Aischa aus diesen Stoffen Sitzkissen hergestellte, auf denen man sich niederlassen konnte, erhob er keine Einwände. Der Prophet soll ihr auch Puppen erlaubt haben.

Es geht bei dem Verbot also vor allem auch darum, dass nicht der Eindruck entstehen sollte, dass die Bildwerke als Objekte der Anbetung Verwendung finden könnten. Darstellungen, auf denen man sitzen oder die man betreten kann, können diese Gefahr nicht hervorrufen. Gleiches gilt für entsprechendes Spielzeug. Als spätestens im 13. Jahrhundert Volksstücke für Puppentheater ein beliebtes öffentliches Vergnügen, z. B. in Ägypten, wurden und später dann Schattenspielfiguren in der Türkei oder in den Gebieten des heutigen Indonesien, wurden gegen diese von den Gelehrten keine Einwände erhoben, weil bei ihnen von vornherein deutlich war, dass sich nicht für die religiöse Verehrung eigneten.

Ein weiterer Hadîth wendet sich an die bildenden Künstler und deutet auf erhebliche negative Konsequenzen für Gestalter von Bildern. Der Text lautet:

> „Diejenigen, die Bilder verfertigen, werden am Tage der Auferstehung Qualen zu erleiden haben. Er (Gott als himmlischer Richter) wird zu ihnen sagen: Macht lebendig, was ihr erschaffen habt" (zitiert nach Naef 2007, S. 18 f.).

Nicht viel anders lautet eine schiitische Überlieferung: „Wer ein (körperhaftes) Bild herstellt, von dem wird am Tag der Auferstehung verlangt, dass er ihm den Lebensodem einhaucht" (zitiert nach Naef 2007, S. 19). Das Verbot richtet sich also auch gegen den schöpferischen Akt, der das Entstehen eines Bildnisses ausmacht. Auch dazu findet sich eine Tradition. Ein Maler fragte einen Gefährten des Propheten, ob er seiner Tätigkeit weiter nachgehen dürfe. Dieser Gefährte antwortete darauf:

> „Ich berichte dir, was ich den Gesandten Gottes sagen hörte: Jeder Verfertiger von Bildern wird im Höllenfeuer landen. Jedem Bild, das er verfertigt hat, wird eine Seele (*nafs*) eingehaucht werden und diese wird ihn in der Hölle quälen. Er fügte hinzu: Wenn du dich nicht davon abhalten kannst, dann stelle Bäume und unbeseelte Gegenstände dar" (zitiert nach Naef 2007, S. 19).

Auch die bedeutendsten mittelalterlichen Theologen standen Abbildungen sehr distanziert gegenüber. Als Beispiel sei hier nur auf den großen mittelalterlichen Gelehrte al-Ghazzâlî (gest. 1111) hingewiesen. Dieser stellte in einem Kapitel seines Hauptwerks ‚Über die Wiederbelebung der religiösen Wissenschaften' zur Ethik bei Tisch fest, dass man eine Einladung zum Essen nicht annehmen dürfe, wenn die Nahrung zweifelhaft sei, der Ort und der Teppich, auf dem man Platz nehme, nicht erlaubt oder tadelnswerte Dinge anzutreffen seien, vor allem Tücher aus Brokat, silbernes Geschirr oder das Bild eines Tieres an der Decke oder auf einer Wand (vgl. al-Ghazzali 1964, S. 250). Diese Formulierungen machen eine Ablehnung von bildlichen Darstellungen deutlich, aber kein ausdrückliches Verbot. Auf diese im Grunde weitgehend indifferente Haltung führt Silvia Naef die Tatsache zurück, dass die Muslime bei all ihren Eroberungszügen nur in den wenigsten Fällen zu ikonoklastischen Maßnahmen gegriffen haben. Das Bilderverbot ist also zunächst und vor allem auf den rituellen Gebrauch begrenzt (vgl. King 1985, S. 269). Doch auch hier fanden sich Entwicklungsmöglichkeiten. So enthält die Kunstsammlung des Agha Khan ein syrisches Fliesenfeld mit Gebetsnische aus dem Jahr 1570. Die diese einrahmenden Säulendarstellungen sind mit verschiedenen kleinen Tieren wie Fischen, Hasen, Vögeln und anderen Kleintieren bemalt. Diese Lebewesen werden allerdings so dargestellt, dass sie im arabesken Rankenwerk nicht ohne weiteres zu erkennen sind.

Seit dem 19. Jahrhundert lernten Muslime als Touristen oder als Studenten in Europa Beispiele westlicher Kunst vor allem in Museen und Gemäldegalerien kennen. Einer der muslimischen Gelehrten, der für eine Modernisierung der muslimischen Gesellschaften eintrat, war der Ägypter Muhammad Abduh (1849 – 1905). In einem seiner zahlreichen Rechtsgutachten äußerte er sich auch zum Bilderverbot. Er bestritt die Authentizität der entsprechenden Quellen nicht, meinte aber, dass das Verbot der Darstellung von Lebewesen aus den Bedingungen der islamischen Frühzeit zu erklären sei, als sich der Islam noch mit verschiedenen Formen von Bilderverehrung auseinanderzusetzen hatte. Diese Situation sei zu seiner Zeit nicht mehr gegeben. Daher stellen die entsprechenden Bildwerke keinen Verstoß gegen die göttliche n Gebote mehr dar (s. Karnouk 2005, S. 12).

Die Tatsache, dass auch das Judentum eine deutliche Abneigung gegen die Darstellung menschlicher Wesen pflegt, hat westliche Kunsthistoriker und Orientalisten veranlasst, von einer ‚semitischen Abneigung' gegen das Bild zu sprechen. Oleg Grabar, einer der angesehensten Kunsthistoriker für die islamische Kunst, kommt zu einer anderen Bewertung: Das Fehlen eindeutiger islamischer Symbole, die für alle Muslime akzeptabel waren und mit einer vorhandenen christlichen Ikonografie in Konkurrenz treten konnten, machte eine andere bildnerische Form für die Darstellung islamischer Präsenz notwendig. Diese konnte im Grunde nur in der arabischen Schrift bestehen, die als eine genuin islamische Erfindung angesehen wurde. Dass sich die Kreativität muslimischer Künstler vor allem in der Kaligraphie entwickelte, ist daher keine Überraschung. Dass dabei auch Übergänge der Darstellung von Lebewesen und der arabischen Schrift festzustellen sind, zeigt das Bemühen der Künstler, immer wieder auch über die strengen Grenzen der Schrift hinauszugehen (vgl. Grabar 1977, S. 99).

8.2 Kunst des Islams

Die arabische Schrift entwickelte sich in vorislamischer Zeit aus der aramäischen. Erste arabische Inschriften stammen aus dem 4. Jahrhundert. Aus dem vorislamischen Mekka wird berichtet, dass die Texte berühmter Gedichte auf Stoffe gestickt und dann an der Kaaba aufgehängt wurden. Die Bedeutung der Schrift für den Islam wird deutlich, wenn man bedenkt, dass in der ersten Offenbarung des Korans in Sure 95 Gott als der beschrieben wird, der den Menschen lehrte „mit dem Schreibrohr zu schreiben." Früh entwickelte sich die Überzeugung, dass es ein gutes Werk sei, wenn man den Koran nicht nur auswendig lerne, sondern auch abschreibe. Koranverse wurden auch zu Bau- und Grabinschriften, für die sich eine besondere Form der arabischen Schrift, das sogenannte Kûfî entwickelte.

Dabei handelt es sich um eine rechteckige, geradezu klobige Schriftform, die auch auf Münzen und heute sogar auf Briefmarken verwendet wird. Die arabische Kursiv-Schrift des Naskhî verbreitete sich seit der Abbasidenzeit nicht nur in Textdokumenten auf Papier, sondern auch auf Keramik- und Metall-Produkten, Gläsern, Kleidern, Schuhen, sogar auf Gemmen und Edelsteinen. Im Lauf der Zeit entstanden unterschiedliche kursive Schriftformen, die jeweils verschiedenen Regionen der islamischen Welt zugeordnet werden können. So findet man in Nordafrika das Maghribî oder im Iran das Ta'lîk. Es gab Kanzleischriften, die sich von denen literarischen Manuskripten unterschieden (s. Blair 2006: 271–276; 392–399). Manche Kaligraphen nutzten die Möglichkeiten der arabischen Kursivschriften, um Werke zu schaffen, bei denen die Grenzen der Schrift hin zu gegenständlichen Darstellungen überschritten wurden (Blair 2006: 507).

Es war aber nicht nur die Kaligraphie, die sich vergegenständlichte; vielmehr kannte die islamische Kunst seit der Omayyaden-Zeit (660–750) auch die gestalterische Wiedergabe von Menschen und Tieren. Dabei ist stets im Gedächtnis zu behalten, dass nicht alle Belege künstlerischen Schaffens die Zeitläufte überdauert haben. Es ist durchaus möglich, dass glückliche Zufälle weitere Dokumente der frühen und mittelalterlichen bildenden Kunst ans Tageslicht fördern, die uns andere Einsichten in die islamische Kunstgeschichte eröffnen. In den Wüstenschlössern der Omayyaden-Dynastie finden sich Wandmalereien mit Götterstatuen, Köpfen und anderem, die von Künstlern der Region verfertigt worden sind und sich durch einen ausgesprochen eklektischen Stil auszeichnen und in Vielem auf byzantinische und iranische vorislamische Vorlagen zurückgehen (vgl. Ettinghausen 1962, S. 19–40).

Unter den Abbasiden (750 1258) entwickelte sich eine sehr viel originellere bildnerische Handschrift, die sich ebenfalls in Wandmalereien realisierte, aber auch auf zahlreichen Gebrauchsgegenständen, auf keramischen wie auf textilen Hintergründen zu finden ist (Ettinghausen 1962, S. 54–65).

Zu den Dynastien, aus deren künstlerischer Produktion noch sehr viele Beispiel erhalten sind, gehört die der Fatimiden (909–1171) in Ägypten. Gerade hier haben zahlreiche mit Tier- und Menschendarstellungen verzierte Gebrauchsgegenstände die Jahrhunderte überdauert (vg. Bloom 2007). Es kann nicht ausgeschlossen werden, dass es sich bei diesen Darstellungen um Ergebnisse einer Indifferenz gegenüber den Regeln des islamischen Rechts handelte. Auch mag es Argumentationen von Rechtsgelehrten gegeben haben, wie sie sich später, z. B. im Zusammenhang mit der Fotografie finden. Diese modernen Abbildungen wurden als erlaubt angesehen, weil bei ihnen die Intention deutlich war, dass hier keine lebenden Wesen dargestellt werden sollten. Vielmehr handelte sich nach diesen modernen Rechtsgutachten schon wegen der mit menschlichen Größen nicht vergleichbaren Wiedergaben keineswegs um den Versuch, der Schöpferkraft

Gottes etwas entgegenzusetzen (Khoury, Heine, Oebecke 2000, S. 197 f). Ein anderer Aspekt ist, dass es sich um Gebrauchsgegenstände, aber auch um Wandmalereien handelte, die einem breiteren Publikum nicht zugänglich waren. Die öffentliche wie offizielle Darstellung von Menschen und/oder Tieren ist eine Entwicklung, die sich erst im späten 19. Jahrhundert in islamischen Gesellschaften feststellen lässt.

Gleiches gilt sicherlich auch für die seit dem 9. Jahrhundert aufkommende, künstlerisch beeindruckende Miniaturmalerei. Bei dieser handelt es sich ebenfalls um eine sehr private Form des Kunstgenusses, die sich nur die Mächtigen und die Vermögenden in islamischen Gesellschaften leisten konnten. Eine wichtige Voraussetzung für die Entwicklung der Miniaturmalerei war die Einführung des in China erfundenen Mediums des Papiers im Nahen Osten. Es war nicht nur preiswerter als Papyrus oder Pergament, sondern war vor allem für die Malerei auch besser geeignet (Bloom 2001).

Sylvia Naef unterscheidet von den Inhalten her drei verschiedene Themengruppen in der islamischen Miniaturmalerei
- Wissenschaftliche Abhandlungen
- Illustrationen zu Lehrgedichten etc.
- Illustrationen von fiktionale Werken

Zunächst handelt es sich, auch unter dem Gesichtspunkt der Entstehungsgeschichte, um wissenschaftliche Abhandlungen. Hier finden sich zunächst Bücher zur Astronomie, in denen Sternzeichen mit den ihnen zugeordneten Bildern dargestellt werden, ferner um wissenschaftliche Werke aus den Bereichen der Human- und Tiermedizin, später auch um Darstellungen aus dem Bereich der Pferdezucht und Dressur und manchen anderen Bereichen des Alltags.

Im zweiten Themenbereich werden Illustrationen von literarischen Werken verfertigt. Es sind vor allem Lehrgedichte wie *Kalîla wa Dimna,* Fabeln in denen die verschiedenen Tiere, die als handelnde Personen aufgefasst werden, dem Betrachter gegenübertreten.

In der weiteren Entwicklung sind es dann Illustrationen, die vor allem beliebte Literaturformen, wie die Makamen des Hariri, illustrieren. Diese Miniaturwerke wurden im doppelten Sinn für die ethischen und ästhetischen Normen des islamischen Mittelalters als problematisch angesehen. Die Makamen als literarische Gattung sind wegen ihrer sprachlichen Eleganz und dem unvergleichlichen Umgang mit der arabischen Sprache als Kunstwerke anerkannt. Die Tatsache, dass es sich bei den Inhalten um literarische Fiktionen handelt, die zudem noch von Personen berichten, die durch ihre Abenteuer nicht als Vorbilder für die islamische Gemeinschaft dienen können und eher dem Typus der Trickbetrüger und Eulenspiegel zuzurechnen sind, macht die Akzeptanz ambivalent, sodass die

Auftraggeber sie sich nur zu ihrer eigenen, persönlichen Ergötzung herstellen ließen. Öffentlichkeit war weder mit den Texten, noch mit den Illustrationen intendiert. Andererseits ist bemerkenswert, dass von den illustrierten Handschriften der Makamen des Hariri eine erstaunlich große Zahl von Manuskripten erhalten hat. Dass lässt darauf schließen, dass es im 13. Jahrhundert, also in der Zeit der Entstehung dieser Texte, über den kalifalen Hof und den Hochadel hinaus, etliche Angehörige des ‚Bürgertums' gegeben haben muss, die sich finanziell in der Lage sahen, die kostbaren Produkte einer erstaunlich reifen Buchkunst zu bestellen und nicht zuletzt auch zu goutieren. Ähnliche Beispiele dieser Art von Buchmalerei finden sich auch in Ägypten unter der Herrschaft der Mamluken oder in Andalusien (vgl. Naef 2007, S. 43 ff).

Ganz spezielle Diskussionen hat die iranische Buchkunst und Miniaturmalerei unter europäischen Vertretern der islamischen Kunstgeschichte hervorgerufen. Sie hängen nicht zuletzt mit Debatten zusammen, die sich im späten 19. Jahrhundert in Frankreich entwickelten, als der französische Gelehrte Ernest Renan (1823–1892) die These aufstellte, dass der „semitische Geist" nicht zu schöpferischen Leistungen in der Lage sei. Daher gäbe es in der arabischen Welt auch keine qualitätvollen bildnerischen Darstellungen. Anders sei dies im Iran und in Indien, wo das Semitische sich nicht habe durchsetzen können.

Diese Ansicht war mehr oder weniger direkt auch noch in den 1930er Jahren zu finden. So sagt der Kunsthistoriker Georges Marcais:

> „Während man sich im (islamischen) Westen an die Ursprünge der Religion hält und die Vorschriften des Islams respektiert, setzt der Osten sich darüber hinweg. Das islamische Persien hat zwar keine Skulpturen von Lebewesen geschaffen, aber es hat sie sich gemalt. ... In dieser Hinsicht gleichen sie dem fernen Osten. Sie (die Perser) nähern sich damit auch uns an. Man weiß, wie großen Gefallen unsere Maler an persischen Miniaturen finden. Weil wir, wie man uns versichert, der Rasse nach verwandt sind, fühlen wir uns trotz der räumlichen Entfernung näher und glauben, ihr Denken vollständiger begreifen zu können, während Landstriche der islamischen Kunst, die uns der Entfernung nach näher sind, uns trotz allem fremd bleiben" (Marcais 1975, S. 79).

Die Miniaturen aus dem Iran sind allerdings nicht nur durch Vorbilder der klassischen Antike beeinflusst oder durch Formen der vorislamischen iranischen Kunst, sondern auch durch fernöstliche Anregungen. Im Übrigen finden sich im Iran wie im benachbarten Mesopotamien zunächst ‚wissenschaftliche' Illustrationen. Insofern stellt die Illustrierung von literarischen Texten wie dem *Schahnameh* von Ferdusi zu Beginn des 14. Jahrhunderts eine geradezu sensationelle Weiterentwicklung dar. Denn schon das Gedichtwerk selbst entspricht kaum den ethischen und ästhetischen Vorgaben der arabisch-islamischen Welt. Ihr galten Erzählungen und Märchen als unseriöse Literatur für Frauen und

Kinder. Auch der Bezug auf die Zeit vor dem Islam, wie sie sich auch im *Schahnameh* findet, ist aus einer strikten islamischen Perspektive kaum zu tolerieren.

Bemerkenswert ist in der persischen Miniaturmalerei auch die Entstehung von Illustrationen zu historiografischen Texten, von denen die Biographien des Propheten Muhammad besonders hervorzuheben sind. Denn hier wird der hoch verehrte Gründer des Islams abgebildet. Zwar halten sich die Künstler bei den ‚Porträts' des Propheten zurück, indem sie sein Gesicht durch die Darstellung eines Schleiers verhüllen oder ihn mit einer Gloriole umgeben, die seine Gestalt selbst kaum sichtbar sein lässt, doch wird er bildnerisch dargestellt.

Die persische und muslimisch-indische Malerei entwickelte sich in der Folgezeit weiter. Die künstlerische Produktion ist kaum noch zu überblicken und bleibt nicht auf Miniaturen beschränkt. Es finden sich auch Kacheln und andere Gegenstände des Alltagslebens, die durch bildnerische Darstellungen zu einmaligen Kunstobjekten werden.

Gegen Ende des 16. Jahrhunderts gewannen schließlich westliche Malerei und westliches Kunsthandwerk Einfluss auf die islamische Kunst vor allem im Iran und in Indien. So lädt der Moghulherrscher Schah Jehan (1592–1666) Steinschneider aus Florenz ein, um mit ihrer beeindruckenden Technik der *pietre dure* das Grabmonument Taj Mahal, zu schmücken. Der berühmte Miniaturenmaler Muhammad Zamân wurde von Schah Abbas II (1632–1666) um 1645 nach Rom entsandt, wo er sich mit der zeitgenössischen italienischen Malerei vertraut machte und fortan im Iran einen Mischstil aus iranischer Miniaturmalerei und italienischer Malerei des 17. Jahrhunderts prägte.

Von diesem Zeitraum an entstanden in den Zentren der politischen Macht wie an regionalen Fürstenhöfen Kunstwerke, bei denen man den europäischen Einfluss nachweisen kann. Hier ist vor allem die Zeit der Qajarendynastie (1779–1923) zu erwähnen, in der sich eine eigentümliche und unverkennbare Bildersprache entwickelt (vgl. Diba 2000). Diese Zeit ist künstlerisch auch gekennzeichnet durch die Übernahmen von Techniken wie Holzschnitt und Lithografie, die die Herstellung von multiplen bildnerischen Werken und Reproduktionen ermöglichte. Nun entstanden Illustrationen zu den verschiedensten Literaturgattungen, aber auch ganz Bildergeschichten mit Begleittexten. Dabei geht es um die illustrierte Wiedergabe von Berichten aus dem Leben der großen Gestalten der schiitischen Religionsgeschichte ebenso wie manche Volkserzählungen eher derben Inhalts. Derartige Illustrationen, wenn auch nicht in dem Umfang und dieser Qualität wie im Iran, finden sich in dieser Zeit auch in arabischen Veröffentlichungen. Die künstlerische Qualität findet bei all diesen Produktionen eine Grenze in der mehr oder weniger überzeugenden technischen Kompetenz der Lithografen und Holzschneider.

Die gestalterische Dynamik konzentrierte sich zunächst ausschließlich auf Bilder. Vor Plastiken bestand immer noch eine gewisse Scheu. Von wenigen Ausnahmen abgesehen waren es zunächst vor allem die Standbilder von Herrschern, die auf öffentlichen Plätzen in den Hauptstädten aufgestellt wurden und die das Eindringen von Plastiken in den öffentlichen Raum kennzeichnen. Auch Ausnahmen, z. B. in Damaskus auf dem Marja-Platz die Säule zur Einrichtung der Telegrafenlinie zwischen Istanbul und Damaskus und deren Weiterführung in den Hedschas oder in Kairo in Garden-City eine Sphinx-Darstellung von Ahmed Mukhtar aus dem Jahr 1928, die die Gemeinsamkeiten zwischen dem alten und dem modernen Ägypten symbolisieren soll, waren mehr oder weniger deutlich als politische Kundgebungen gemeint. Erst im letzten Drittel des 20. Jahrhunderts entwickelte sich in den islamischen Ländern, in denen sich die Vertreter säkularer politischer Ideologien politisch durchgesetzt hatten, eine lebhafte Entwicklung plastischen Schaffens. Zu nennen sind hier vor allem die türkische Republik, Ägypten, Iran und Irak durch das gesamte 20. Jahrhundert hindurch. Dabei handelt es sich um Werke, die auch lebende Wesen darstellen, also ihre Distanz zu islamischen Normen verdeutlichen (vgl. Kreiser 1997, S. 103–117).

Für einige Regierungen in islamischen Ländern bedeutete die Förderung von Formen westlicher Kunst einen Ausweis ihres Modernisierungswillens. Daher entstanden seit den 1920er Jahren in verschiedenen Hauptstädten staatliche Kunstakademien, an denen zunächst europäische Künstler als Lehrer tätig waren. Sie wurden nach einigen Jahren durch einheimische Lehrer ergänzt und ersetzt, die an europäischen Kunsthochschulen ihre Ausbildung erhalten hatten. Die Ausbildung an diesen Akademien war der an europäischen Einrichtungen vergleichbar. Auf die besonderen Traditionen der islamischen Kunst wurde zunächst keine Rücksicht genommen. Die Kunstentwicklung in Europa wurde dagegen genau beobachtet und mit einer gewissen Phasenverschiebung nachgeahmt. Ein Beispiel dafür ist die Kairoer Surrealistengruppe ‚Art et Liberté' zwischen 1938 und 1948.

Daneben wirkte sich auch die ideologische Ausrichtung der einzelnen Staaten auf die Kunstproduktion aus. So lassen sich in der Kunst von Ländern wie Ägypten, Algerien, Irak und Syrien seit den 1950er Jahren Anleihen an den sozialistischen Realismus feststellen, aber auch die grafischen Formen der Propagandakunst aus sozialistischen Staaten erkennen. Diese nahöstliche Kunst fand durchaus auch offizielle Anerkennung in den Staaten des ‚sozialistischen Lagers'. Abseits von dieser akademischen Kunstproduktion entstanden vor allem in den 1950er Jahren eigenwillige Bilder von Künstlern, die sich der akademischen Malerei verweigerten und eine eigene Form- und Bildersprache entwickelten. Diese Kunst wird mittlerweile auf dem nahöstlichen Kunstmarkt hoch gehandelt. Vor allem wohlhabende arabische Sammler suchen die entsprechenden Werke (vgl. Abaza 2006, S. 224 f).

Neben dieser mehr oder weniger westlich beeinflussten Kunst entwickelten sich aber auch eigene bildnerische Formen, die von der arabischen Kaligraphie und von den daraus entwickelten grafischen Formen wie der Arabeske ausgingen. Auch die westlichen Kunstformen der verschiedenen gegenstandslosen Malschulen haben diesen Prozess beeinflussen können. Da es zahlreiche Formen der arabischen Schrift gibt, fanden muslimische Künstler verschiedene Möglichkeiten, diese zu grafischen Sonderformen weiterzuentwickeln, und verfügen mittlerweile über ein umfangreiches Formenrepertoire. In einem weiteren Schritt haben sie dann auch Farben als Gestaltungsmöglichkeit in diese in diese modernen kaligrafischen Darstellungen eingefügt, die sowohl zu kühlen Abstraktionen gebildet werden als auch zu expressiven Exaltationen. Diese verschiedenen Kunstformen und Schulen stehen heute unbefangen nebeneinander. Zu den Künstlern, die mit den Möglichkeiten der arabischen Schrift arbeiten, gehören der irakische Kurde al-Zahhâwî, der verschiedene arabische Kursiv-Formen kontrastiert, die Jordanierin Wijdân, die lebhafte Farben und kaligrafische Elemente miteinander verbindet. Der aus Afghanistan stammende und in Deutschland lebende Maler und Kaligraph Aatifi nutzt in großflächigen Arbeiten Momente lebhafter, durchschimmernder Übermalungen der arabischen Schrift zu bewegten lebhaften Graphemformen. Natürlich sind alle diese Künstler tief vertraut mit der internationalen Kunstwelt. Am europäischen Fotorealismus orientiert sich die Palästinenserin Samia Taktak Zaru, während das gleiche Redza Piyadasa formal und technisch in Bezug auf Arbeiten von Andy Warhol tut. Einen abstrakten Expressionismus vertritt die Palästinenserin Nabila Hilmi. Der Iraker Mahmud Ahmad geht in seinem fantastischen sozialistischen Realismus auf die irakische Folklore ein.

Seit dem ‚Arabischen Frühling' ab 2010 und den Protesten um den Gezi-Park in Istanbul 2014 hat sich in vielen arabischen Großstädten eine politische Straßenkunst entwickelt, die sich vor allem in Graffiti, aber auch in kaligraphischen Formen äußert. Die politische Situation bringt es mit sich, dass diese Werke schnell vernichtet werden. Während ihrer kurzen Existenz erhalten sie jedoch durch die neuen Medien im Internet eine Verbreitung und Dauer, die ihre Ikonographie und ihre teilweise beeindruckende Qualität alle Zerstörungsversuche überdauern lässt (s. Gröndahl 2012).

Die Kunstszene in den islamischen Ländern hat vor allem seit den 1990er Jahren eine lebhafte Entwicklung genommen. Ursache dafür ist ein sich stark ausweitender Kunstmarkt mit einer breit gefächerten und finanzkräftigen Käuferschaft. In den großen Städten und Megalopolen des Nahen und Mittleren Ostens sind zahlreiche Kunstgalerien gegründet worden, die sich guter Umsätze erfreuen. Internationale Kunstaktionshäuser haben dort ihre Dependancen. Wohlhabende Sammler bemühen sich um den Aufbau von privaten Sammlungen, in deren Mittelpunkt die Werke zeitgenössischer Künstler der islamischen Welt stehen, Die Preise für deren Werke haben zum Teil beträchtlich angezogen, was wiederum junge Begabungen dazu veranlasst, sich auf die unsichere Existenz eines bildenden Künstlers einzulassen.

Fragen und Anregungen

- Wie unterscheiden sich Koran und Hadîth in ihrer Haltung zu bildlichen Darstellungen?
- Was ist die künstlerische Alternative im Islam zu bildlichen Darstellungen?
- Wie entwickelte sich die Miniaturmalerei in der islamischen Kunst?
- Nennen Sie Formen der islamischen Kunst in der Gegenwart?

Lektüreempfehlungen

Sheila Blair: Islamic Calligraphy. Edinburgh 2007. Umfangreiche Darstellung zu Geschichte und Formenreichtum der islamischen Kaligrafie.
Jürgen W. Frembgen (Hg,): Die Aura des Alif. Schriftkunst im Islam. München 2010. Sammelband, in dem die verschiedensten Aspekte der islamischen Kaligrafie von Korantexten bis zur Volkskunst behandelt werden.
Mia Gröndahl: Revolution Graffiti: Street Art of the New Egypt. Cairo 2012. Umfangreiche Dokumentation der Street Art während der Zeit des ‚Arabischen Frühlings' in Kairo.
Bernhard Heyberger und Silvia Naef (Hg.): La multiplication des images en pays de l'Islam. Würzburg 2003. Sammelband, in dem die Geschichte der verschiedenen Formen der Bilderproduktion im Nahen und Mittleren Osten von der Malerei bis zum Film zusammengestellt und erläutert wird.
Robert Hillenbrand (Hg.): Persian Painting from the Mongols to the Qajars. Cambridge 2000. Sammlung verschiedener Beiträge über die künstlerischen Techniken und inhaltlichen und formalen Entwicklungen der islamischen Kunst im Iran bis ins 19. Jahrhundert.
Abdelkebir Khatibi und Mohammed Sijilmasi: The Splendor of the Islamic Calligraphy. London 1976. Besonders aufwändige und inhaltsreiche Darstellung der Geschichte der islamischen Kaligrafie.
Ulrich Marzolph: Narrative Illustrations in Persian Lithographic Books. Leiden 2001. Kompletter Überblick über die persische lithografische Kunstproduktion des 19. und frühen 20. Jahrhunderts und Dokumentation des Übergangs von der für den persönlichen Gebrauch und unter hohen Kosten entstandenen Kunst der Miniatur hin zu der Massenproduktion von comic-ähnlichen Bildergeschichten.
Friederike Voigt: Qadscharische Bilderfliesen im ethnologischen Museum Berlin. Berlin 2002. Innovative Darstellung von Alltags- und Gebrauchskultur im Iran auf der Grenze zur Moderne.

9 Islam in Deutschland

Abbildung 11: Moschee in Wilmersdorf, Berlin, 2008.

Die Moschee in der Brienner Straße in Berlin Wilmersdorf ist die älteste noch existierende Moschee in Deutschland. Das erste muslimische Gotteshaus war während des Ersten Weltkriegs im sogenannten ‚Halbmondlager' in Wünsdorf bei Zossen, südlich von Berlin, errichtet worden. Der Holzbau verfiel aber zu Beginn der 1920er Jahre. Die Moschee in Wilmersdorf wurde zwischen 1924 und 1928 im Auftrag der Ahmadiyya-Gemeinde von dem Berliner Architekten K. A. Herrmann im Stil der Moghul-Architektur entworfen. Typisch sind die beiden getrennt vom eigentlichen Bau errichteten Minarette. Die Geschichte der Moschee und ihrer Gemeinde ist ein Dokument für die Geschichte des Islams im Deutschland der Zwischenkriegszeit, des Zweiten Weltkriegs und der Nachkriegszeit bis in die 1960er Jahr. Nach Kriegsschäden wurde die Moschee nach und nach wiederhergestellt. Sie ist heute wieder im Besitz der Ahmadiyya-Gemeinde, wird aber auch von Muslimen genutzt, die wegen ihrer Nationalität oder aus religiösen Gründen sich keiner der zahlreichen in Berlin vorhandenen Moscheegemeinden zurechnen wollen.

Im Folgenden wird die Geschichte des Islams in Deutschland skizziert. Sie beginnt bereits im Mittelalter, als durch Kreuzzüge aber auch durch den Handel Muslime nach Mitteleuropa kamen. Bis in die Gegenwart sind Integrationsbemühungen nur eingeschränkt erfolgt und erfolgreich gewesen.

Die Probleme und Möglichkeiten der Integration von Muslimen in die deutsche Gesellschaft werden in einem zweiten Teil aufgezeigt. Dabei spielt insbesondere die Akzeptanz muslimischer Gemeinschaften als Körperschaften öffentlichen Rechts eine Rolle. Schließlich wird die methodologische Frage thematisiert, auf welche Weise die politischen, religiösen oder gesellschaftlichen Vorstellungen der muslimischen Minderheit erforscht werden können.

9.1 Geschichte der Muslime in Deutschland

Muslime kamen als Kaufleute und Diplomaten schon im Früh-Mittelalter nach Deutschland. Auch mag es während der Kreuzzüge des Mittelalters einige wenige Musliminnen als Gefangene oder Nebenfrauen der Kreuzritter nach Deutschland verschlagen haben. Von beiden Gruppen blieben keine Spuren. Anders verhält es sich mit den ‚Beutetürken', die als Gefangene von deutschen Adeligen aus den ‚Türkenkriegen' des 17. Jahrhunderts mitgebracht wurden. Da viele von ihnen nach längerem oder kürzerem Aufenthalt getauft wurden, enthalten die entsprechenden Taufbücher Berichte über diese Personengruppe. Einige ihrer Nachkommen lassen sich bis in die Gegenwart verfolgen (vgl. Heller 1996, S. 159–167).

Vor allem aber in der materiellen Kultur in Deutschland hinterließ der Islam seine Spuren. Sichtbare Zeichen der islamischen Kultur finden sich vor allem in der Architektur. Schon mittelalterliche Sakral- und Profanbauten übernahmen verschiedene architektonische Formen aus dem maurischen Andalusien oder aus dem Gebiet des ‚fruchtbaren Halbmonds'. Verstärkt wurde das sichtbare Interesse am Islam durch die Faszination, die die Märchensammlung von *Tausendundeiner*

Nacht in Deutschland auslöste. Schlösser wie private Häuser wurden vom 17. bis in das 20. Jahrhundert immer wieder in einem orientalisierenden Stil gebaut. Innenräume wurden mit orientalischer Einrichtung möbliert. Orientteppiche wurden importiert; aber auch deutsche Teppichmanufakturen produzierten Bodenbeläge in orientalischem Design. Maler spezialisierten sich auf orientalische Sujets; Künstler verschiedener Schulen und Richtungen verlegten sich auf orientalische Themen (vgl. Lemaire 2000). Nicht in allen Fällen werden im Übrigen die orientalischen Vorbilder von jedem Betrachter erkannt. Die architektonischen Bezüge des Bundeskanzleramtes in Berlin zu einer Moschee in Isfahan sind wohl den wenigsten Betrachtern präsent (vgl. Lange 1996, S. 435–459).

All diese Phänomene können aber wohl nur als ein Vorspiel zur Präsenz des Islams in Deutschland betrachtet werden. Gleiches gilt auch für den ersten Ritualort des Islams in Deutschland, den ‚mohammedanischen Friedhof' am Columbiadamm in Berlin-Tempelhof. Der preußische König Friedrich Wilhelm III. hatte 1798 ein Grundstück als Begräbnisplatz für einen verstorbenen osmanischen Diplomaten erworben, der dann im Lauf der beiden folgenden Jahrhunderte zahlreichen muslimischen Toten verschiedener Nationalitäten eine letzte Ruhestätte bot. Für den Bau der zentralen Sehitlik-Moschee wurde dieser Friedhof dann seit 1994 vollständig umgestaltet (vgl. Höpp 2002, S. 9–14).

Eine erste von Muslimen als solche genutzte Moschee in Deutschland entstand während des Ersten Weltkriegs in Wünsdorf südlich von Berlin. Dort waren im sogenannten ‚Halbmondlager' muslimische Kriegsgefangene der französischen, britischen und russischen Armee konzentriert worden, um sie ihren religiösen Regeln entsprechend versorgen zu können und zu einem Übertritt in die Armee des osmanischen Kriegsverbündeten zu bewegen. Diese Moschee wurde bis in die 1920er-Jahre von Muslimen, die sich als Kaufleute, Diplomaten, Studenten oder Asylanten in Berlin aufhielten, genutzt (vgl. Höpp 1996, S. 185–210). Der Holzbau wurde 1930 aufgegeben, nachdem in den 1920er-Jahren in der Brienner Straße in Berlin eine größere, attraktive Moschee im indischen Stil errichtet worden war und die Muslime kein Interesse mehr an der außerhalb der Stadt liegenden Moschee hatten (vgl. Höpp 2002, S. 19–23).

Die Berliner muslimische Gemeinde zählte allerdings nur wenige hundert Mitglieder und litt zunächst unter einer hohen Fluktuation. Das veränderte sich nach der Machtübernahme durch die Nationalsozialisten 1933, weil nun vor allem aus der arabischen Welt Studenten und Exilanten nach Berlin kamen, die in Nazi-Deutschland einen Verbündeten gegen die britische und französische Kolonialherrschaft sahen. Nach dem Ausbruch des Zweiten Weltkriegs vergrößerte sich diese Zahl noch mehr und in Berlin wurde unter dem Vorsitz des Groß-Mufti von Jerusalem, Amin al-Husseini (1893–1974), ein Islamisches Institut gegründet.

Nach der deutschen Niederlage verließen viele muslimische Exilpolitiker Berlin und Deutschland (vgl. Höpp 1995, S. 19–46).

Bis zum Beginn der 1960er-Jahre war der Islam in Deutschland eine völlig marginale Größe. Die Situation änderte sich, als Arbeitsmigranten aus verschiedenen Anrainerländern des Mittelmeers in die Bundesrepublik Deutschland und nach West-Berlin kamen (vgl. Ghadban 2000, S. 12). Auch in der Deutschen Demokratischen Republik nahm die Zahl der Muslime zu, die zu Ausbildungszwecken aus befreundeten arabischen Staaten einreisten oder als Kommunisten in ihren Heimatländern verfolgt wurden und vor allem in Berlin Asyl fanden.

Kennzeichnend für die westdeutsche Gesellschaft war, dass die Mehrheitsbevölkerung die Anwesenheit von Muslimen zunächst gar nicht zur Kenntnis nahm. Obgleich bereits seit Jahrzehnten Muslime in der Bundesrepublik lebten, wurde vielen Deutschen erstmals in den Balkankriegen der 1990er-Jahre bewusst, dass mit den aus dem damaligen Jugoslawien stammenden bosnischen Muslimen eine große Gruppe von Anhängern des Islams nach Deutschland kam.

Dieser Vorgang ist symptomatisch. Die bosnischen Arbeitsmigranten wurden als Jugoslawen identifiziert und nicht als Muslime. Als wenige Jahre später das Arbeitsmarktpotenzial in Italien, Jugoslawien, Portugal und Spanien für den westdeutschen Arbeitsmarkt nicht mehr ausreichte, wurden auch Abkommen über die Entsendung von Arbeitskräften mit der Türkei geschlossen. Schon vor Inkrafttreten dieses Abkommens waren türkische Arbeitnehmer in die Bundesrepublik gekommen. Sie stammten vornehmlich aus der Westtürkei und vor allem aus Istanbul. Diese Gruppe von türkischen Migranten war mit den kulturellen und sozialen Verhältnissen in der Bundesrepublik leicht vertraut zu machen. Eine gewisse Fremdheit blieb aber und wurde verstärkt durch die nachfolgenden Gruppen von Arbeitsmigranten, die vor allem aus den östlichen ländlichen Gebieten der Türkei stammten. Diese Regionen sind durch landwirtschaftliche, traditionalistische Lebensformen geprägt.

Kennzeichnend für das Verhältnis beider Gruppen, wie das auch aller übrigen ‚Gastarbeiter' war, dass sie von einem zeitlich begrenzten Aufenthalt in Deutschland ausgingen. Daher sahen sie auch keinen Anlass, sich mit der deutschen Gesellschaft intensiv auseinanderzusetzen oder sich über nötigste Grundkenntnisse hinaus mit der deutschen Sprache vertraut zu machen. Auch die Mehrheitsgesellschaft ging davon aus, dass die Migranten in absehbarer Zeit wieder in ihre Heimat zurückkehren würden. Beide Seiten ignorierten sich daher gegenseitig.

Wie auch in anderen westeuropäischen Ländern organisierten sich die Migranten entlang der nationalen und ethnischen Grenzen. Das gilt auch für die religiösen Organisationsformen. Standen für Italiener oder Spanier in Deutschland Vertreter der katholischen Kirche für deren religiöse Bedürfnisse bereit, waren es für die aus Griechenland stammenden Zuwanderer Vertreter der evangelischen Kirchen. Für die Arbeitsmigranten aus dem ‚sozialistischen' Jugoslawien boten sich Mitarbeiter der Arbeiterwohlfahrt an. Für die immer zahlreicheren Migranten aus der Türkei und die wachsende Zahl von Muslimen aus dem Nahen Osten, aus Iran und Afghanistan, die vor allem seit den 1980er-Jahren nach Deutschland kamen, fand sich kein vergleichbarer Ansprechpartner. Einer der Gründe dafür war die Tatsache, dass die besondere Religionszugehörigkeit dieser Zuwanderer zunächst nicht zur Kenntnis genommen wurde. Stattdessen richtete sich das Augenmerk der Öffentlichkeit auf deren nationale Herkunft. Es kamen keine Muslime, sondern Türken, Palästinenser, Afghanen oder Iraner.

Kennzeichnend für diese Situation waren zum Ende der 1970er-Jahre die sogenannten ‚Türkenmeldungen' in deutschen Tageszeitungen. Dabei handelte es sich um Meldungen über Verkehrsunfälle oder Kriminaldelikte, in denen auf die türkische Nationalität der Beschuldigten besonders hingewiesen wurde, während vergleichbare Berichte über deutsche, französische oder niederländische Akteure keine entsprechenden Nationalitätshinweise enthielten. Die besonderen religiösen Bedürfnisse von Muslimen wurden in der Öffentlichkeit nur in Ausnahmefällen zur Kenntnis genommen, z. B. wenn der Erzbischof von Köln, Kardinal Frings, Muslimen den Kölner Dom zum Gebet am Ende des Fastenmonats Ramadan zur Verfügung stellte. Bei einer 1979 durchgeführten Befragung lehnten Unternehmer wie auch Vertreter von Gewerkschaften es ab, auf die rituellen Besonderheiten von Muslimen Rücksicht zu nehmen (vgl. Heine 1980).

Daher blieb es muslimischen Organisationen vorbehalten, ihren Glaubensbrüdern und -schwestern religiöse Angebote zu machen. In vielen Fällen handelte es sich um Organisationen, die in den Herkunftsländern den Regierungen gegenüber oppositionell eingestellt oder auch verboten waren. Dieser politische Hintergrund wurde aber weder von deutschen amtlichen Stellen, noch von den Behörden der Herkunftsländer zur Kenntnis genommen. Nur hin und wieder war die Existenz von Koranschulen ein Thema öffentlicher Debatten.

Die überwiegende Zahl der Muslime in Deutschland stammte zunächst aus dem früheren Jugoslawien und der Türkei. Durch die sich seit dem Beginn des 21. Jahrhunderts verstärkenden Wanderungsbewegungen, vor allem aber seit den militärischen Konflikten in Afghanistan, Irak und Syrien hat sich die nationale und ethnische Zusammensetzung der muslimischen Wohnbevölkerung in Deutschland verändert. Die Gesamtzahl der Muslime hat sich erhöht. Vor allem hat die Bedeutung arabischer Muslime für den Islam in Deutschland zugenommen. Die Konsequenzen für das muslimische Leben sind noch nicht abzusehen. Festgestellt werden kann, dass sich vor allem die Zahl der Moscheen und muslimischen kulturellen Einrichtungen erhöht hat. Dadurch erhält der Islam in

Deutschland eine vielfältigere und komplexere Struktur. Die sich daraus ergebenden Konsequenzen sind vorläufig noch nicht abzusehen.

9.2 Muslimische Organisationen

Die islamischen Organisationen nutzten die grundgesetzlich verbriefte Religionsfreiheit, um sich in Deutschland zu etablieren. Als übliche juristische Organisationsform wählten sie die des eingetragenen Vereins. Dabei handelte es sich in der Regel um lokale Einrichtungen. Die juristischen Vorgaben des deutschen Vereinsrechts hatten eine organisatorische Zersplitterung zur Folge. Diese Entwicklung wurde durch die im Islam ohnehin vorhandenen Tendenzen zu wenig ausgeprägten religiösen Hierarchien weiter verstärkt. Es entstand also eine Vielzahl von lokalen Moscheegemeinden, die in nur einigen Fällen in Dachorganisationen zusammengefasst waren, in der Mehrzahl der Fälle aber auf den lokalen und engeren regionalen Bereich beschränkt blieben. Die Gebetsstätten befanden sich häufig in aufgelassenen Garagen oder ehemaligen Fabrikgebäuden und waren für Außenstehende nicht als islamische Ritualorte zu erkennen.

Erst zu Beginn der 1980er-Jahre begann sich die türkische Religionsverwaltung für die Glaubenssituation ihrer Landsleute in Deutschland zu interessieren. Die beim Amt des türkischen Ministerpräsidenten angesiedelte Anstalt für Religion (Diyanet) etablierte eine Auslandsabteilung unter dem Namen Diyanet Isleri Türk-Islam Birligi (DITIB, Türkisch Islamische Union der Anstalt für Religion). Mit staatlicher Unterstützung der Türkei konnte DITIB eine Mehrzahl der bereits existierenden türkischen Moscheen übernehmen und weitere etablieren. Die türkische Zentrale in Ankara entsendet Imame an die angeschlossenen Moscheen, die mit der Seelsorge der Gemeindemitglieder betraut sind. Die Kontrolle über diese Imame liegt in der Hand von Religionsattachées bei der türkischen Botschaft und den türkischen Generalkonsulaten. Bis vor wenigen Jahren sah es DITIB als seine Hauptaufgabe an, die religiösen und emotionalen Beziehungen der türkischen Migranten zu ihrem Heimatland zu fördern. Diese Politik erwies sich nicht unbedingt als integrationsförderlich. In der Folge bemühte sich auch DITIB darum, seinen Mitgliedern die Integration in die deutsche Mehrheitsgesellschaft zu erleichtern und ein positives Verhältnis zur deutschen Öffentlichkeit und den politischen Einrichtungen des Landes herzustellen, ohne dabei die Beziehungen in ihre Heimat völlig abzubrechen. Seit dem Putschversuch von 2016 in der Türkei hat sich diese Haltung gegenüber der deutschen Öffentlichkeit allerdings wieder verändert. Deutsche Partner von DITIB beklagen nun das offenkundige Desinteresse der Organisation an der Zusammenarbeit mit deutschen Partnern.

Im Laufe der Jahre konstituierten sich drei islamische Dachverbände:
- Anstalt für Religion (DITIB)
- Zentralrat der Muslime in Deutschland
- Islamrat für die Bundesrepublik Deutschland.

Neben dem staatsnahen türkischen Verband DITIB ist vor allem der Zentralrat der Muslime in Deutschland zu nennen. Dieser Verband erhält die größte mediale Öffentlichkeit in Deutschland und wird ausgesprochen professionell geführt. Er ist übernational und verfügt über gute Beziehungen zu den großen internationalen muslimischen Organisationen wie der Islamischen Welt-Liga (*Râbitat al-âlam al-islâmî*). Bei dieser handelt es sich um eine internationale religiöse Organisation mit zahlreichen Unterabteilungen von einer Akademie für islamisches Recht bis zu einem Obersten Rat für Moscheen, deren Führung in Saudi-Arabien beheimatet ist. In jüngster Zeit ist die Islamische Welt-Liga wegen des Vorwurfs der Finanzierung von radikalen und salafitischen Gruppen in Deutschland in Kritik geraten.

Der dritte Dachverband schließlich ist zugleich der älteste. Der Islamrat für die Bundesrepublik Deutschland kann auf eine wechselvolle Geschichte zurückblicken. Er verstand sich zunächst in der Tradition der islamischen Organisationen Deutschlands der Zeit vor und während des Zweiten Weltkriegs. Bis in die 1960er-Jahre war er vor allem ein Zusammenschluss von deutschen Konvertiten zum Islam. Inzwischen wird er dominiert von der türkischen national-religiösen Milli Görus-Bewegung (vgl. Lemmen 1998; Feindt-Riggers 1997, Schiffauer 2010).

In diesen drei Dachverbänden, die in einer deutlichen Konkurrenz miteinander agierten, war und ist aber nur eine Minderheit der in Deutschland lebenden Muslime organisiert. Die Mehrzahl blieb den muslimischen Organisationen fern, auch wenn sie mehr oder weniger regelmäßig deren Moscheen besuchten. Durch den Zuzug von Kriegs- und Bürgerkriegsflüchtlingen der letzten Jahre hat sich die Bedeutung der Organisationen noch weiter verringert. Diese Situation war so lange nicht von Bedeutung, wie aus der Sicht der Muslime und der Mehrheitsgesellschaft keine Notwendigkeit zur Kommunikation und zum Austausch von Gedanken, Ideen und Meinungen gesehen wurde.

Diese Notwendigkeit ergab sich erst in der Mitte der 1990er-Jahre, als vielen in Deutschland lebenden und in ihrer Religion und deren Organisationen tätigen Muslimen bewusst wurde, dass sie sich auf Dauer in der neuen Heimat aufhalten würden. Erst von diesem Zeitpunkt an begannen die Vertreter der muslimischen Dachorganisationen darüber nachzudenken, wie sich der Islam in Deutschland darstellen sollte. Dabei war ein wesentliches Problem, dass die DITIB als einzige in Deutschland operierende staatsnahe Institution an einer Annäherung der von ihr vertretenen Muslime an die deutsche Mehrheitsgesellschaft nicht interessiert sein konnte. Ihr Interesse war vielmehr, die Beziehungen der türkischen Migranten in Deutschland zur Mehrheitsgesellschaft in der Weise zu beeinflussen, dass die Kontakte und nicht zuletzt die finanziellen Transfers in die Türkei nicht verringert würden.

Seit der Mitte der 1990er-Jahre unternahmen einige der Dachorganisationen ernsthafte Versuche, für sich als Institutionen rechtliche Positionen zu erhalten, die mit denen der christlichen Kirchen verglichen werden könnten. Konkret geht es um die Einrichtung von islamischen Friedhöfen oder Gräberfeldern, um den Bau von Moscheen und um die Frage des islamischen Religionsunterrichts. Diese drei Themenkomplexe lassen sich unterschiedlich leicht lösen.

Islamische Gräberfelder sind auf den Friedhöfen verschiedener großer Städte eingerichtet worden. Auch die Voraussetzungen für die rituellen Waschungen der Toten wurden geschaffen. Im Zusammenhang mit dem islamischen Religionsunterricht wurden in verschiedenen Bundesländern Unterrichtsversuche unternommen. Als eine grundlegende Voraussetzung für diesen Unterricht wurden inzwischen auch Professuren für islamische Religionspädagogik an deutschen Universitäten eingerichtet (vgl. Mohr 2006, s. auch Kap. 1). Konflikte ergeben sich immer wieder um die Standorte beim Neubau von Moscheen und islamischen Zentren.

Die wichtigste Forderung der islamischen Verbände ist allerdings die Anerkennung eines oder mehrerer der Dachverbände als Körperschaft öffentlichen Rechts. Um diesen Status als Religionsgemeinschaft zu erhalten, müssen vor allem drei Voraussetzungen erfüllt werden.

- Eine Religionsgemeinschaft, über deren Existenz in Bezug auf den Islam allgemein keine Differenzen bestehen, muss eine deutlich wahrnehmbare Größe haben. Da die Zahl der Muslime in Deutschland bei ca. vier Millionen liegt, womit sie die zweitgrößte Religionsgemeinschaft ist, erfüllt der Islam diese Voraussetzung ohne Schwierigkeiten.
- Als zweites muss eine Religionsgemeinschaft eine deutliche Präsenz in Deutschland sicherstellen können. Zumindest seit dem Beginn der 1990er-Jahre gehen alle beteiligten Seiten davon aus, dass man eine langfristige Existenz des Islams in Deutschland unter normalen Umständen erwarten kann.
- Schließlich erwartet der Staat in Deutschland, dass er in allen Angelegenheiten, bei denen er mit einer Religionsgemeinschaft verhandeln muss, auf einen verhandlungsbevollmächtigten Gesprächspartner trifft. Hier ergaben sich in Bezug auf den Islam erhebliche Schwierigkeiten. Die anderen Dachverbände, aber auch einzelne Muslime, sprachen den Dachverbänden, die einen Antrag auf Anerkennung als Körperschaft des öffentlichen Rechts stellten, die Kompetenz ab, für die in Deutschland lebenden Muslime in ihrer

Gesamtheit zu sprechen. In dieser Konfliktsituation mussten die deutschen Institutionen die Anträge auf Anerkennung als Körperschaft des öffentlichen Rechts ablehnen.
- Neuerdings wird auch gefordert, dass die Religionsgemeinschaft in keiner Abhängigkeit von den nationalen Institutionen der Herkunftsstaaten der muslimischen Zuwanderer steht.

Inzwischen haben sich allerdings einige Veränderungen in den Einschätzungen auf der deutschen Seite ergeben. In einigen für die Anerkennung zuständigen Bundesländern wurde einzelnen muslimischen Gemeinschaften der entsprechende Status zuerkannt. Andererseits ist angesichts der politischen Situation in der Türkei nach dem Putsch von 2016 und der Abhängigkeit von DITIB von den dortigen entsprechenden politischen Institutionen mit einer derartigen Anerkennung für die größte Vertretung muslimischer Gläubiger nicht zu rechnen, Für den Fall, dass ein gemeinsamer muslimischer Verband als Körperschaft öffentlichen Rechts anerkannt wird, ist mit einer Anzahl von Konflikten mit anderen Religionsgemeinschaften in Deutschland zu rechnen. Muslimische Organisationen werden dann eine Gleichstellung in verschiedenen Bereichen mit den christlichen Kirchen einfordern.

Dies gilt zunächst im seelsorgerischen Bereich. Imame werden als Seelsorger ebenso in Gefängnissen wie in Krankenhäusern arbeiten. Wie schon in der historischen deutschen Wehrmacht werden auch in der Bundeswehr ‚Militärimame' ihren Dienst tun. Es darf auch davon ausgegangen werden, dass islamische Gemeinden Kindergärten, Schulen und andere Bildungseinrichtungen betreiben werden. Dafür werden sie staatliche Zuschüsse verlangen. Wo die öffentliche Finanzierung den Anforderungen der zahlreichen religiösen Gemeinschaften nicht entsprechen kann, wird es zu Verteilungskämpfen kommen, die sich in einigen Bereichen schon ankündigen. Weniger konfliktträchtig, weil finanziell mit geringeren Belastungen verbunden, werden Forderungen der islamischen Organisationen nach einem Mitspracherecht in öffentlichen Einrichtungen wie Rundfunk- und Fernsehräten sein. All diese Themen sind letztlich nicht grundsätzlich problematisch, weil sie durch verwaltungstechnische Aktivitäten gelöst werden können.

Schwieriger wird die Situation, wenn sich aus der Anerkennung als Körperschaft öffentlichen Rechts Konsequenzen für alle in Deutschland lebenden Muslime selbst ergeben. Ein größerer Teil von ihnen könnte sich mit einem organisatorisch strukturierten Islam, der zudem das Pflichtalmosen (arabisch *zakât*) durch die Finanzverwaltung einziehen lässt, wie das bei der Kirchensteuer der Fall ist, nicht einverstanden erklären. Dann ist mit lebhaften innerislamischen Konflikten zu rechnen. Dies ist einer der Gründe, warum es einige bekannte deutsche Muslime gibt, die den Bemühungen um die Anerkennung als Körperschaft öffentlichen Rechts für einen muslimischen Verband kritisch gegenüberstehen. Sie sind der Meinung, dass auf diese Weise der Islam seines genuinen Charakters beraubt werde.

Im Gegensatz zu Belgien oder Frankreich stellt sich in Deutschland die Reaktion der mit den muslimischen Forderungen befassten staatlichen Institutionen uneinheitlich dar. Religionsfragen sind vor allem Sache der Kulturverwaltungen, die wegen der Kulturhoheit der Bundesländer von Land zu Land unterschiedlich ausfallen können. Die wachsende Islamophobie in den westeuropäischen Gesellschaften führt oft zu islamkritischen Reaktionen in den Mehrheitsgesellschaften, die durch Unkenntnis und Fremdenfeindlichkeit motiviert sind. Dies provoziert wiederum negative Reaktionen auf der Seite der muslimischen Migranten. In der deutschen Öffentlichkeit bestehen Befürchtungen, dass von radikalen Muslimen Gefahren für die innere Sicherheit ausgehen. Diese Befürchtungen wurden durch die Ergebnisse von großen demoskopischen Untersuchungen unter der muslimischen Bevölkerung seit der Mitte der 1990er-Jahre verstärkt (vgl. Heitmeyer 1997; Brettfeld/Wetzels 2007). Danach sei eine große Zahl von muslimischen Jugendlichen gewaltbereit, demokratiefeindlich und islamistisch-radikal. Eine jüngere Untersuchung der Bertelsmann Stiftung kommt zu weniger dramatischen Ergebnissen (Bertelsmann Stiftung 2008). Die immer wieder aufflackernden Unruhen in den Vorstädten der großen französischen Städte werden von deutschen Politikern und Sicherheitsexperten als Menetekel angesehen.

Daher hat sich das Bundesministerium des Inneren unter sicherheitspolitischen Aspekten des Dialogs mit den zahlreichen Vertretungen von Muslimen angenommen. Im Jahr 2007 wurde die Islamkonferenz einberufen. Durch diese hochrangig besetzte Institution wurden die verschiedenen islamischen Organisationen gezwungen, sich untereinander abzusprechen. Die teilnehmenden muslimischen Organisationen bestehen aus Vertretern einer heftigen Kritik an den religiösen Verhältnissen in der islamischen Welt, z. B. an der Frauenfrage (> Kapitel 10), aber auch aus der Führung der Milli Görüs-Bewegung, die bisher regelmäßig in den Jahresberichten des Bundesamtes und der Landesämter für Verfassungsschutz genannt wurde und damit öffentlich des Verdachts der Ablehnung der deutschen Verfassung ausgesetzt sind (vgl. Schiffauer 2002). Daneben wurden auch prominente muslimische Künstler zur Islamkonferenz eingeladen. Durch ihre Anwesenheit sollte deutlich gemacht werden, dass sich Teile der muslimischen Eliten in Deutschland, die von der Mehrheitsgesellschaft wahrgenommen und akzeptiert werden, in die staatlich initiierten Integrationsbemühungen einzubinden bereit sind.

Über die Zusammensetzung der Konferenz auf muslimischer Seite gab es heftige Auseinandersetzungen, die auch öffentlich ausgetragen wurden. So forderte der deutsch-türkische Schriftsteller Feridun Zaimoglu, dass auch eine „unabhängige, gläubige Kopftuchträgerin" einen Platz in der Konferenz haben müsse. Darauf antwortete die Islamkritikerin Necla Kelek, die Kopftuchträgerinnen würden doch von den konservativen Männern in der Runde bestens vertreten (vgl. Kelek 2007). Ähnliche Auseinandersetzungen werden auch in Zukunft nicht ausbleiben. Eines der ersten Ergebnisse der Konferenz ist es, dass sich die Dachverbände gezwungen sahen, sich aufeinander zu zubewegen. Die großen Verbände gründeten daher 2007 den ‚Koordinierungsrat der Muslime'. Mitglieder waren der Zentralrat der Muslime, DITIB, der Islamrat und der kleine ‚Verband der islamischen Kulturzentren (VIKZ). Die Position des Sprechers des Koordinierungsrates wechselt in einem jährlichen Rhythmus. Je nach Engagement, Temperament und Kompetenz der jeweiligen Sprecher ist der Koordinierungsrat unterschiedlich deutlich in der deutschen Öffentlichkeit präsent. Nach den intensiven Bemühungen des Bundesministeriums des Inneren unter Minister Wolfgang Schäuble ging das Engagement des Ministeriums unter seinen Nachfolgern mehr und mehr zurück. Seit 2015 hat die Islamkonferenz ihre Tätigkeit mehr oder weniger eingestellt.

9.3 Qualitative und quantitative Untersuchungen zum Islam in Deutschland

Betrachtet man die seit den 1990er-Jahren in Deutschland und im westlichen Ausland erschienenen Untersuchungen zum Islam in der Diaspora und speziell in Deutschland, so sind zunächst einige grundlegende Feststellungen zu treffen. Eine erste ist, dass sie in den wenigsten Fällen von Vertretern der akademischen Islamwissenschaft initiiert oder durchgeführt worden sind. Es handelt sich vielmehr um Vertreter der Fächer Erziehungs- und Sozialwissenschaften. Inzwischen haben sich auch Kulturwissenschaftler dieser Thematik zugewandt. Hier haben die Islamwissenschaften ein Forschungsfeld konkurrierenden geisteswissenschaftlichen Disziplinen ‚kampflos' überlassen. Die Besetzung einer entsprechenden Professur in Göttingen im Jahr 2016 stellt eine Ausnahme von der Regel dar. Gleiches gilt für das im gleichen Jahr gegründete Center für Euro-Oriental Studies der Universität Erlangen-Nürnberg.

Die Mehrzahl der empirischen Untersuchungen, die inzwischen vorliegen, sind mit Methoden der qualitativen Datenerhebung durchgeführt worden. Diese Methode, die enge Beziehungen zur ‚dichten Beschreibung' der Ethnologie haben, gibt einen differenzierten Einblick in den mikrokulturellen Bereich einer bestimmten gesellschaftlichen Gruppe. Die Daten beruhen auf ausführlichen, mehr oder weniger strukturierten Interviews, die auf verschiedene Weise ausgewertet werden können. Durch häufig verwendete Zitate aus diesen Interviews entsteht ein lebendiger und realistischer Eindruck (vgl. Klinkhammer 2000). Das Problem der Methode liegt in der Tatsache, dass solche intensiven Erhebungen und Auswertungen nur mit einer geringeren Anzahl von Informanten durchgeführt werden können. Wenn die Auswahl dieser Informanten auch noch zufällig erfolgt und – wie es nicht selten geschieht – die Gesprächspartner der Forscher aus einem engeren Umfeld stammen und sich untereinander kennen, liegen die Gefahren der Fehlinterpretation auf der Hand. Je kleiner die Informantengruppe ist, umso größer ist das Risiko, individuelle Vorstellungen, Haltungen und Einschätzungen für allgemeinverbindlich zu halten. Eine unkritische Interpretation kann ein völlig unrealistisches Bild der sozialen oder religiösen Wirklichkeit der entsprechenden Gruppe in ihrer Gesamtheit entstehen lassen. Festzustellen ist auch, dass die Öffentlichkeit auf die Ergebnisse von qualitativen Untersuchungen im Kontext der muslimischen Bevölkerung in Deutschland nur selten reagiert. Dies mag an der geringen Verbreitung derartiger Studien liegen.

Quantitative Untersuchungen, bei denen eine Vielzahl von Personen befragt wird, werden dagegen mit standardisierten Interviews durchgeführt. Es handelt sich hier um eine sozialwissenschaftlich abgesicherte Methode, die lang erprobt und weithin akzeptiert ist. Im Bereich interkultureller Untersuchungen ergeben sich jedoch Risiken. Diese liegen zunächst einmal im sprachlichen Bereich. Bei Untersuchungen mit jungen Muslimen in den 1990er-Jahren mussten Dolmetscher eingesetzt werden. Durch den Übersetzungsvorgang mögen sich Interpretationsrisiken ergeben haben. Ein weiteres Problem tritt mit dem häufig schwierigen Zugang zu der zu erforschenden gesellschaftlichen Gruppe auf. Da sich die muslimische Bevölkerung zu einem beträchtlicheren Teil in großen Städten und hier wiederum in Stadtteilen mit vielfältigen sozialen Brennpunkten finden lassen, entsteht bei den Untersuchungen die Gefahr, dass die Antworten als kultur- oder religionsspezifisch interpretiert werden, während sie unter Umständen unter einem sozialen Gesichtspunkt betrachtet zu anderen Ergebnissen führen können. Überzeugende Methoden empirischer Untersuchungen im interkulturellen Kontext lassen noch immer auf sich warten.

Fragen und Anregungen

- Welche Ursachen führten in den 1960er-Jahren zu einem Zuzug von muslimischen Migranten nach Deutschland?
- Welche Organisationsformen lassen sich bei den Muslimen in Deutschland feststellen?
- Nennen Sie die wichtigen Dachverbände des Islams in Deutschland.

- Welche Schwierigkeiten ergeben sich bei der Frage um die Anerkennung islamischer Organisationen als Körperschaft des öffentlichen Rechts?
- Beschreiben Sie die Risiken und Vorzüge der qualitativen und quantitativen Datenerhebung unter Muslimen in Deutschland.

Lektüreempfehlungen

Muhammad S. Abdullah: Geschichte des Islams in Deutschland, Graz 1981. *Erste Darstellung des Islams in Deutschland, die einen teilweise feuilletonistischen Charakter hat. Ihre Aussagen halten nicht in allen Fällen der wissenschaftlichen Überprüfung stand, bleiben aber vor allem für das 18. und 19. Jahrhundert interessant.*

Nilüfer Göle: Europäischer Islam. Muslime im Alltag, Berlin 2016. *Vergleichende Untersuchung zur muslimischen Diaspora in verschiedenen europäischen Staaten auf der Basis von umfangreichen empirischen Studien.*

Yasemin Karakasoglu-Aydin: Muslimische Religiosität und Erziehungsvorstellungen. Eine empirische Untersuchung zu Orientierungen bei türkischen Lehramts- und Pädagogikstudentinnen in Deutschland, Frankfurt a. M. 2000. *Beispiel für eine gelungene empirische Arbeit, in der mit qualitativen Methoden gearbeitet worden ist.*

Martin Rohe: Der Islam. Alltagskonflikte und Lösungen. Rechtliche Perspektiven, Freiburg 2001. *Ebenso aufschlussreiche wie nützliche Darstellung zur interkulturellen und interreligiösen Praxis in Deutschland.*

Riem Spielhaus: Wer ist hier Muslim? Die Entwicklung eines islamischen Bewusstseins in Deutschland zwischen Selbstidentifikation und Fremdzuschreibung, Würzburg 2011. *Einflussreiche Darstellung der Identitätsprobleme der Muslime in Deutschland.*

Ursula Spuler-Stegemann: Muslime in Deutschland, Freiburg 2002. *Faktenreiche Beschreibung des gelebten Islams in Deutschland.*

10 Die Stellung der Frau im Islam

Abbildung 12: Frau auf dem Markt im Süden Jemens, 1988.

In der Mehrzahl der ländlichen islamischen Gesellschaften sind Frauen ein wichtiger Teil der Gesellschaft als Mütter und mitarbeitende Familienmitglieder, die häufig den größeren Teil der schweren Feldarbeit zu bewältigen haben. In der Regel tragen sie zwar Kopftücher, bleiben aber ansonsten unverschleiert, nicht zuletzt aus praktischen Gründen. Unverschleiert blieben bis in die 1960er Jahre auch Sklavinnen in den Ländern der Arabischen Halbinsel. Bei ihrer Freilassung übernahmen sie häufig die Praxis der Verschleierung und Zeichen ihres neuen Status. Frauen der dörflichen Oberschicht wie die von Lehrern und religiösen oder politischen Würdenträgern sind im Unterschied zur sonstigen dörflichen Bevölkerung häufig verschleiert. Im Jemen tragen sie nicht selten sogar zwei Schleier vor dem Gesicht. Umso erstaunlicher ist es, dass auf der hier gezeigten Abbildung aus dem Jahr 1988 eine Frau auf einem Markt im Süden das damaligen Nordjemens zu sehen ist, die keinen Schleier trägt und stattdessen einen üblichen geflochtenen Hut. Es ist davon auszugehen, dass sie zu einer gesellschaftlich marginalisierten Gruppe gehört, also wandernden Musikern oder Akrobaten, bei denen der Übergang zur Prostitution fließend ist. Besonderes Aufsehen erregte die Frau aber nicht.

Die Thematik der Frau im Islam ist so umstritten wie komplex. Warum das so ist, müsste in einem anderen Zusammenhang behandelt werden. Im Folgenden wird versucht, vor allem die rechtliche Position von Frauen im Islam darzustellen. Dabei muss bedacht werden, dass die rechtliche Stellung und die Durchsetzung dieser Positionen voneinander getrennt betrachtet werden müssen. Auch in den westlichen Debatten kommt es darauf an, im Blick zu behalten, dass man die juristischen Möglichkeiten einer Muslimin kennen muss, um ihr bei deren Durchsetzung helfen zu können.

10.1 Das Frauenbild im Koran

In den Debatten um die gesellschaftliche Stellung der Frau nehmen männliche Muslime häufig Bezug auf die vorislamische Zeit, in der die Situation von Frauen nach den muslimischen Quellen durch eine nahezu völlige Rechtlosigkeit gekennzeichnet war. Ob diese Beschreibung den historischen Tatsachen entspricht, kann ohne weitere Untersuchungen nicht abschließend beantwortet werden. Der These der Rechtlosigkeit widerspricht zumindest, dass die erste Frau des Propheten Muhammad, Khadîja eine selbstständige und offenbar sehr erfolgreiche, selbstbewusste und dynamische Kauffrau war. Auch andere Berichte bestätigen diese Beschreibung.

Der Koran trifft einige Feststellungen, die die Situation von Musliminnen bis heute mitbestimmen. So wird zunächst deutlich, dass sich die Botschaft des Islams an Männer und Frauen in gleicher Weise richtet.

> „Für muslimische Männer und Frauen, die gläubig, ergeben, wahrhaftig, geduldig, demütig sind, die Almosen geben, fasten, ihre Scham bewahren und Gottes viel gedenken – für sie hat Gott Vergebung und einen großartigen Lohn bereit. Ein Gläubiger oder eine Gläubige darf, wenn Gott und sein Gesandter in einer Angelegenheit entschieden haben, nicht die Möglichkeit haben, in ihrer Angelegenheit frei zu wählen. Und wer Gott und seinem Gesandten ungehorsam ist, befindet sich in einem offenkundigen Irrtum." (Sure 33, 35f.)

Im Koran erscheint die Frau im Gegensatz zum Alten Testament nicht als Verführerin des Mannes und damit als Verursacherin der Vertreibung aus dem Paradies. Wohl stellt der Koran eine Hierarchie zwischen den Geschlechtern her:

> „Die Männer haben die Vollmacht und die Verantwortung gegenüber den Frauen, weil Gott die einen vor den anderen bevorzugt hat, und weil sie [die Frauen] von ihrem Vermögen für sie ausgeben." (Sure 4, 34)

Dann heißt es weiter:

> „Und die rechtschaffenen Frauen sind demütig ergeben und bewahren das, was geheim gehalten werden soll, da Gott es bewahrt. Ermahnt diejenigen, von denen ihr Widerspenstigkeit befürchtet, und entfernt euch von ihnen in den Schlafgemächern und schlagt sie. Wenn sie euch gehorchen, dann wendet nichts Weiteres gegen sie an. Gott ist erhaben und groß. Und wenn ihr ein Zerwürfnis zwischen beiden [Ehepartnern] befürchtet, dann bestellt einen Schiedsrichter aus seiner Familie und einen Schiedsrichter aus ihrer Familie. Wenn sie sich aussöhnen wollen, wird Gott ihnen Eintracht schenken. Gott weiß Bescheid und hat Kenntnis von allem." (Sure 4, 34f.)

In diesem Zusammenhang sei auch darauf hingewiesen, dass nach dem Koran manche gesellschaftlichen oder religiösen Aufgaben für Frauen nicht angemessen sind. So wird im Koran festgehalten, dass Frauen nicht mit einer heiligen Schrift zu den Menschen gekommen sind. Nach den Feststellungen der Hadîth-Sammlungen der Prophetenaussagen sind manche Aufgaben im Rahmen der religiösen Rituale den Frauen nicht gestattet. Dazu gehört vor allem die Möglichkeit, als Vorbeterin tätig zu sein. Dies ist Frauen nur dann gestattet, wenn die hinter einer Vorbeterin versammelten Beter ausschließlich Frauen sind.

10.2 Das islamische Eherecht

Der Koran legt in seinen Vorschriften für den gesellschaftlichen Bereich eine Reihe von Heiratsregeln fest:

> „Und heiratet nicht solche Frauen, die [vorher] eure Väter geheiratet haben, abgesehen von dem, was bereits geschehen ist. Das ist etwas Schändliches und Abscheuliches und ein übler Weg. Verboten ist euch zu heiraten eure Mütter, eure Töchter, eure Schwestern, eure Tanten väterlicherseits, eure Tanten mütterlicherseits, die Töchter des Bruders und die Töchter der Schwester, eure Mütter, die euch gestillt haben, und eure Milchschwestern, die Mütter eurer Frauen, eure Stieftöchter, die sich in eurer Obhut befinden, und von euren Frauen stammen, zu denen ihr eingegangen seid – wenn ihr zu ihnen noch nicht eingegangen seid, ist es für euch kein Vergehen –, und die Ehefrauen eurer Söhne, die aus euren Lenden stammen. Verboten ist euch auch, dass ihr zwei Schwestern zur Frau zusammen habt, abgesehen von dem, was bereits geschehen ist [...]." (Sure 4, 22ff.)

Zu den verbotenen Heiratsbeziehungen gehört nicht die mit der Cousine väterlicherseits (Parallelcousine) oder mütterlicherseits (Kreuzcousine). Vor allem die Ehe mit der Tochter des Vaterbruders gilt geradezu als die vorzüglichste Form der Heiratsverbindung. Derartige Parallelcousinenheiraten kennen jedoch auch Angehörige anderer nahöstlicher Religionen. Diese Heiratspräferenz hat vor allem Ethnologen fasziniert, die über deren Ursachen kontrovers debattiert haben. Der prozentuale Anteil dieser Eheform an der Gesamtzahl der geschlossenen Ehen wird auf 2–20 % geschätzt je nach den gesellschaftlichen und wirtschaftlichen Bedingungen.

Begründet wird die Cousinenheirat u. a. mit der sozialen und ökonomischen Stärkung der eigenen Großfamilie, der Möglichkeit der Eltern der Braut, sich um ihre Tochter auch weiter kümmern zu können, ja sogar mit Argumenten der Familienplanung. Die sexuelle Anziehungskraft zwischen Cousin und Cousine, die sich schon länger kennen, sei weniger stark ausgeprägt als bei Verbindungen zwischen Partnern, die sich weniger gut kennen (vgl. McCabe 1983, S. 50–69). Diese Heiratspräferenz kann allerdings zu Schwierigkeiten führen, wenn die Eltern mit einem Cousin, der Ansprüche auf ihre Töchter geltend macht, nicht einverstanden sind, weil sie für ihr Kind eine ‚bessere Partie' im Auge haben, oder wenn das Mädchen ihrerseits den Cousin als Ehepartner ablehnt. Häufig wird eine Ablehnung dann damit begründet, dass es sich bei Cousin und Cousine um Milchgeschwister handele, die einander nicht heiraten dürften.

Kontrovers diskutiert wird auch die Frage der Polygynie im Islam. Der Koran sagt in dieser Frage:

> „Und wenn ihr fürchtet, gegenüber den Waisen nicht gerecht zu sein, dann heiratet, was euch an Frauen beliebt, zwei, drei oder vier. Wenn ihr aber fürchtet, sie nicht gleich zu behandeln, dann nur eine, oder was eure Hand [an Sklavinnen] besitzt. Das bewirkt es eher, dass ihr euch vor Ungerechtigkeit bewahrt." (Sure 4, 3)

Einige Verse später ergänzt der Koran: „Und ihr werdet es nicht schaffen, die Frauen gleich zu behandeln, ihr mögt euch noch so sehr bemühen [...]." (Sure 4, 129) Diese beiden Verse haben in der islamischen Rechtsprechung zu unterschiedlichen Auslegungen geführt. Einerseits wird die Mehrehe als durch den Koran sanktioniert betrachtet, andererseits stellen Gelehrte auch fest, dass es keinem Mann gelingen könne, mehrere Ehefrauen materiell, emotional und sexuell gleich zu behandeln. Das habe ja der Koran ausdrücklich festgestellt. Nach dieser Einschätzung schreibt er damit die Einehe zwingend vor.

Die Ehe selbst beruht auf einem Vertrag, der zwischen den Familien der Brautleute geschlossen wird. In ihm wird die Braut durch einen Stellvertreter repräsentiert. Für die Eintragung des Vertrags in die entsprechende Urkundenrolle bei einem islamischen Gericht sind neben dem Bräutigam und dem Vertreter der Braut zwei Zeugen erforderlich. In dem entsprechenden Ehevertrag, dem unter Umständen ausführliche Verhandlungen vorausgehen, können die verschiedensten Verabredungen getroffen werden. Im Zentrum steht das Brautgeld (arabisch *mahr*), das von der Familie des Bräutigams der Braut überreicht werden muss. In der Regel wird dieses Brautgeld in drei Teile aufgeteilt. Ein erster Teil wird für die Finanzierung der häufig sehr kostenintensiven Hochzeitsfeierlichkeiten verwendet. Ein zweiter Teil wird in die Ausstattung des Haushalts der Neuvermählten investiert. Der dritte Teil schließlich dient dazu, den Unterhalt der Ehefrau zu sichern für den Fall, dass die Ehe scheitert. Traditionell wird diese Summe den Eltern der Braut übergeben.

In dem Ehevertrag können aber auch noch andere Regelungen getroffen werden. Gegenstand dieser Verabredungen kann die Frage des Aufenthaltsortes der Braut sein, nämlich dass sie in einer festgelegten Entfernung von dem Wohnsitz ihrer Eltern leben kann. Ein anderes Thema des Heiratsvertrags kann die Anzahl der ihr zur Verfügung stehenden Dienerinnen sein oder die Feststellung, dass die Verheiratung des Ehemannes mit einer weiteren Frau nicht ohne ihre Zustimmung erfolgen kann. Das Einverständnis der Braut zu dem Ehevertrag muss auf jeden Fall eingeholt werden. Falls sie bei dem Vertragsabschluss schweigt, wird dies als Zustimmung aufgefasst.

Grundsätzlich ist die Ehe nach islamischem Recht auf Dauer angelegt. Doch im Unterschied zu den Sunniten kennen die Schiiten die Praxis einer Ehe auf Zeit (arabisch *Muta'a*). Sie weisen dafür auf folgenden Koranvers hin:

> „[...] Erlaubt ist euch, was jenseits dieser Gruppe liegt, dass ihr mit eurem Vermögen Frauen sucht in der Absicht, sie unter Schutz zu stellen und nicht Unzucht zu treiben. Denen unter ihnen, die ihr genossen habt, sollt ihr – das ist eine Rechtspflicht – ihren Lohn geben. Es besteht für euch kein Vergehen, wenn ihr, nachdem die Rechtspflicht festgesetzt ist, etwas darüber hinaus im gegenseitigen Einvernehmen vereinbart. Gott weiß Bescheid und ist weise." (Sure 4, 24)

Die Vertragsdauer einer solchen zeitlich begrenzten Ehe kann von wenigen Stunden bis zu 99 Jahren reichen. Auch in den Fällen der Zeitehe wird ein Ehevertrag geschlossen, in dem ebenfalls ein Brautgeld genannt wird, das nach der automatischen Auflösung der Ehe nicht zurückgezahlt wird. Hintergrund dieser Eheform ist die Auffassung, dass sexuelle Aktivitäten außerhalb der Ehe als Unzucht angesehen werden müssen. Unzucht aber wird vom islamischen Recht nicht nur mit schweren Strafen bedroht, sondern wird auch als eine Sünde betrachtet, die den Zorn Gottes hervorruft.

Vom Gewohnheitsrecht ausgehend findet sich noch eine weitere Form der Ehe, die als 'Urf-Ehe bezeichnet wird. Dabei handelt es sich um eine Ehe, die nicht durch die üblichen Regeln des islamischen Eherechts sanktioniert wird, sondern durch einen Ehevertrag, der von den Ehepartnern vor einem Notar geschlossen wird. Man könnte ihn als eine Form der Zivilehe bezeichnen. Er wird von Partnern geschlossen, die aus verschiedenen Gründen gegen den Wunsch der beteiligten Familien heiraten wollen. Durch ihn wird der Geschlechtsverkehr legitimiert. Allerdings gibt es unterschiedliche Auffassungen der islamischen Rechtsgelehrsamkeit über die Frage, ob diese Form der Ehe als *halâl* betrachtet werden kann oder nicht (El-Feki: 2013: 173–177).

10.3 Das islamische Scheidungsrecht

Das islamische Recht kennt auch die Einrichtung der Scheidung. Die Ehe muss aufgelöst werden, wenn sich Spannungen zwischen den Ehepartnern ergeben haben, die nicht mehr beizulegen sind. Eine unbegründete Scheidung ist verboten, da sie einen Schaden für Ehemann wie Ehefrau darstellt. Erlaubt ist die Scheidung „wegen des schlechten Charakters der Frau, wegen ihres schlechten Umgangs, auch wenn das ohne Absicht geschah." (al-Qaradawi 1989, S. 175f.)

Die Auflösung der Ehe erfolgt in der Regel dadurch, dass der Mann eine Scheidungsformel ausspricht. Falls dies spontan und ohne sorgfältige Überlegung geschieht, kann die Scheidung vom Mann rückgängig gemacht werden. Das gilt auch bei der zweiten Äußerung der Scheidungsformel. Bei der dritten Wiederholung ist die Scheidung dann endgültig. Geht die Scheidung vom Mann aus, darf die Ehefrau das vereinbarte Brautgeld behalten. In der Folge ist dann eine Reihe von Regelungen von Seiten der Frau zu beachten. So darf sie keine neue Ehe eingehen, ehe sie nicht eine Wartezeit von drei Monaten absolviert hat. Auf diese Weise soll festgestellt werden, ob sie von ihrem Ehemann schwanger ist. In einem solchen Fall muss der Ehemann zwei Jahre lang für den Unterhalt seiner geschiedenen Frau sorgen.

> „Und die Mütter sollen ihre Kinder zwei volle Jahre stillen. Das gilt für den, der das Stillen bis zum Ende führen will. Und derjenige, dem das Kind geboren wurde, hat für ihren Lebensunterhalt und ihre Kleidung in rechtlicher Weise zu sorgen. Von niemandem wird mehr verlangt, als er vermag. Einer Mutter darf nicht wegen ihres Kindes Schaden zugefügt werden, und auch nicht einem Vater wegen seines Kindes. Und der Erbe hat die gleichen Verpflichtungen. Wenn sie sich jedoch in gegenseitigem Einvernehmen und nach Beratung für die Entwöhnung entscheiden, so ist es für sie kein Vergehen. Und wenn ihr eure Kinder stillen lassen wollt, so ist das für euch kein Vergehen, sofern ihr das, was ihr als Lohn ausgesetzt habt, in rechtlicher Weise übergebt. Und fürchtet Gott. Und wisst, Gott sieht wohl, was ihr tut." (Sure 2, 233)

Nach der dreimaligen Ausrufung der Scheidungsformel ist die Wiederaufnahme der ehelichen Beziehungen zwischen den vormaligen Ehepartnern erst wieder möglich, wenn die Frau die Ehe mit einem anderen Mann eingegangen und von diesem rechtskräftig geschieden worden ist. Zweck dieser Regelung ist es, Männer von dem leichtfertigen Ausspruch der Scheidungsformel abzuhalten.

Auch Frauen haben die Möglichkeit, die Auflösung der Ehe zu bewirken. Dazu müssen sie allerdings ein Gericht einschalten. Sie können die Scheidung herbeiführen, wenn sie nachweisen, dass der Ehemann seinen Verpflichtungen, die sich aus den Vorschriften des islamischen Rechts ergeben, nicht nachkommt (vgl. Faroqhi 1984). Grundsätzlich gehören zu den Scheidungsgründen Impotenz, Demenz, ständige Abwesenheit und das Ausbleiben einer angemessenen Versorgung für Frau und Kinder. Auch der Verstoß gegen andere im Ehevertrag vereinbarte Verabredungen kann als Begründung für die Scheidung anerkannt werden.

Der Islam ist in einer patriliniearen Gesellschaft entstanden. Im Verlauf seiner geografischen Ausbreitung hat er sich auch in matrilinearen Gesellschaften durchsetzen können. Solche Gesellschaften sind die der Hausa in Westafrika oder der Minankabau in Indonesien. Hier bauen Frauen ihre starke soziale und wirtschaftliche Stellung durch eine konsequente Nutzung des islamischen Scheidungsrechts aus. In den meisten Fällen bestimmen die Frauen in diesen Gesellschaften, wen sie heiraten und wie lange die Ehe aufrecht erhalten bleibt. Sie bemühen sich, ihren sozialen Status durch eine Vielzahl aufeinander folgender Ehen ständig zu verbessern, indem sie konsekutiv jeweils sozial höher stehende oder angesehenere Männer heiraten. Diese Frauen verfügen in der Regel über ein eigenes, nicht selten beträchtliches Einkommen und sind von ihren Ehemännern finanziell unabhängig. Manche dieser Frauen heiraten bis zu zehn Mal. Eine Scheidung erzwingen sie, indem sie das Kochen für den Mann einstellen. Da dieser nicht kochen kann, dies aus sozialen Gründen auch nicht darf und die Möglichkeit, sich außer Haus zu verköstigen, in der Regel in den ländlichen Regionen nicht gegeben ist, muss er die Scheidungsformel aussprechen. Damit behält die Frau dann das ihr zugemessene Brautgeld. Falls sich ein attraktiverer Ehepartner anbietet, verzichtet sie unter Umständen auch auf das Brautgeld (vgl. Smith 1954).

10.4 Erbrecht und wirtschaftliche Stellung

Festgeschrieben wird die gesellschaftliche und wirtschaftliche Stellung der Frau auch durch das islamische Erbrecht. Im Unterschied zu vielen anderen rechtlichen Bestimmungen des Korans sind die erbrechtlichen Formulierungen sehr präzise. In Sure 4, 7–12 wird im Großen und Ganzen festgelegt, dass die Frau im Vergleich zum Mann auf die Hälfte des zu erbenden Besitzes Anspruch hat. Dies stellt nach der islamischen Überlieferung eine erhebliche Verbesserung der Situation der Frau im Vergleich zu den vorislamischen Verhältnissen dar. Wie in vielen anderen Fällen des islamischen Rechts gibt es aber verschiedene Möglichkeiten, die koranischen Regelungen zu umgehen. Hier wirken sich die Traditionen der unterschiedlichen islamischen Rechtsschulen aus. So stellt das schiitische Recht im Unterschied zum sunnitischen Recht Töchter gegenüber männlichen Erben zweiten Grades besser, wenn sie allein als Erben ersten Grades Ansprüche erheben. Andererseits haben sich auch Möglichkeiten entwickelt, die die erbrechtliche Stellung von Frauen gegenüber den Regeln des Korans verschlechtern. Dabei wird die grundsätzliche Möglichkeit des Testaments genutzt. Der Koran stellt in seinen erbrechtlichen Bestimmungen nämlich fest, dass die testamentarischen Verfügungen eines Erblassers vorrangig zu berücksichtigen sind, wobei allerdings unklar bleibt, in welchem Maße dies zu geschehen hat.

Ein anderer Weg, um die koranischen Erbregeln zu umgehen, besteht in der Errichtung einer ‚frommen Stiftung' (arabisch *waqf*; vgl. Faath 2003, S. 9–36). Solche Stiftungen dienen gemeinnützigen und karitativen Zwecken. Der Stiftungszweck kann aber so formuliert werden, dass aus dem Stiftungsvermögen zunächst bestimmte Familienangehörige bedacht werden sollen. Dabei kann es sich dann ausschließlich um männliche Nachkommen des Stiftungsgebers handeln. Gegen diese Umgehungen der Regeln des Korans sind weibliche Erbberechtigte immer wieder einmal vor Gericht gezogen. In einigen Fällen haben sie dabei auch obsiegt. Da es sich aber bei den Prozessgegnern oft um nahe Verwandte handelt, gibt es immer auch eine große Scheu, derartige Konflikte vor Gericht auszutragen.

10.5 Kleidungs- und Verhaltensregeln

Eine der lebhaftesten Debatten im Zusammenhang mit der Stellung der Frau in islamischen Gesellschaften ist die Frage der Bekleidung und vor allem der Bedeckung des Haars. Allen Debatten zugrunde liegt die Aufforderung des Korans an den Propheten:

> „O Prophet, sag deinen Gattinnen und deinen Töchtern und den Frauen der Gläubigen, sie sollen etwas von ihrem Überwurf [arabisch *jilbâb*] über sich herunter ziehen. Das bewirkt eher, dass sie erkannt werden und dass sie nicht belästigt werden. Und Gott ist voller Vergebung und barmherzig." (Sure 33, 59)

In den arabischen Nationallexika und in den zahlreichen Koraninterpretationen finden sich kontroverse Meinungen über die Bedeutung des Wortes *jilbâb*. Eine größere Zahl von Interpreten meint, es habe sich um einen mantelartigen Überwurf gehandelt, der auch zur Verschleierung des Gesichts verwendet wurde. Aus dem Korantext geht deutlich hervor, dass es sich bei diesem Kleidungsstück auch um ein soziales Merkmal handelte. Es war ein Signifikator für die ehrbare Frau.

Kennzeichen von Sklavinnen war, dass sie unverschleiert blieben. An anderer Stelle heißt es im Koran:

> „Und sprich zu den gläubigen Frauen, sie sollen den Blick senken und ihre Scham bewahren, ihren Schmuck nicht offen zeigen, mit Ausnahme dessen, was sonst sichtbar ist. Sie sollen ihren Schleier auf den Kleiderausschnitt schlagen und ihren Schmuck nicht offen zeigen, es sei denn ihren Ehegatten, ihren Vätern, den Vätern ihrer Ehegatten, ihren Söhnen, den Söhnen ihrer Ehegatten, ihren Brüdern, den Söhnen ihrer Brüder und den Söhnen ihrer Schwestern, ihren Frauen, denen, die ihre rechte Hand besitzt, den männlichen Gefolgsleuten, die keinen Trieb besitzen, den Kindern, die die Blöße der Frauen nicht beachten. Sie sollen ihre Füße nicht aneinander schlagen, damit man gewahr wird, welchen Schmuck sie verborgen tragen. Bekehrt euch allemal zu Gott, ihr Gläubigen, auf dass es euch wohl ergehe." (Sure 24, 31)

Hier streiten die Interpreten um die Bedeutung des „Schmucks". Zunächst war man der Meinung, dass es sich tatsächlich um Schmuckstücke handele. Später interpretierte man die Passage dahin, dass Körperteile, die einen Schmuck des weiblichen Körpers darstellten, gemeint seien. So sagt der bekannte TV-Prediger Yusuf al-Qaradawi:

> „Die Reize der Frau schließen sowohl natürliche wie das Gesicht, die Haare und die anderen anziehenden Körperteile ein wie auch die künstliche Verstärkung der Schönheit durch Kleidung, Schmuck, Schminke usw." (al-Qaradawi 1989, S. 136)

Seit der ersten Hälfte des 20. Jahrhunderts hat es immer wieder heftige Konflikte um die Kleidungsfrage gegeben. Sie spielt in den Debatten um die Emanzipation der Frau seit dem Erscheinen des Buches von Ahmad Amin ‚Tahrir al-mar'a (Befreiung der Frau) im Jahr 1908 eine zentrale Rolle. Ein Befürworter der Entschleierung, Khayri al-'Umarî, stellte 1969 fest:

> „Der Schleier ist eine Praxis der feudalen Kreise und aristokratischen Klassen. Die verschleierten Frauen bei uns stammen aus den Trümmern dieser feudalen und aus vergleichbaren Kreisen. Die Mädchen aus dem wahren Volk sind dagegen nicht verschleiert und können auch nicht verschleiert sein. In der Klasse des Volkes gibt es keinen Harem und keinen Schleier. Damit wird Schluss sein, wenn die Volksklasse die Herrschaft übernimmt und das Land regiert, wie das schon in Ägypten und der Türkei der Fall ist." (al-a'Umarî 1969, S. 93–154)

Gegen diese Position äußern sich konservative und islamistische Kreise. So meint der ägyptische konservative Rechtsgelehrte Yusu al-Qaradawi:

„Moral und Benehmen der muslimischen Frau unterscheidet sich deutlich von denen der nichtmuslimischen Frauen oder der Frauen in der Zeit der Jahiliyya. Die muslimische Frau ist keusch, würdevoll, und besitzt Selbstachtung und Schamgefühl. Andererseits ist die Frau, die von der göttlichen Rechtleitung nichts weiß, eingebildet und oft begierig, ihre Attraktivität zur Schau zu stellen. Diese Zurschaustellung umfasst Entblößung anziehender Körperteile, auf herausfordernde Weise gehen und sprechen, den Schmuck zeigen, entblößende und sexuell aufreizende Kleidung tragen usw." (al-Qaradawi 1989, S. 142)

Immer noch spielt auch die Frage der Mobilität von Frauen außerhalb des Hauses eine Rolle in den Diskussionen. Die Praxis der Seklusion wird zurückgeführt auf eine Stelle im Koran, die sich an die Frauen des Propheten Muhammad wendet:

„Haltet euch in euren Häusern auf. Und stellt nicht eueren Schmuck zur Schau wie in der Zeit der früheren Unwissenheit. Verrichtet das Gebet und entrichtet die Abgaben und gehorcht Gott und seinem Gesandten. Gott will die Unreinheit von euch entfernen, ihr Leute des Hauses, und euch völlig rein machen." (Sure 33, 33)

Eine entsprechende Aufforderung an andere muslimischen Frauen in der Gemeinde von Medina findet sich nicht. Je mehr aber das Vorbild des Propheten Muhammad zu einer Richtschnur für die Lebensgestaltung der Muslime wurde, um so mehr wurden auch seine Frauen zu Vorbildern aller Musliminnen.

Allerdings entwickelte sich die Praxis der Seklusion nicht überall gleichmäßig. Sie ist vor allem ein Phänomen der Städte und der Oberschicht. All die Frauen, die zum Familienunterhalt beitragen mussten, verfügten über eine größere Mobilität. Mittelalterliche Quellen berichten, dass Frauen das Haus verließen, um Besuche zu machen und Einkäufe zu tätigen. Sie besuchten die Friedhöfe und nahmen an öffentlichen Veranstaltungen wie der Verabschiedung der Mekkapilger teil. Nicht selten versuchten die orthodoxen Autoritäten, solche Praktiken zu verbieten. Besonders erfolgreich können diese Verbote aber nicht gewesen sein. Ein Verbot für Frauen, das Haus zu verlassen, wurde z. B. 1281 aufgestellt, musste aber 1309 wiederholt werden. Noch regelmäßiger musste das Verbot im 15. Jahrhundert wiederholt werden, nämlich in den Jahren 1421, 1430, 1432 und 1437.

Diese Regelungen galten vor allem für Frauen diesseits der Menopause. Frauen in höherem Alter führten damals und führen auch heute ein sehr viel ungezwungeneres Leben, können Besuche machen, reisen und sich unabhängig bewegen. Es sind vor allem Frauen dieses Alters, die als Zwischenhändlerinnen zwischen Heimwerkerinnen und Händlern auftreten. Frauen, die ans Haus gebunden sind, werden von den alten Frauen aufgesucht und mit frauentypischen Produkten wie Kleidung, Kosmetik oder Schmuck gegen eine entsprechende Bezahlung beliefert. Häufig sind diese älteren Frauen sehr selbstbewusst und lassen sich von niemandem etwas sagen. Nicht selten haben Männer einen großen Respekt vor ihnen (vgl. McCabe 1979; Wikan 1982).

Heute müssen Frauen in den meisten islamischen Ländern häufiger das Haus verlassen, weil Schulbesuch und Ausbildung für sie durch staatliche Vorschriften obligatorisch sind. Allerdings müssen vor allem die unverheirateten jungen Frauen sehr auf ihren Ruf achten, um ihre Chancen auf dem Heiratsmarkt nicht zu gefährden. Sie legen deshalb Wert darauf, nicht allein in der Öffentlichkeit zu erscheinen, sondern stets in Begleitung von einigen Freundinnen oder männlichen Verwandten. Da islamische Gesellschaften bisher Single-Existenzen kaum akzeptieren, ist es das Bestreben junger Frauen wie Männer, einen passenden Ehepartner zu finden. In diesem Zusammenhang spielt der Ruf der jungen Frauen eine wichtige Rolle. Natürlich gibt es heute in islamischen Ländern auch viele unabhängige junge Frauen, die wirtschaftlich selbstständig und von ihren Familien getrennt leben. Sie bilden aber immer noch die überwältigende Ausnahme.

Fragen und Anregungen

- Welche gesellschaftliche Stellung hatten Frauen in der arabischen Gesellschaft vor dem Islam?
- Welche Erbansprüche haben Frauen im islamischen Recht?
- Was versteht man unter einer Parallelcousinenheirat?
- Wann beginnen die Debatten um die Stellung der Frau im Islam?

Lektüreempfehlungen

Lois Beck / Nikki Keddie: Women In the Muslim World, Cambridge 1978. *Sammelband, in dem die unterschiedlichsten Aspekte muslimischen Frauenlebens unter rechtlichen, gesellschaftlichen und, eher kurz, religiösen Aspekten beschrieben werden.*

Shahla Haeri: Law of Desire. Temporary Marriage in Shi'i Islam, Syracuse 1989. *Beeindruckende Studie über die Zeitehe im Iran unter soziologischen und psychologischen Aspekten, in der auch die Regelungen des schiitischen Rechts in dieser Frage dargestellt werden.*

Ira M. Lewis (Hg.): Women's Medicine. The Zar-Bori Cult in Africa and Beyond, Edinburgh 1991. *Vielseitige Darstellung der Aspekte von Besessenheitsphänomenen unter Musliminnen im subsaharischen Afrika und seine Ausstrahlung in den arabischen Raum.*

Fatima Mernissi: Herrscherinnen unter dem Halbmond. Die verdrängte Macht der Frauen, Freiburg 2004. *Historischer Überblick über die politischen Möglichkeiten von Musliminnen in der mittelalterlichen islamischen Gesellschaft. Aufgezeigt wird, dass es in der islamischen Geschichte Frauen gegeben hat, die nicht nur indirekt, sondern auch ganz direkt die politische Führung in einem islamischen Staat übernahmen.*

11 Die islamische Stadt

Abbildung 13: Gasse auf dem Bazar in Fes, Marokko, 1978.

Die Gassen in der Altstadt von Fez in Marokko sind so schmal, dass zum Transport schwerer oder umfangreicher Gegenstände traditionell Esel oder Maultiere benutzt werden müssen. Heute werden daneben auch Fahrräder oder kleine Motorräder benutzt, die aber wegen der schlechten Pflasterung der Wege nicht immer praktikabel sind. Schwierig wird es, wenn sich zwei bepackte Lasttiere begegnen und einander passieren müssen. Da in der schmalen Gasse auch kein Tier wenden kann, müssen die Lasten der Tiere nach längeren Debatten abgeladen werden. Dann können die Tiere aneinander vorbei geführt werden. Im Anschluss an diese Operation müssen die Waren wieder aufgeladen werden. Dann kann der Transport weitergehen.

11 Die islamische Stadt — **141**

Abbildung 14: Tor zur Altstadt in Fes, Marokko, 1978.

Die Altstadt von Fez (Fez al-Bâlî) ist von einer teilweise noch immer erhaltenen Stadtmauer umfriedet. Den Zugang ermöglichen Tore, von denen das Tor Bou Jelloud besonders prächtig ist.

142 — 11 Die islamische Stadt

Abbildung 15: Abu Dhabi, 1992.

Die großen Städte der Vereinigten Arabischen Emirate zeichneten sich noch in den 1990er Jahren durch eine Mischung aus moderner und traditioneller Architektur aus. Hochhäuser und die kleinen Moscheen der einzelnen Stadtvierten fanden sich, wie auf dieser Abbildung zu sehen ist, nebeneinander. Inzwischen haben die Moscheen wie die älteren Hochhäuser neuen Wolkenkratzern Platz machen müssen, die von internationalen Architekten entworfen wurden. Große Moscheen die weiterhin in einem eher traditionellen Stil errichtet wurden, stehen den Betern zur Verfügung. Kleinere Moscheen finden sich nun in den neuen Wohnvierteln an der Peripherie der Stadt.

Im folgenden Kapitel wird ein Überblick über die urbane Form islamischen Lebens gegeben. Dabei werden die verschiedenen Kriterien für die Urbanität einer islamischen Stadt vorgestellt und in einen Kontrast mit europäischen Städten gesetzt. Vor allem aber geht es um die Debatten zwischen der Islamwissenschaft und den benachbarten Disziplinen, in denen um die Definition der islamischen Stadt gestritten wird und in denen die religiöse, wirtschaftliche und kulturelle Funktion städtischer Orte zentrale Punkte sind. Dabei stellt sich heraus, dass die Islamwissenschaft nicht ohne Bezug zu Disziplinen argumentieren kann, die sich ebenfalls mit islamischen Gesellschaften befassen. Zugleich sollte sie sich intensiver mit den zahlreichen Quellen der Historiografie und der Rechtswissenschaft islamischer Gesellschaften vertraut machen, um sich in die Lage zu versetzen, in der interdisziplinären Debatte über die islamische Stadt einzumischen und aus der Herkunftskultur entstammende Argumente einzuführen.

11.1 Das religiöse und politische Zentrum

An kaum einem Thema zur Erforschung islamischer Gesellschaften haben sich so viele unterschiedliche Disziplinen versucht wie an dem der islamischen Stadt. Philologen der verschiedenen islamischen Literatursprachen befassen sich mit ihr ebenso wie Soziologen, Historiker oder Geografen. Zu Beginn der 1990er-Jahre beklagte der Geograf Eugen Wirth immer noch, dass es keine intensivere Zusammenarbeit der verschiedenen Disziplinen zu dieser Thematik gebe (vgl. Wirth 1991, S. 52). Man mag bezweifeln, ob sich diese Situation inzwischen verbessert hat. Zugleich haben die verschiedenen Analysen zur islamischen Stadt und die damit verbundenen Fragen erneut heftige Debatten ausgelöst, die schon in den 1920er-Jahren unter verschiedenen Gesichtspunkten verhandelt wurden.

Islamwissenschaftler haben immer wieder versucht, Definitionen für die islamische Stadt zu formulieren. Solche Definitionen werden nicht immer von den Vertretern anderer Disziplinen geteilt. Immerhin ist man sich wohl einig, dass eine Stadt auch in der islamischen Welt eine erhebliche Anzahl von Einwohnern haben muss, um als Stadt gelten zu können. Wie groß diese Zahl aber exakt zu sein habe, bleibt umstritten. Die Größe als solche eignet sich somit nicht zur Charakterisierung einer Ansiedlung als islamischer Stadt.

Wirth verwirft auch andere Kriterien, die von Islamwissenschaftlern zur Definition der islamischen Stadt herangezogen werden. Zu ihnen gehört das Vorhandensein einer Freitagsmoschee (vgl. Johansen 1999, S. 99 f., der sich auf die Definition hanafitischer Juristen bezieht). Eine solche religiöse Einrichtung kann es nach islamischer Vorstellung nur in einer Stadt geben. In ihr sollen sich alle Muslime der Siedlung am Freitag zum gemeinschaftlichen Mittagsgebet treffen.

Durch dieses gemeinsame Gebet konstituiert sich die islamische Gemeinde stets neu. Durch das Erleben des kollektiven Rituals werden bei den teilnehmenden Gläubigen soziale Beziehungen hergestellt, erneuert oder intensiviert. Vor allem nach dem Gebet besteht die Möglichkeit für den Austausch von Informationen persönlicher, wirtschaftlicher oder sozialer Art.

Die mit dem Freitagsgebet verbundenen Predigten haben aber auch über religiöse und ethische Fragen hinausgehende Funktionen, weil in ihnen Einschätzungen der religiösen Autoritäten zu politischen und sozialen und anderen die Öffentlichkeit bewegenden Fragen vorgetragen werden können. Nicht zuletzt aus diesem Grund bemühen sich die Regime in zahlreichen islamischen Staaten, den Inhalt dieser Predigten zu kontrollieren. Oppositionelle Kreise versuchen dagegen, sich dieser Kontrolle zu entziehen.

Die Freitagsmoschee ist für das öffentliche Leben einer islamischen Stadt also von zentraler Bedeutung (vgl. Gaffney 1994; Prätor 1985). Eugen Wirth weist aber darauf hin, dass Kathedralen und Dome europäischer Städte vergleichbare öffentliche Wirkungen wie Freitagsmoscheen haben. Auch in ihnen kommt es zur Verbreitung politischer Vorstellungen. Insofern könne die Existenz eines religiösen Zwecken dienenden Gebäudes nicht als konstitutiv für eine islamische Stadt angesehen werden (vgl. Wirth 1991, S. 60).

Ein anderes Kennzeichen für die islamische Stadt ist aus der Sicht der Islamwissenschaft die sichtbare Existenz politischer Macht. In Städten in der islamischen Welt handelt es sich dabei häufig um Burgen oder Zitadellen, die über die Stadt und ihre Bewohner eine gewisse Kontrolle ausüben, deren Aufgabe es aber auch ist, für den Schutz der Einwohner gegenüber äußeren Feinden zu sorgen und die innere Sicherheit zu gewährleisten. Es mag typisch für islamische Städte sein, dass die Bewohner häufig in einem Spannungsverhältnis zur Obrigkeit gestanden haben und die beiden Seiten im günstigen Fall nebeneinander her lebten. Das ist bis weit ins 19. Jahrhundert der Fall gewesen (s. zum Beispiel Krimsti 2014). Dass die Mehrzahl der Einwohner an den politischen oder militärischen Entscheidungen beteiligt war, ist in den islamischen Städten im Gegensatz zu mittelalterlichen Städten in Italien oder den nordeuropäischen Hansestädten fast nie der Fall gewesen (vgl. Lapidus 1967). Wirth weist aber auch hier darauf hin, dass die Anwesenheit politischer Gewalt auch ein Kennzeichen abendländischer Städte gewesen ist, auch wenn diese in vielen Fällen anders organisiert war als in der islamischen Welt. Insofern kann auch dieses Kriterium nicht zu einer Differenzierung zwischen islamischen und europäischen Städten herangezogen werden (vgl. Wirth 1991, S. 61).

11.2 Das wirtschaftliche Zentrum

Auch ihre wirtschaftlichen Funktionen werden als Kennzeichen islamischer Städte herangezogen. Diese Tatsache allein kann aber nicht als Definitionsmoment dienen. Schließlich sind auch Städte in anderen Kulturen in der Regel Zentren händlerischer wie allgemein wirtschaftlicher Aktivitäten. Häufig gehen ihre Gründungen gerade auf ihre Lage an oder in der Nähe von Handelswegen und der Kreuzung von Handelsstraßen zurück. Nicht nur Islamwissenschaftler, sondern auch Ethnologen wie der bekannte und viel zitierte Clifford Geertz betonen allerdings die besondere Form des islamischen Marktes, den Bazar oder Suq, als eine Ausprägung, die alle islamischen Gesellschaften aufweisen (vgl. Geertz 1979, S. 123f.).

Von Bedeutung ist in diesem Zusammenhang, dass es sich bei den Märkten in islamischen Städten um stationäre Handelsorte handelt. Durch diese Stabilität des Ortes und ihre Permanenz unterscheiden sie sich von den in islamischen Ländern ebenfalls vorhandenen regelmäßig stattfindenden Märkten unter offenem Himmel, zu denen sich Produzenten und Händler aus dem engeren und weiteren Umkreis des Marktes zum Angebot ihrer Produkte einfinden. Es lassen sich Regelmäßigkeiten feststellen, nach denen Händler, aber auch Produzenten in einem gleichmäßigen Rhythmus in einem genau festgelegten Radius an bestimmten Märkten einfinden, um ihre Waren anzubieten (vgl. Fischer 1984; Troin 1975).

Als Besonderheit ist auf Märkte zu verweisen, zu denen nur Frauen zugelassen sind. Auf diesen regionalen Märkten werden ausschließlich Produkte angeboten, die von Frauen gekauft werden. Darunter spielen vor allem Textilwaren, Küchengeräte, Schminkutensilien, Parfüms und Kleidung eine besondere Rolle. Auch zahlreiche Produkte der lokalen und regionalen Volksmedizin richten sich vor allem an die speziellen Bedürfnisse der weiblichen Kundschaft, u. a. Medikamente, die gegen Kinderlosigkeit angewendet werden. Daneben finden sich auch Mittel, die gegen den ‚Bösen Blick' von Nutzen sein können, und schließlich auch jede weitere Art von apotropäischen (also Schaden abwehrenden) Mitteln. Schließlich sind diese Frauenmärkte auch Orte, an denen Heiratsbeziehungen zwischen den Familien vorbereitet werden (vgl. Troin 1975, S. 114).

Im Vergleich zu diesen ländlichen Märkten haben die Märkte in der Stadt einen völlig anderen Charakter. Clifford Geertz ist der Ansicht, dass diese Marktform, die er als Bazar bezeichnet, das wichtigste Moment für die Islamizität einer Stadt darstelle. Unabhängig davon, in welcher Region der islamischen Welt man sich umschaue, könne man überall die islamische Form des Marktes, den Bazar auffinden (vgl. Geertz 1979).

Diese Märkte sind an festen und an den meisten Tagen der Woche zugänglichen Bereichen der Stadt zu finden. Sie sind deutlich von den privaten Wohnquartieren der städtischen Bevölkerung zu unterscheiden. Die Bazare sind in einer strikt festgelegten Form organisiert. In der Regel handelt es sich bei den einzelnen Läden und Werkstätten, die den Bazar ausmachen, um wirtschaftliche Einheiten, deren Gebäude sich im Besitz von ‚frommen Stiftungen' befinden. Bei ‚frommen Stiftungen' (arabisch *waqf*) handelt es sich um eine Möglichkeit des islamischen Rechts, die Förderung der öffentlichen Wohlfahrt unter den Schutz des Islams zu stellen (> Kapitel 10.4). Immobilien können durch den Stifter für einen festgelegten Zweck zum Nießbrauch gekennzeichnet werden. Im Zusammenhang mit dem Bazar ist von Bedeutung, dass die in den Stiftungsurkunden fixierten Zwecke ebenso wenig verändert und den aktuellen Gegebenheiten angepasst werden können wie die Höhe der zu entrichtenden Forderungen der Stiftung an ihre Pächter. Modifikationen zugunsten der Stifter sind in der Regel nicht möglich (vgl. Kogelmann 1999). Auch diese Abhängigkeit juristischer Institute, die durch das islamische Recht sanktioniert werden, ist für Clifford Geertz ein Hinweis auf die Islamizität des Bazars (vgl. Geertz 1979).

Da die Regelungen, die die Stifter für ihre Stiftungen getroffen haben, nicht angepasst werden dürfen, verfügen die Ladenbesitzer über sichere und langfristige Bedingungen, unter denen sie arbeiten können.

Kennzeichnend für den städtischen Bazar ist unter architektonischen Gesichtspunkten die Tatsache, dass es sich im Grunde um ein einheitliches Gebäude handelt, unter dessen Dächern sich in verschiedenen Quartieren unterschiedliche Gewerke und Geschäfte befinden, die jedoch je nach der Sparte in unmittelbarer Nähe zu einander angeordnet sind. So findet man alle Textilhändler in einem Bereich des Bazars, alle Gold- und Juwelenhändler in einem anderen. Auch die Gemüsehändler und die Fleischer sind jeweils in unmittelbarer Nähe voneinander angesiedelt wie auch die Buchhändler, die Parfümeure und Drogisten.

Diese Anordnung der verschiedenen Branchen geht auf die Struktur der Händlerorganisationen zurück, die im Mittelalter in gildenähnlichen Organisationen zusammengefasst waren. Diese Strukturen können hier nicht in allen Einzelheiten beschrieben werden. Von Bedeutung ist, dass die Gilden (arabisch *sinf*, Plural *asnâf*) dafür sorgten, dass die Zahl der am Marktgeschehen beteiligen Händler und Produzenten begrenzt blieb. Auf diese Weise wurde die Geschäftssicherheit festgeschrieben. So konnten Gesellen erst dann ein eigenes Unternehmen eröffnen, wenn sie ihre Qualifikation nachgewiesen hatten, vor allem aber durch das Ausscheiden eines Meisters ein Platz frei geworden war.

Unter wirtschaftlichen Gesichtspunkten von Bedeutung ist die Tatsache, dass durch die räumliche Nähe der Händler und Produzenten einer Branche ein ruinöser Wettbewerb verhindert wurde. Die einzelnen Gilden setzten Preise für bestimmte Produkte und Dienstleistungen fest, die von den Mitgliedern der Vereinigung nicht unterboten werden durften. Widrigenfalls wurden sie aus der Vereinigung ausgeschlossen und verloren die Möglichkeit, sich am Bazargeschehen als Produzenten oder Händler zu beteiligen (vgl. Baer 1969, S. 149–160).

Die Anordnung der einzelnen Gewerke und Fachgeschäfte auf dem Bazar führte ebenfalls zu einer interessanten wissenschaftlichen Kontroverse. Der Islamwissenschaftler Gustav von Grunebaum hat auf der Grundlage der Bazar-Struktur eine Hierarchie der Berufe innerhalb der islamischen Gesellschaften erkannt (vgl. Grunebaum 1955, S. 130–153). In der Mehrzahl der Fälle befindet sich im Zentrum des Marktbereichs die Freitagsmoschee der Stadt. Es sei dabei zugleich darauf hingewiesen, dass in den Bazar weitere Moscheen und andere religiöse Einrichtungen wie Medresen, also religiösen Schulen, integriert sein können.

Von Grunebaum war der Ansicht, dass von der Nähe der einzelnen Branchen zur Freitagsmoschee auf die Stellung des einzelnen Berufs oder Handwerks innerhalb der Berufshierarchie geschlossen werden könne. So stellte er fest, dass sich Buchhändler, Gewürzhändler oder Parfümeure in der Nähe der Freitagsmoscheen befänden, während Metzger oder Gerber in weiter Entfernung von der Moschee angesiedelt seien. Wie weit sich von Grunebaum bei seiner Einschätzung auf die Bewertung von Berufen durch mittelalterliche Autoren bezieht, kann hier nicht weiter untersucht werden. Wirth hält diese Einschätzung jedenfalls für romantisch (vgl. Wirth 1974, S. 203 f.).

Für Wirths These, dass die gesellschaftliche Stellung bestimmter Berufe nicht mit deren räumlicher Position auf dem Markt zusammenhängt, spricht die Tatsache, dass die Geschäfte der Gold- und Silberhändler häufig in der Nähe der Moschee zu finden sind. Nun ist aber die Nutzung von Edelmetallen und Juwelen, wie auch von kostbaren Stoffen wie Brokat, zumindest für muslimische Männer mit einem religiösen Tabu belegt. Daher überrascht es nicht, dass die Gold- und Silberschmiede in islamischen Gesellschaften traditionell Angehörige religiöser Minderheiten waren und in vielen Fällen auch noch heute sind. Sie können daher kaum an herausgehobener Stelle auf einer islamischen Berufshierarchie angesiedelt sein. Ihre räumliche Nähe zu einer islamischen Institution hat deshalb in diesem Zusammenhang keine Bedeutung.

Wirth geht von praktischen Überlegungen für die Beurteilung der Platzierung der verschiedenen Berufszweige auf dem Bazar aus. Nach seiner Feststellung seien die Branchen so angeordnet, dass die Passanten auf dem Weg zur Freitagsmoschee, die ja auch an anderen Tagen und zu anderen Zeiten die Frommen anzöge, an für sie interessanten Angeboten vorbeikämen. Daher fände man hier Buchhandlungen, Devotionalienhandlungen und Parfümgeschäfte. Andererseits hänge die Anordnung der Branchen auch mit Fragen des Transports zusammen.

Wer einmal erlebt habe, wie im marokkanischen Fez zwei beladene Esel in einer engen Gasse einander passieren müssen, verstünde sofort, warum z. B. Schreiner am Rand des Bazarbereichs ihren Geschäften nachgingen. Die Lieferung ihres Materials und der Abtransport der fertigen Produkte würden zu permanenten schweren Verkehrsstörungen führen. Ähnliches gälte auch für Gerber und Färber, die für ihre Tätigkeit Platz bräuchten, der in den zentralen Bereichen des Bazars nicht zur Verfügung stünde. Vor allem aber stellten diese Gewerbe eine Belästigung für ihre Umgebung dar. Ihre Positionierung am Rand des Bazargeschehens stelle auch eine Form der Rücksichtnahme auf die Umgebung dar (vgl. Wirth 1974).

Als ein weiteres Argument für den islamischen Charakter des Bazars wird die einem Marktvogt vergleichbare Funktion des Muhtasib angeführt. Bei dieser Person und ihrem Amt, der Hisba, handelt es sich um eine Marktaufsicht. Schon das islamische Mittelalter kannte diese Art von Polizei, die für einen konfliktfreien und korrekten Ablauf der Handelsgeschäfte Sorge zu tragen hatte. So verfolgte der Muhtasib einerseits Personen, die sich auf dem Markt ungebührlich aufführten, indem sie z. B. offensichtlich betrunken in der Öffentlichkeit erschienen. Andererseits fiel auch die Ahndung anderer Störungen der öffentlichen Ordnung in seinen Verantwortungsbereich. Angesichts der dichten Bebauung der Bazarbereiche stellte der Umgang mit offenem Feuer immer eine große Gefahr dar. Der Muhtasib hatte daher z. B. dafür Sorge zu tragen, dass die Kamine der öffentlichen Bäckereien so hoch waren, dass das Risiko von Funkenflug minimiert wurde. Der Muhtasib und seine Helfer überwachten aber auch das Warenangebot, vor allem wenn es sich um Lebensmittel handelte. Sie achteten auf die Frische von Fleisch oder Fisch. Für diese Aufgabe hatten sie spezielle Handbücher, in denen die Kennzeichen für verdorbene Produkte ebenso verzeichnet waren wie die Techniken, mit denen die Händler derartige Mängel zu übertünchen trachteten. In seine Kompetenz gehörte auch die Prüfung der Echtheit und Unverfälschtheit teurer Produkte wie z. B. Safran, bei denen wegen ihres hohen Preises die Gefahr der Streckung durch billige Beimischungen bestand. Eine andere Aufgabe des Muhtasibs war die Überwachung von Maßen und Gewichten.

Über all diese Aufgaben und Funktionen gibt es ausführliche Literatur in den verschiedenen islamischen Sprachen. Der Muhtasib ist Teil des islamischen Rechtssystems. Dennoch kann man diese Institution nicht als Argument für den islamischen Charakter des Bazars anführen. Schon in vorislamischer Zeit gab es auf den antiken Märkten des Orients, und nicht nur dort, das Amt des Agoranomos, des Marktvogts. Auf diesem baut die islamische Einrichtung auf (vgl. Foster 1970, S. 128–144).

11.3 Das kulturelle Zentrum

Gern wird auch auf das öffentliche Bad (arabisch *hammâm*) als ein Kennzeichen einer islamischen Stadt hingewiesen. In der Tat kannten und kennen islamische Städte eine Vielzahl von öffentlichen Bädern. In großen mittelalterlichen islamischen Städten wie Cordoba oder Damaskus muss es Tausende solcher Einrichtungen gegeben haben. Sie befanden sich praktisch in jedem Stadtviertel oder jeder größeren Nachbarschaft (vgl. Grotzfeld 1970). Diese Bäder waren bis in die jüngste Zeit von ritueller und gesellschaftlicher Bedeutung.

Die islamischen rituellen Vorschriften verlangen zur vollständigen Erfüllung der religiösen Pflichten die rituelle Reinheit. Unterschieden wird zwischen einer kleinen Unreinheit und einer großen, die durch den Vollzug des Sexualverkehrs verursacht wird. Während die kleine Unreinheit durch bestimmte einfachere Waschungen behoben wird, bedarf es für die Wiederherstellung der rituellen Reinheit im zweiten Fall des Untertauchens des ganzen Körpers. Dies geschieht traditionell in einem Tauchbecken, das sich in der Regel nur in den öffentlichen Bädern befand. Die sozialen Momente dieser Einrichtungen sind eine Konsequenz dieser Reinheitsregelungen. Nach Hochzeiten begaben sich die jungen Eheleute in einer öffentlichen Prozession und in Begleitung von Verwandten und Bekannten, nach Geschlechtern getrennt, in das öffentliche Bad. Damit wurde der Öffentlichkeit bekannt gemacht, dass die Ehe auch tatsächlich vollzogen wurde.

Öffentliche Bäder, deren Zugang nach Geschlechtern getrennt erfolgte, waren auch Einrichtungen, in denen soziale Kontakte geknüpft und intensiviert wurden. Hier bereitete man Heiratsverhandlungen vor, tauschte sich über politische oder wirtschaftliche Pläne aus und nutzte die Intimität der Bäder für Intrigen und Klatsch.

In vielen Teilen der islamischen Welt verfügen die Menschen inzwischen über eigene Badezimmer in ihren Wohnungen. Nach einer Entscheidung islamischer Rechtsgelehrter bedarf es nicht mehr des völligen Untertauchens in einem entsprechenden Becken, um sich von der großen Verunreinigung zu befreien. Auch die Benutzung der Dusche hat den gleichen rituellen Effekt. Dennoch finden sich in islamischen Städten weiterhin öffentliche Bäder, die von der Bevölkerung auch genutzt werden.

Nun gab es auch in vorislamischer Zeit in den Ländern des Mittelmeerraums öffentliche Bäder mit einer ausgeprägten Badekultur. Die nordeuropäische mittelalterliche Badekultur war dagegen nur von kurzer Dauer. Ihr fehlte vor allem das religiöse Moment. Insofern könnte man im Vergleich zur europäischen Situation tatsächlich von einem islamischen Kennzeichnen für eine städtische Ansiedlung sprechen.

Wirth weist noch auf einen weiteren, von der Islamwissenschaft bei ihren Stadtdefinitionen vernachlässigten Faktor hin. Islamische Städte verfügen angesichts der großen Zahl ihrer Einwohner auch über eine entsprechende Zahl von Erholungsbereichen. Dabei kann es sich um öffentliche Gärten ebenso handeln wie um bauliche Einrichtungen, in denen große Zahlen von Zuschauern kurzzeitig untergebracht werden können, um an aufwendigen öffentlichen Spektakeln teilzunehmen. Bei diesen kann es sich um lokale oder regionale Veranstaltungen handeln, die mit religiösen oder jahreszeitlich bedingten Ursachen zu tun haben. Man denke an die zahlreichen mit dem schiitischen Trauer-Fest Ashura verbundenen Rituale in Nordafrika, bei denen das religiöse Moment keine Rolle mehr spielt oder die Nauruz-Feste zu Jahresbeginn, die trotz des Verbots der mittelalterlichen religiösen Autoritäten in Syrien oder den nördlichen Regionen Mesopotamiens begangen wurden. Gleiches gilt für den seit 1501 durch die Herrschaft der Safawiden schiitisch geprägten Iran (> Kapitel 5), in dem Ashura wohl das wichtigste Fest zur Versicherung der religiösen und nationalem Identität wurde. Solche Feste werden auch in Dörfern oder auf dem Land gefeiert. Die in den Städten vorhandenen Menschenmassen, die an solchen Veranstaltungen teilnehmen wollen, erfordern für ihre Durchführung jedoch entsprechende bauliche Maßnahmen, die in einem Dorf nicht erforderlich sind. Hier haben wir es wohl mit einem Zeichen städtischer Struktur zu tun, die sich allerdings nicht weiter auf das islamische Moment allein bezieht, sondern sich auch in zahlreichen abendländischen Städten findet.

Der eigentliche Unterschied zwischen einer abendländischen und einer islamischen Stadt lässt sich aber an einem vollständig anderen Phänomen festmachen. Es sind die städtebaulichen und die architektonischen Strukturen, die die islamischen von den europäischen Städten unterscheiden. Diese Unterschiede lassen sich am deutlichsten in Nordafrika feststellen. Aber sie finden sich auch im Mittleren Osten, in Iran oder Zentralasien. Typisch für die islamische Stadt ist zunächst die besonders strikte Quartierbildung. Die von den Geschäftsbereichen räumlich getrennten Wohnbereiche der Städte sind in einzelne Viertel aufgeteilt, die voneinander streng geschieden sind. Noch im 19. Jahrhundert konnte dies sogar durch Tore geschehen, die des Nachts verschlossen wurden.

Die Bewohner eines Viertels wiesen bestimmte Gemeinsamkeiten auf, die sie von den Bewohnern anderer Viertel unterschieden. Hier ist zunächst die Religionszugehörigkeit zu nennen. Es gab und gibt Viertel, die ausschließlich von den Angehörigen der religiösen Minderheiten der Juden und Christen bewohnt werden. Hier befinden sich auch deren Gotteshäuser und religiöse Zentren. Bis in die zweite Hälfte des 20. Jahrhunderts sprachen sie auch ihre jeweiligen Umgangssprachen, die sich von denen der Mehrheit unterscheiden, auch wenn ihnen in allen Fällen eine gemeinsame Literatursprache gegenüber steht. Gleiches gilt selbstverständlich dann, wenn diese Minderheiten Sprachen sprechen, die nicht der Sprache der Mehrheit entspricht, wie z. B. das Aramäische oder Armenische bei den entsprechenden Minderheiten in Syrien oder dem Irak und Iran. Ob diese religiösen Unterschiede auch Konsequenzen für die Loyalität der Minderheiten zu dem Staat hatten, in dem sie lebten, wird diskutiert (vgl. Kirli 2005, S. 91–94).

Selbstverständlich finden sich auch die Angehörigen der verschiedenen islamischen Sonderformen wie die Schiiten in eigenen Stadtvierteln zusammen. Häufig sind diese Wohnbezirke in der Nähe eines entsprechenden Heiligtums angesiedelt.

Und schließlich finden sich Stadtviertel, in denen sich Einwohner konzentrieren, die auf eine gemeinsame, zum Teil fiktive Geschichte zurückblicken. Man denke an das Viertel der Andalusier in der marokkanischen Stadt Fez, deren Vorfahren sich hier nach der Vertreibung aus Spanien niedergelassen haben. Diese städtebauliche Struktur hat sich in anderer Weise in der modernen Weiterentwicklung der Städte in der islamischen Welt fortgesetzt. Dabei haben die jeweiligen Kolonialverwaltungen Einfluss auf die Entwicklung genommen. Sie planten und errichteten in den Außenbezirken der traditionellen Städte Neubauviertel für die Angehörigen der Kolonialverwaltung und für die neuen Eliten. Nach der Unabhängigkeit wurden die Planungen dieser Neubauviertel aber weiter ausdifferenziert. Es entstanden Viertel, deren Namen schon auf die Konzentration bestimmter sozialer Gruppen in ihnen hinwiesen. So entstand in Bagdad ein Offiziersviertel. Weiter gab es Viertel für Lehrer, Universitätsprofessoren etc. Hingewiesen werden muss im Beug auf Kairo auf eine Besonderheit der modernen Stadtplanung. Unter dem Khediven Ismael (1830–1895) organisierte der Minister für Öffentliche Arbeiten Ali Mubarak (1823–1893) eine Modernisierung Kairos nach dem Vorbild der Stadtplanung von Paris durch Geoges-Eugéne Haussmann (1809–1891), die von monumentalen Sichtachsen und breiten Boulevards gekennzeichnet war. Ali Mubarak ließ zur Verbreiterung von entsprechenden Durchgangsstraßen zahlreiche Häuser abreißen. Ziel des Unternehmens war es, Kairo zu einer europäischen Stadt zu machen (s. Mitchell 1988).

Haben wir es bei dieser städtebaulichen Besonderheit islamischer Städte mit einem makrosoziologischen Phänomen zu tun, so ist die zweite Besonderheit eher mikrosoziologischer Natur. Die Wohnviertel bemühen sich durch ihre Bauweise um ein hohes Maß an Privatheit für ihre Bewohner. Dafür werden durch Systeme von Sackgassen Zugangsstrukturen zu den jeweiligen Häusern geschaffen, die es im Grunde nur zugangsberechtigten Personen gestatten, bestimmte Bereiche zu benutzen. In den traditionellen Stadtvierteln handelt es sich vielfach um sogenannte Innenhofhäuser, die jeden Einblick verwehren. Auf diese Art wird vermieden, dass Unbefugte Kenntnis von der wirtschaftliche Situation der Bewohner erhalten oder etwas über die Familienverhältnisse erfahren. Auch die Architektur der modernen Häuser in den Neubauvierteln verhindert einen allzu leichten Einblick durch hohe Gartenmauern und natürliche Blickhindernisse wie Bäume oder Hecken. Häufig sind auch die Fenster dieser Häuser so ausgerichtet, dass von den Zugangswegen her kein Fremder einen Blick in das Innere der Häuser werfen kann. In den modernen Vierteln von Städten wie Baghdad oder Damaskus, die nach westlichen Vorbildern in den 1920er-Jahren gebaut wurden und die über größere Außenfenster zur Straße hin verfügen, wird der Einblick durch entsprechende Gardinen, Jalousien und nicht zuletzt durch die traditionellen Gitterfenster verhindert. So wird die Privatsphäre auch bei diesen europäischen Architekturformen gewahrt (vgl. Wirth 1991, S. 88).

Die islamische Religion und Kultur wird häufig als ein urbanes Phänomen verstanden. Schließlich ist der Islam in Mekka und Medina entstanden, also in zwei Städten auf der Arabischen Halbinsel. Die theologischen Diskussionen, juristischen Debatten, mystischen Erfahrungen, medizinischen und naturwissenschaftlichen Entdeckungen, literarischen Erfolge oder die islamische Schriftkunst konnten sich nur in einem städtischen Milieu entfalten. Die kulturelle Entwicklung des Islams seit der frühislamischen Zeit ist eine Konsequenz aus urbanen Lebensformen. Vor diesem Hintergrund sollte die These, dass die langsamere Entwicklung der islamischen Welt gegenüber dem Abendland mit der Enturbanisierung der islamischen Gesellschaften in Zusammenhang gebracht werden könnte, zumindest einmal bedacht werden.

In einer umfangreichen Evaluierung der wissenschaftlichen Debatten um die ‚islamische Stadt' hat Giulia Annalinda Neglia im Jahr 2008 auf deren politische Hintergründe hingewiesen (Neglia 2008, S. 3–46). Sie stellt fest, dass die ersten Darstellungen von französischen Orientalisten stammen und sich vor allem auf nordafrikanische Städte beziehen. Eine Verallgemeinerung der dortigen Strukturen schon für andere arabische Städte und erst recht die des Iran, des indischen Subkontinents oder der indonesisch-malaiischen Welt müssten als problematisch angesehen werden. Ferner wurden die Unterschiede der ‚islamischen Städte' gegenüber europäischen Städten betont. Die Strukturen der ‚islamischen Städte' wurden für die fehlende wirtschaftliche und gesellschaftliche Entwicklung islamischer Gesellschaften in ihrer Gesamtheit verantwortlich gemacht. Neglia weist darauf hin, dass von wirtschaftlicher Stagnation zumindest für die Städte im Osmanischen Reich im 19. Jahrhundert nicht allgemein gesprochen werden kann. Auch wenn in Neglias Beitrag weiterhin von der ‚islamischen Stadt' die Rede ist, wird die Konsequenz aus dieser Darstellung in dem Titel des Sammelbands, in dem ihr Aufsatz zu finden ist, deutlich. Er lautet: The City in the Islamic World.

Fragen und Anregungen

- Was sind die von Islamwissenschaftlern genannten Kriterien für eine islamische Stadt?
- Wie unterscheiden sich Bazare von europäischen Märkten?
- Nach welchem System sind die einzelnen Branchen auf dem Bazar angeordnet?
- Erörtern Sie, welche gesellschaftliche Bedeutung öffentliche Bäder in der islamischen Welt hatten und wie sich diese Bedeutung veränderte.

Lektüreempfehlungen

Janet Abu-Lughot: **The Islamic City. History, Myth, Islamic Essence and Contemporary Relevance,** in: International Journal of Middle East Studies 19, 1987, S. 155–176.
Temperamentvolle Kritik an westlich-orientalistischen Debatten um die islamische Stadt in der ersten Hälfte des 20. Jahrhunderts.

Kenneth Brown: **People of Salé. Tradition and Change in a Moroccan City 1850–1950,** Cambridge 1976. *Eine der überzeugendsten stadtsoziologischen Untersuchungen am Beispiel einer nordafrikanischen Stadt.*

Albert Hourani (Hg.): **Islamic City,** Oxford 1970. *Einer der ersten konzentrierten Versuche, den Begriff der islamischen Stadt zu definieren.*

André Raymond: **Islamic City, Arab City. Orientalist Myth and Recent Views,** in: British Journal of Middle Eastern Studies 21, 1994, S. 3–18. *Zusammenstellung der jüngeren Debatten um die Definition der islamischen Stadt.*

Salma K. Jayyusi, Renata Holod, Attilio Petroccioli, André Raymond (Eds.): **The City in the Islamic World.** 2 vols., Leiden 2008. *Derzeit umfangreichste Darstellung der theoretischen Debatten und konkreten analytischen Beschreibungen von Städten in der islamischen Welt vom 2. Jahrhundert muslimischer Zeitrechnung bis in die Gegenwart.*

12 Muslimbrüder und Islamische Gesellschaft

Abbildung 16: Demonstrationen von Anhängern der Muslimbrüderschaft, Nasr City, Kairo, 1. Oktober, 2013.

Das Symbol der vier Finger einer schwarzen Hand auf gelbem Untergrund wurde 2013 bei Demonstrationen der Muslimbrüder in Ägypten gegen das Vorgehen der Armee in der Auseinandersetzungen mit dem gewählten Staatspräsidenten Muhammad Mursi bekannt. Die Bedeutung ist umstritten. Angeblich soll es sich um den Hinweis auf vier Forderungen der Muslimbrüder an das Militär handeln. Nachdem bei den Demonstrationen zahlreiche Personen zu Tode gekommen waren, verbreitete sich das Symbol in den sozialen Netzwerken als Zeichen der inzwischen als Terrororganisation verbotenen Muslimbruderschaft. In Ägypten wird das öffentliche Zeigen der Hand mit vier aufrecht ausgestreckten Fingern und dem in die Handinnenfläche gebogenen Daumens mit fünf Jahren Haft bestraft. Auf dem vorliegenden Foto von einer Demonstration gegen das Militär wird das das Symbol auch von Teilnehmern verwendet, die wegen ihrer Kleidung nicht als Anhänger oder Mitglieder der Muslimbruderschaft bezeichnet werden können. Inzwischen gilt das Zeichen international als eine Form der Unterstützung der Muslimbrüder. Im Zusammenhang mit dem Referendum für eine neue türkische Verfassung im Jahr 2017 wurde es von Staatspräsident Erdogan und seinen Anhängern auch als Zeichen für die Zustimmung zum Verfassungsentwurf gebraucht.

Das folgende Kapitel beschreibt verschiedene ideologische Tendenzen, die zu einer Radikalisierung des islamischen Denkens führten. Dabei wird die historische Entwicklung als Leitfaden benutzt. Der regionale Schwerpunkt liegt auf den Regionen des Nahen und Mittleren Ostens. Andere radikale Organisationen, die sich z. B. in den Konflikten in Kaschmir, Südthailand, Tschetschenien oder den Südphilippinen engagieren, können hier nicht angesprochen werden. Gleiches gilt für die jüngsten Entwicklungen in Indonesien. Zumindest in Ansätzen werden die ideologischen Grundlagen der sunnitischen radikal-islamischen Positionen in ihren Besonderheiten bzw. Unterschieden dargestellt.

12.1 Reaktionen auf das Vordringen des Westens

Das Vordringen westlichen Gedankenguts und westlicher Technologien nach der Invasion der französischen Armee unter dem Kommando von Napoleon Bonaparte in Ägypten im Jahr 1798 veränderte die geistige Situation nicht nur in Ägypten, sondern auch in anderen Teilen der islamischen Welt. Schon seit dem 17. Jahrhundert hatten europäische Kolonialmächte versucht, politischen und militärischen Einfluss auf islamische Staaten zu nehmen. Dabei handelte es sich um britische staatsnahe Firmen wie die East India Company in Indien unter den Moghul-Herrschern. Auch portugiesische Marine-Einheiten hatten in Indien Stützpunkte errichtet und waren dort zu ihrer Verwunderung auf ‚Mauren' gestoßen, die ihnen aus ihrer Heimat bekannt waren. Die Niederlande hatten seit 1602 ihren wirtschaftlichen und politischen Einfluss auf das Gebiet des heutigen Indonesien durch die Vereenigde Oostindische Compagnie (VOC) ständig erweitert, bis 1799 das Königreich der Niederlande ihr die Kontrolle über diese Region abnahm.

Für Muslime war eine derartige Situation im Grunde nicht tragbar. Aus ihrer Sicht war die Welt eingeteilt in die *dâr al-islâm* (arabisch für: das Gebiet des Islams) und die *dâr al-harb* (arabisch für: das Gebiet des Krieges). Zwar hatte schon der mittelalterliche syrische Rechtsgelehrte Ibn Taymiyya auch noch eine dritte Kategorie, die *dâr al-ahd* (arabisch für: Gebiet des Vertrags), entwickelt, doch spielte diese in der politischen Praxis nach der Islamisierung der Mongolen kaum noch eine Rolle.

Muslimische Reformer wie Jamâl al-Dîn al-Afghânî (1838–1897)oder Muhammad Abduh (1849–1905) hatten zum Ende des 19. Jahrhunderts versucht, die Ursachen für diesen Zustand in den Fehlern zu finden, die die Muslime im Verlauf der Entwicklung ihrer Religion gemacht hatten. In religiöser Hinsicht propagierten sie eine Rückkehr zu den eigentlichen Quellen islamischen Lebens, also zum Koran, den Prophetentraditionen und dem Vorbild der „frommen Altvorderen" (arabisch *al-salaf al-sâlih*). Sie kritisierten auch die religiöse Zersplitterung der islamischen Welt in verschiedene Konfessionen und forderten eine Annäherung zwischen ihnen.

Ebenso kritisch setzten sie sich mit den verschiedenen islamischen Bruderschaften auseinander, in denen sie ebenfalls eine Ursache für die Schwäche des Islams sahen; denn diese Großorganisationen hatten häufig einen regionalen, ja auch lokalen Charakter. Mit den in ihnen praktizierten ekstatischen Ritualen und ihrer Heiligenverehrung hatten sie sich – aus der Sicht der Reformer – von den zentralen Normen des Islams entfernt. Typisch für diese Haltung ist ein Bericht des Reformers Muhammad Rashîd Ridâ (1865–1935), der eine solche Veranstaltung schildert. In einem am Ufer gelegenen Kloster wurde er zu einer Gruppe von Männern geführt.

> „Ihr Scheich saß auf einem Ehrenplatz. Unter ihnen gab es bartlose, hübsche Jünglinge, die in weiße Gewänder wie eine Braut gehüllt waren. Sie tanzten zu dem bewegenden Klang einer Rohrflöte, sie drehten sich schnell und kunstvoll, sodass sich ihre Kleider in Kreisform ausbreiteten. Dabei hielten sie einen harmonischen Abstand voneinander. Sie streckten die Arme aus und neigten die Nacken und kamen abwechselnd an ihrem Scheich vorbei, wobei sie sich vor ihm verbeugten." (Ridâ 1353 Hijra, S. 172)

Rashîd Ridâ sah in diesem Ritualgebet eine Handlung, die gegen die Regeln des Islams verstieß und die er sehr entschieden ablehnte.

Die politische Kritik der muslimischen Reformer richtete sich gegen die Zersplitterung der islamischen Welt in einzelne Staaten, die zudem teilweise in kriegerische Auseinandersetzungen untereinander verwickelt waren. Sie forderten ein einheitliches islamisches Reich, wie es bis zum Ende der Abbasidenherrschaft bestanden habe. Al-Afghânî und Abduh propagierten eine Herrschaft, die panislamisch sein sollte (> Kapitel 6.1). Der osmanische Sultan Abdülhamid II. (Regierungszeit 1876–1909) nahm diesen Vorschlag gern auf und sah sich als das geistige und politische Oberhaupt aller Muslime. Der Panislamismus wurde zu einer Schreckensvorstellung in den Amtsstuben der westlichen Kolonial- und Außenministerien und in den Redaktionen der Zeitungen. Noch in den 1950er-Jahren war einer der regelmäßigen Berichtspunkte der französischen Kolonialadministratoren in Westafrika die Beantwortung der Frage nach panislamischen Aktivitäten in dem jeweiligen Bezirk.

Die westliche Islamwissenschaft hat Reformer wie al-Afghânî oder Abduh als Modernisten verstanden. Ihre Rückbesinnung auf die islamische Frühzeit faszinierte aber Muslime, die im wahrsten Sinn des Wortes als Fundamentalisten bezeichnet werden können. Während die ‚Modernisten' vor allem in der ersten Hälfte des 20. Jahrhunderts starke Aufmerksamkeit im wissenschaftlichen und publizistischen Leben Europas fanden, war eine ältere Ideologie mit vergleichbaren

Konzepten weniger bekannt geworden. Dabei handelt es sich um die Vorstellungen des Gründers der Wahhabiten-Bewegung, Muhammad ibn Abd al-Wahhâb (1703–92), die der Arabienreisende Ludwig Burckhardt zu Beginn des 19. Jahrhunderts in immer noch gültiger Weise beschrieb. Danach lehren die Wahhabiten die Grundsätze des Korans, wie in allen anderen islamischen Regionen auch. Auch die Meinungen der Korangelehrten werden respektiert, aber nicht unbedingt befolgt. Kennzeichnend für die Bewegung ist es, dass sie die ‚Verunreinigungen', die in die Lehre und in das Leben der Gläubigen eingedrungen seien, ablehnen und scharf verfolgen. Die Verbreitung des ‚reinen' Islams ist das Ziel der Wahhabiten (vgl. Burckhardt 1831; Peskes 2000).

Neben der Heiligenverehrung lehnen die Wahhabiten auch andere Formen der Volksreligion ab. Sie stehen der schiitischen Form des Islams besonders feindlich gegenüber und sehen viele technologische Erfindungen und neue soziale Verhaltensweisen als unstatthafte Neuerungen an. Ibn Abd al-Wahhâb konnte eine Allianz mit der Familie as-Saud schließen, die mit den Vertretern dieser Lehre bis heute fortbesteht und ideologische und politische Grundlage des Königreichs von Saudi-Arabien ist.

12.2 Die Muslimbrüder

Die Vorstellungen der islamischen Reformer und der wahhabitischen Ideologie bilden den Hintergrund für zahlreiche radikal-islamische Ideologien der Gegenwart. Einen großen Einfluss schrieben Beobachter der Muslimbruderschaft (arabisch *ikhwân al-muslimîn*) zu, die in den 1920er-Jahren von dem ägyptischen Lehrer Hasan al-Banna (1906–49) gegründet wurde. Ende der 1930er-Jahre hatten die Muslimbrüder ihre Ideologie weitgehend ausformuliert. Danach ist der Islam ein vollkommenes System für alle Situationen des Einzelnen und der Gesellschaft. Grundlage dieses Islams ist das geoffenbarte Wort Gottes im Koran und die Weisheiten der Prophetentraditionen. Dieser Islam ist zu allen Zeiten und an allen Orten richtig und gültig. Er schafft die islamische Ordnung (arabisch *nizâm islâmî*).

Die islamische Ordnung, die aus der Sicht der Muslimbrüder die Basis der muslimischen Existenz darstellt, lässt sich in vier Artikeln zusammenfassen:
- Glaubensüberzeugung
- Rituelle Pflichten
- Ethische Ordnung
- Gesetzgebung.

Die Glaubensüberzeugung (arabisch *aqîda*) ist die Grundlage der islamischen Ordnung. Zu ihr gehört die Überzeugung von der Existenz Gottes als des Schöpfers alles Seienden, von der Bindung zwischen Gott und Menschen, von dem diesseitigen und jenseitigen Leben und von der Prophetie.

Die rituellen Pflichten gegenüber Gott (arabisch *ibâdât*) stellen die ständige Bewusstwerdung der Glaubensüberzeugungen dar. Dabei ist zu beachten, dass jede von ihnen wichtige gesellschaftliche Implikationen hat.

> „Die Glaubenspflichten im Islam beruhen auf den Gedanken der gesellschaftlichen Zusammenarbeit unter den Gläubigen und den Menschen im Allgemeinen." (Reissner 1980, S. 138)

Die sozialen Aspekte der Glaubenspflicht des Almosengebens liegen auf der Hand, gleiches kann für das Gemeinschaftsgebet der Muslime am Freitag gesagt werden. Das Fasten im Monat Ramadan wird von den Muslimbrüdern als „praktische sozialistische Erziehung" verstanden (Reissner 1980, S. 140). Es ist eine Gelegenheit, mit den Hungernden in der Welt konkrete Solidarität zu üben. Bei der Pilgerfahrt treffen sich viele Pilger und machen nicht nur eine tiefe religiöse Erfahrung, sondern werden sich auch der Zugehörigkeit zu einer großen, weltumspannenden Gemeinschaft bewusst. Diese Erfahrung nehmen sie in ihre Heimat mit zurück und geben sie an diejenigen weiter, die die Wallfahrt nicht vollziehen können.

Die ethische Ordnung ist ein weiterer Aspekt der ‚islamischen Ordnung'. Dabei geht es um die Regeln, nach denen Muslime zusammenleben sollen, aber auch Muslime mit Nicht-Muslimen. Im Vordergrund stehen dabei allerdings nicht Regeln, wie sie aus westlichen ethischen Systemen bekannt sind. Wichtiger sind die Fragen danach, wie die traditionellen, gewohnheitsrechtlichen Praktiken, die in den ländlichen Gebieten der islamischen Welt wie in den traditionellen Volksquartieren der großen Städte noch beträchtliche Bedeutung genießen, mit den islamischen Moralvorstellungen, wie sie die Muslimbrüder verstehen, in Einklang gebracht werden können. Die Muslimbrüder sehen soziale Probleme als ethische Probleme an. Diese Grundvorstellung setzen die Muslimbrüder auch in tätiges Handeln um. In verschiedenen Ländern haben sie soziale und karitative Einrichtungen gegründet: von Kindertagesstätten und privaten Schulen bis zu Krankenhäusern und Universitäten.

Schließlich kann die ‚islamische Ordnung' nur durch eine entsprechende Gesetzgebung verwirklich werden. Deren Grundlage ist das islamische Recht. Diese Gesetzgebung muss sich auf alle Bereiche des öffentlichen und privaten Lebens beziehen, auf die Familie ebenso wie auf Wirtschaft und Staat. Diese Gesetzgebung kann auch nicht ohne Strafandrohungen auskommen, „um die

Durchführung dieser moralischen und gesetzlichen Ordnung in gleicher Weise durchzusetzen." (Reissner 1980, S. 140) Begründet wird das damit, dass der Islam nicht allein aus Glaubensüberzeugungen und Ritualen bestünde, sondern ein gesellschaftliches Gebäude zu errichten suche. Er böte den Menschen eine Orientierung, die manchmal bis in die Details des täglichen Lebens reiche (vgl. Reissner 1980, S. 140).

Um dieses Programm durchsetzen zu können, bemühen sich die Muslimbrüder um politischen Einfluss. Dabei gehen sie durchaus pragmatisch vor. In ihrer frühen Zeit verfügten sie über bewaffnete Milizen, beteiligten sich an Putschversuchen und an Attentaten. Das führte zu einer konsequenten Eindämmungspolitik der Sicherheitsdienste in verschiedenen Staaten und zum Verbot der Organisation. Inzwischen haben sich die Muslimbrüder von gewalttätigen Formen des politischen Kampfes abgewandt und nehmen, wo das möglich ist, an Wahlen teil. Durch ihre effektiven sozialen und karitativen Aktivitäten können sie immer wieder entsprechende Stimmzahlen auf sich vereinigen.

Einer der Führer der Muslimbruderschaft, Hasan al-Hudaibi (1881–1973), begründet die Beteiligung an Wahlen damit, dass es in der Scharia keine Vorschrift gäbe, nach der ein Herrscher unbefristet herrschen müsse. Die lebenslangen Regierungen und Monarchien aus früheren Jahrhunderten seien von Menschen gemacht, die nicht durch einen göttlichen Text begründet wäre. Im Gegenteil, Hasan al Hudaibi führt aus:

> „Wenn es z. B. bei uns ein Treuegelöbnis gegenüber dem Herrscher (bai'a) gibt, dann ist dies mit Bedingungen verbunden, z. B. einer Dauer von 5 Jahren, dass er von einem gewählten Rat überwacht wird und Berichtigung erfährt, wenn er irrt. Wenn die Mehrheit das Vertrauen in ihn verliert, dann wird er ausgetauscht. Das alles gilt bei uns." (al Hudaibi 1996, zitiert nach: Damir-Geilsdorf 2003, S. 315)

Die Muslimbrüder treten in einer offiziellen Stellungnahme für ein Mehrparteiensystem ein. Es müsse Parteien geben, denn es sei unmöglich, dass sich alle Menschen auf eine Meinung einigen. Dennoch gäbe es den vom göttlichen Gebot unabhängigen Nutzen: Weltliche Angelegenheiten wie Verkehrsregeln, das Gesundheitswesen, Städtebau, Energiehaushalt etc. Daran sollten Muslime wie Nicht-Muslime teilnehmen und darüber je nach ihrem Wissensstand diskutieren. Jeder habe seine Meinung, da Gott die Menschen unterschiedlich geschaffen habe, mit unterschiedlichen Sprachen, Bildungsständen, Hautfarben. Dies sei natürlich und gut so. So sei es unvermeidlich, dass die Meinungen auseinander gehen (vgl. Damir-Geilsdorf 2003, S. 313).

Die Ordnungen des islamischen Systems ermöglichen die Wahlen für alle Berechtigten. Islam und Demokratie müssen sich ihrem eigenen Selbstverständnis nach nicht widersprechen. Hier wird das System der *Ahl al-Schûra* (arabisch für: die Leute der Beratung) als Beleg angeführt. Diese kann gewählt werden, gegebenenfalls auch in zwei Häusern wie in westlichen Demokratien. Alles dies sind von Menschen gemachte Regeln (arabisch *ijtihâd*). Auch kommunale Institutionen können auf diese Weise organisiert werden und so in islamischen Staaten von den weltweiten Errungenschaften profitieren (vgl. Damir-Geilsdorf 2003, S. 313).

Allerdings stellt al-Hudaibi Unterschiede zwischen der westlichen Demokratie und der ‚Schura-Demokratie' fest:

> „Der Unterschied zwischen Demokratie und Schura besteht darin, dass Schura ein Teil des islamischen Systems ist und nicht dazu verwendet werden kann, gegen die islamische Ordnung zu verstoßen. Schura ist ein Teil der islamischen Religion und kann nicht mit etwas urteilen, was gegen die islamische Religion verstößt. Aber Demokratie in westlichen Ländern ist menschlicher Ijtihad und wird weder durch Glaubensgrundsätze noch durch eine Religion eingeschränkt. Daher kann Demokratie zu jeder beliebigen Sache führen, ob sie nun mit der Religion übereinstimmt oder nicht." (al Hudaibi 1996, zitiert nach: Damir-Geilsdorf 2003, S. 312)

Al-Hudaibi ist der Meinung, dass ‚die Demokratie zu jeder beliebigen Sache führen könne', da sie kein Teil einer Religion sei. So sei auch im katholischen Italien die Scheidung erlaubt, auch wenn sie nicht mit der Lehre der katholischen Kirche in Übereinstimmung zu bringen sei. Demokratie ist nach dieser Theorie ein kulturelles, wissenschaftliches oder politisches Erzeugnis, das macht, was es will, ohne einen religiösen Hintergrund zu haben. Entstanden sei das Phänomen der Demokratie aus der Ablehnung der Willkürherrschaft der Religion im Allgemeinen und der katholischen Kirche, die den Fortschritt in Wissenschaft und Kultur zu verhindern gesucht habe, im Besonderen (vgl. Damir-Geilsdorf 2003, S. 314).

Die hier wiedergegebenen Texte sind unter zwei Gesichtspunkten bemerkenswert. Einerseits verdeutlichen sie die Flexibilität der ideologischen Vorstellungen der Muslimbrüder auch in grundlegenden Fragen, wie der der Organisation einer islamisch geprägten Staatsform. Dass sie in anderen praktischen Fragen situationskonform dachten, ist bekannt. So halten sie die Aktualisierung von Regeln des Alltagslebens für eine menschliche Ordnung, die notwendig ist, um die göttliche Ordnung auf Erden zu verwirklichen, für erforderlich. Dabei können Irrtümer auftreten, aber das Bestreben soll es sein, an der Vervollkommnung der Ordnung zu arbeiten (vgl. Damir-Geilsdorf 2003, S. 312f.).

Andererseits weist al-Hudaibi, wie es Muhammad Abduh einige Jahrzehnte zuvor getan hatte, auf die Offenheit des Islams gegenüber neuen Entdeckungen und Erfindungen im Vergleich zum Christentum hin. Diese Argumentation kann durchaus als ein Hinweis darauf verstanden werden, dass für den Islam die westliche Aufklärung im Grunde nicht erforderlich sei, um an modernen Entwicklungen teilzunehmen.

Die Muslimbrüder legen besonderen Wert darauf, ihre Doktrin in der gesamten islamischen Welt zu verbreiten. Dies geschieht durch ‚Missionare', die auch Glaubensbrüder in der Diaspora besuchen, vor allem aber durch alle Formen moderner Kommunikationsmedien. Auf diese Weise ist es den Muslimbrüdern gelungen, ein Netzwerk von Moscheen und Kontaktpersonen in der gesamten islamischen Welt und darüber hinaus aufzubauen, das für die Verbreitung von Rechtsgutachten, politische Agitation, aber auch zu Hilfsaufrufen bei humanitären Katastrophen genutzt wird.

Die wohl wirkungsmächtigste Persönlichkeit der Muslimbruderschaft neben Hasan al-Banna war Sayyid Qutb (1906–66). Ein Amerikaaufenthalt hatte ihn zu einem besonders heftigen Kritiker der westlichen Lebensweise gemacht. Er gelangte zu der Überzeugung, dass der materialistischen Zivilisation des Westens grundsätzlich alle menschlichen Werte fehlten. Sie würde die Menschheit zu spiritueller, sozialer und sogar psychischer Vernichtung führen. Dabei sah er den Kommunismus nur als eine logische, wenn auch extreme Konsequenz des Systems an (vgl. Damir-Geilsdorf 2003, S. 40 f.).

Deutlich ist seine antikolonialistische Haltung, die er mit Zeitgenossen anderer ideologischer Herkunft teilt:

> „Wir haben einen gemeinsamen Feind: einen Feind der ganzen Menschheit im wahrsten Sinne des Wortes. So lasst uns ihm mit all unserem Hass und all unserer Kraft begegnen. Diese Piraten, die unsere Männer und Kinder an den Ufern des Kanals töten, [...] sie müssen getötet und niedergemetzelt werden. Wir müssen ihre Leichen ins Meer werfen und sie den Kelch kosten lassen, den sie uns etliche Male gaben. Dies ist eine heilige Aufgabe, die jeder von uns seiner Ausrichtung und seinen Prinzipien gemäß erfüllen soll [...]." (Qutb 1951, zitiert nach: Damir-Geilsdorf 2003, S. 44)

In diesem Aufstand gegen die ‚Unterdrückung' sieht er die Patrioten im Namen des Nationalismus genauso verpflichtet wie die Kommunisten im Namen des sozialen Hasses oder die Muslime im Namen des Jihâd. Damit verbindet er verschiedene religiöse und nichtreligiöse Gruppierungen in einem gemeinsamen Kampf.

Wie für zahlreiche Denker seiner Zeit in der islamischen Welt wie im Westen beschäftigte Qutb das Thema der Entfremdung, die er aber nicht als ökonomische oder soziale Entfremdung versteht, sondern als eine religiöse. Beide Gesetze, das religiöse und das weltliche, stammen aus unterschiedlichen Konzepten. Beide ernst zu nehmen, könne zu Konflikten führen, da sie sich widersprechen können. Für den Menschen, der beide ernst nimmt, bestünde die Gefahr der Schizophrenie (vgl. Damir-Geilsdorf 2003, S. 44).

Ein zentraler Begriff im Denken von Sayyid Qutb ist der der Freiheit. Er definiert ihn als die Freiheit, die Unterwerfung unter den Willen Gottes zu wählen. Dazu sind manche Menschen in der Lage. Andere aber zeigen sich zu stark abhängig von äußeren Faktoren, die zum Beispiel aus Zusammenhängen resultieren, die nicht den göttlichen Normen unterstehen. Da diese Institutionen aber die wahre Freiheit des Menschen verhindern, muss gegen sie revoltiert werden. Nur eine wahre Religion könne den Menschen von der Versklavung des Menschen durch andere, aber auch von seinen eigenen Begierden befreien. Das führt Sayyid Qutb zu der These, dass die Religion eine „totale Revolution" gegen die Souveränität des Menschen sein müsse: gegen alle Typen, Zustände und Systeme. Jedes System, das allein in der Hand des Menschen liegt, widerspräche der Religion (vgl. Damir-Geilsdorf 2003, S. 67). In der Konsequenz führt dies zu einer Revolution. Alles, was ohne Religion besteht, definiert Sayyid Qutb als ein System der Unwissenheit (*Jâhiliyya*-System), das mit Stumpf und Stiel ausgerottet werden müsse (vgl. Damir-Geilsdorf 2003, S. 76).

Der Islam als eine revolutionäre Bewegung ist aus seiner Sicht modern und zeitgemäß. Der Islam verherrliche die Gegenwart nicht, sondern sei an der Weiterentwicklung ständig interessiert, um eine schöpferische und kreative Gestaltung der Zukunft zu ermöglichen (vgl. Damir-Geilsdorf 2003, S. 94). Qutb lehnt also moderne Phänomene nicht rundweg ab. Er ist sich der Bedeutung von Erscheinungen wie Industrialisierung, ihren technischen Voraussetzungen und sozialen Konsequenzen völlig bewusst. Er weiß, wie wichtig wirtschaftliches Wachstum ist, um die Grundbedürfnisse der Menschen zu befriedigen. Für ihn ist es durchaus mit dem Islam vereinbar, sich erfolgreich wirtschaftlich zu betätigen. Er akzeptiert wirtschaftlichen Gewinn, spricht sich aber scharf gegen Wucher, Betrug und Bestechung als Begleiterscheinungen einer ungerechten Wirtschaftsordnung aus. Seine Gedanken und Vorstellungen inspirierten eine Anzahl von radikaleren muslimischen Theoretikern und haben bis heute ihren Einfluss nicht verloren.

Im Ägypten unter den Präsidenten Anwar als Sadat (regierte 1970 – 1981) und Husni Mubarak (regierte 1981– 2011) hatten die Muslimbrüder im zivilgesellschaftlichen Bereich ständig an Einfluss gewonnen. Ihre Mitglieder hatten führende Positionen in berufsständischen Organisationen und im karitativen Bereich eingenommen. Mitglieder hatten als Einzelkandidaten Parlamentssitze gewinnen können. Zu Beginn des sogenannten Arabischen Frühlings 2011 nahm die Organisation eine neutrale Haltung ein. In den Präsidentschaftswahlen von 2012 konnte der Führer der Bruderschaft, Muhammad Mursi (geb.1951) obsiegen. Die von ihm verfolgte strikt islamische Politik stieß auf heftigen Widerstand vor allem in den großen ägyptischen Städten. 2014 wurde Mursi abgesetzt. Das Amt des Präsidenten übernahm Abd al-Fattah al-Sisi (geb. 1954). Der Versuch der Muslimbruderschaft in dem führenden Land der arabischen Welt ihre politischen Vorstellungen durchzusetzen, schlug auch wegen der mangelnden Rücksichtnahme auf die liberalen Teile der ägyptischen Bevölkerung fehl. Dieser Misserfolg wird von den Gegnern der Bruderschaft in Zukunft erfolgreich politisch ausgeschlachtet werden.

12.3 Die Islamische Gesellschaft

Etwa zur gleichen Zeit wie Hasan al-Banna gründete in Indien der Journalist und Rechtsgelehrte Abu l-Ala al-Maududi (1903–97) die Islamische Gesellschaft (arabisch *jamâ'at-i islâmî* Die Themen, die al-Maududi in seinen Veröffentlichungen anspricht, stehen in einem engen Zusammenhang mit den lebhaften Diskussionen um einen islamischen Staat, die im Zuge des erstarkenden indischen Nationalismus während der britischen Kolonialherrschaft zwischen Hindus und Muslimen auf dem Subkontinent geführt wurden. Zunächst bestand die Absicht, die Umklammerung der westlichen Kulturen und Ideen aufzubrechen. Die Intellektuellen sollten das Bewusstsein entwickeln, dass der Islam seine eigenen Lebensregeln, Kultur und Philosophie habe. Daraus sollte ein unabhängiges wirtschaftliches und politisches System geschaffen werden. Der Blick in den Westen sollte stark eingeschränkt und die Menschen von ihrer intellektuellen Abhängigkeit vom Westen befreit werden.

Im Gegensatz zu den Muslimbrüdern sind al-Maududis Vorstellungen von der Struktur des islamischen Staates anders, wenn man die Struktur der Jamâ'at-i Islâmî als Vorbild nimmt: Das Oberhaupt dieses Staates sollte ein Emir sein, der von einem Beratungsgremium (arabisch *schûra*) gewählt und von diesem nach seiner Wahl auch beraten werden sollte. Ist die Wahl einmal erfolgt, hat der Emir weitgehende Befehlsgewalt, die jedoch nicht mit einem Präsidialsystem verglichen werden darf, denn es finden sich in dieser organisatorischen Struktur nur wenige Möglichkeiten, durch die der Emir kontrolliert werden kann. Al-Maududi versteht unter dem islamischen Staat ein Gemeinwesen, in dem das islamische Recht zur Anwendung kommt. Bei der Beurteilung, was dem islamischen Recht entspricht, hat der Emir das entscheidende Wort (vgl. Garboriau 1986, S. 33–76).

12.4 Neo-Salafisten

Die Neo-Salafisten, im Folgenden ‚Salafisten', haben in den vergangenen Jahren verstärkte Aufmerksamkeit in den Medien erhalten. Im wissenschaftlichen Kontext ist das nicht in diesem Masse der Fall. Das liegt vielleicht daran, dass es sich um keine einheitliche Organisation handelt, die über ein gemeinsames Konzept verfügt. In der Regel wird von drei Gruppierungen gesprochen, dem puristischen Salafismus, dem politischen Salafismus und dem jihadistischen Salafismus. Alle Salafisten haben folgende Überzeugungen: Sie sehen, wie alle Muslime, die Einheit Gottes (*Tauhîd*) als grundlegenden Glaubensartikel des Islams. Wie die Wahhabiten lehnen sie Heiligenverehrung, Gräberkult und islamische Mystik als polytheistisch ab. Sie müssen die Aussagen des Korans strikt befolgen und sich das Vorbild des Propheten Muhammad, wie es durch die Prophetentraditionen bezeugt ist, zum absoluten Vorbild nehmen, Auch die überlieferten Verhaltensweisen der frommen Altvorderen sollen sie nacheifern. Konsens der Gelehrten und Analogieschluss als Rechtsquellen lehnen sie dagegen ab. Alles, was im Koran und in den Prophetentraditionen nicht angesprochen wird, ist eine unstatthafte Neuerung und daher verboten. Interpretationsversuche der heiligen Texte sind nicht gestattet. Dem Koran ist wortwörtlich zu folgen. Gerade deshalb sind sie gezwungen, sich intensiv mit den Texten auseinanderzusetzen. Aus dieser Situation entstehen Autoritäten, die die Texte besser kennen als andere. Deren Wissen ist von den Salafisten, denen diese Kenntnisse fehlen, kritiklos zu akzeptieren. Obwohl die salafistischen Autoritäten der Meinung sind, dass es nur eine richtige Auslegung des Korans geben kann, treten Unterschiede auf. Das gilt vor allem bei politischen, ökonomischen, sozialen oder technischen Themen, über die sich im Koran direkt nichts findet. Divergierende Auslegungen werden mit der mangelnden Kenntnis der anderen Interpreten begründet. Daraus haben sich verschiedene Positionen ergeben. Nach Überzeugung des amerikanischen Politologen Quintan Wiktorowicz gibt es davon drei, die Quietisten, die politischen und die jihadistischen Salafisten (Wiktorowicz 2006, S. 207–239). Diese Einschätzung ist nach der Islamwissenschaftlerin Justyna Nedza zu einfach. Sie fordert eine genauere Definition des Begriffs, wobei sie auf die Vielfältigkeit der Ansichten auch innerhalb einzelner salafistischer Gruppierungen hinweist (Justyna Nedza 2014 S. 80–105). Als Gemeinsamkeit aller salafistischen Gruppen hat Joas Wagemakers in zahlreichen Publikationen das Konzept von *al-walâʿ* und *al-barâʿ* (Loyalität und Lossagung) herausgearbeitet. „*Al-walâʿwa-l-barâʿ* als ein Konzept, in welchen das soziale Du zwischenmenschliche Verhalten diktiert, ist wahrscheinlich die am weitesten verbreitete Form von Loyalität und Lossagung unter Salafisten .... Die Doktrin drückt sich unter anderem in Fatwas (..) aus, die Muslimen anraten, , den Juden und Christen in der Art des Grußes, der Kleidung, der Namengebung sowie der Bräuche und Riten nicht zu ähnlin, um nicht ihnen gegenüber loyal zu werden, sondern alle Loyalität ausschließlich auf Gott auszurichten. Um zu vermeiden, gegenüber Nicht-Muslimen loyal zu werden, raten einige zeitgenössische Gelehrte den ihnen folgenden Gläubigen, Lossagung (*baraʿ*) zu praktizieren, indem sie in muslimische Länder auswandern" (Wagemankers 2014, S. 70 f). Dass Salafisten vor allem das Moment der Auswanderung nicht konsequent befolgen, steht auf einem anderen Blatt.

Fragen und Anregungen

- Wer war der Gründer der Muslimbruderschaft?
- Was sind die grundlegenden Ideen der Muslimbruderschaft?
- Erläutern Sie die Besonderheiten des Islambildes von Sayyid Qutb.
- Können die einzelnen Gruppen des modernen Salafismus von einander unterschieden werden?

Lektüreempfehlungen

Leonhardt Binder: Religion and Politics in Pakistan, Berkeley 1961. *Eine der ersten umfangreichen Untersuchungen zu den radikal-islamischen Organisationen und Gemeinschaften auf dem indischen Subkontinent.*

Sabine Damir-Geilsdorf: Herrschaft und Gesellschaft. Der islamistische Wegbereiter Sayyid Qutb und seine Rezeption, Würzburg 2003. *Eine faktenreiche, gut dokumentierte Biografie des einflussreichsten Theoretikers der Muslimbrüder.*

Behnam T. Said und Hazim Fouad (Hg.): Salafismus. Auf der Suche nach dem wahren Islam, *Freiburg/Br. 2014. Erster ausführlicher inhaltsreicher Sammelband zur Geschichte und Gegenwart des Salafismus*

Johannes Reissner: Ideologie und Politik der Muslimbrüder Syriens, Freiburg 1980. *Grundlegendes Werk, welches die ideologische Basis der Muslimbrüder in Syrien aufzeigt, die sich einige Zeit an der praktischen Politik beteiligten. Die Aufstände der Muslimbrüder, die zu deren weitgehender Vernichtung im Land führten, konnte nicht berücksichtigt werden.*

13 Der neue Jihâd

Abbildung 17: Das Schwarze Banner, Flagge vieler islamistischer Terrororganisationen.

Mit der weißen Schrift auf schwarzem Grund in einer kaligraphischen oder einer simplen Form wird auf Arabisch das muslimische Glaubensbekenntnis wiedergegeben: lâ illâha ilâ llâh wa Muhammad rasûl Allâh (Es gibt keinen gibt außer Gott und Muhammad ist der Gesandte Gottes). Weite Verbreitung fand diese Form des Glaubensbekenntnisses seit den 1980er Jahren durch die Milizen der afghanischen Taliban, die sich gegen die Okkupation des Landes durch die sowjetische Armee erhoben hatten. In der Folgezeit wurde diese Flagge mit geringen formalen Abweichungen von allen radikal-islamischen Organisationen übernommen. Die schwarze Farbe hat jedoch eine lange Tradition als Zeichen des Aufstands von Muslimen gegen eine als ungerecht und frevelhaft betrachtete Herrschaft. Schon die Gegner der Omayyadendynastie (661–750) benutzten schwarze Flaggen als Zeichen der Revolte. Als sich im Lauf dieser Kämpfe die Dynastie der Abbasiden (750–1258) durchsetzen konnte, wählte man Schwarz als offizielle Farbe des Hofes und der Dynastie.

In den islamischen geprägten Regionen der Welt ist eine enorme Verjüngung der Gesellschaft zu bemerken. Dadurch gibt es heute sehr viele gut ausgebildete junge Menschen, die wirtschaftlich miteinander konkurrieren müssen und so einer hohen Arbeitslosenrate und damit auch der Gefahr der Verarmung ausgesetzt sind. Radikalen Meinungsführern gelingt es dabei vor allem durch die neuen Kommunikationsmedien, Jugendlichen zu suggerieren, dass die Ursachen für diese Entwicklung in einer Aggressivität des Westens gegen Muslime lägen. Das Kapitel erläutert die ideologischen Argumente der radikalen Bewegungen, die in Selbstmordattentate und den Jihâd gegen den Westen führen. Zugleich werden die Ziele der radikalen Bewegungen thematisiert.

13.1 Radikalismus und Märtyrer

Der Einfluss radikal-islamischer Ideen hat in den vergangenen Jahren in islamischen Gesellschaften immer weiter zugenommen. Dafür gibt es verschiedene Ursachen. An erster Stelle steht eine ständige Verjüngung dieser Gesellschaften. In der Mehrheit der islamischen Staaten beträgt der Prozentanteil von jungen Erwachsenen an der Gesamtbevölkerung mehr als 60 %. Diese Bevölkerungsgruppe ist zunächst einmal grundsätzlich leichter zu emotionalisieren und durch populistische Thesen zu aktivieren. Sie ist leichter durch eine undifferenzierte Weltsicht zu begeistern und zur unkritischen Übernahme von Verschwörungstheorien zu bewegen, in hohem Maße zu persönlichen Opfern bereit und leicht manipulierbar. Zudem ist sie mit den verschiedenen modernen Kommunikationsmitteln aufgewachsen, die ihr den Zugang zu allen Möglichkeiten der Information sowie der Propaganda eröffnen. So informieren sich diese jungen Menschen über westliche Gesellschaften, ohne diese je gesehen zu haben oder auch nur die Hoffnung zu haben, diese besuchen zu können.

In der Mehrzahl der islamischen Staaten besteht darüber hinaus ein großes Maß an sozialer Ungleichheit, von dem auch junge Angehörige der akademischen Berufe betroffen sind. Sie sehen in der Regel keine Perspektive für eine angemessene und akzeptable Lebensführung. Möglichkeiten für eine Veränderung der politischen Verhältnisse, die für ihre schwierige Situation verantwortlich sind, gibt es kaum. Diese Personengruppe informiert sich über die Lage in der islamischen Welt vor allem über das Internet und konzentriert sich dabei vor allem auf die Konflikte, an denen Muslime beteiligt sind. Dabei steht der Nahost-Konflikt an erster Stelle. Aber zugleich werden auch die Auseinandersetzungen in Bosnien-Herzegowina, Kosovo, Thailand, den Philippinen, Tschetschenien, vor allem aber in Afghanistan und im Irak verfolgt. Sie werden als aggressive Akte westlicher Mächte gegen den Islam interpretiert. Dadurch entstehen komplexe, stark emotional geprägte Vorstellungen von der Welt, die ein beträchtliches Aggressionspotenzial freisetzen können.

Von zentraler Bedeutung für die europäischen Perspektive auf den radikalen Islam ist die Thematik des Selbstmordattentats. Die Idee des Martyriums ist im Islam eng verbunden mit der des Jihâd, des Glaubenskampfes. Die Kämpfer, die bei einer derartigen militärischen Auseinandersetzung fallen, gelangen nach muslimischer Überzeugung direkt in das Paradies, ohne die Schrecken des Grabes erleiden zu müssen. Überdies können sie bei Gott für ihre Verwandten Fürbitte einlegen.

Die Idee des Martyriums war für manche Muslime so attraktiv, dass sich – vor allem nachdem sich die Zahl der Jihâd-Aktivitäten im Mittelalter deutlich verringert hatte und damit kaum eine Möglichkeit für den Opfertod gegeben war – im Laufe des 10.–15. Jahrhunderts geradezu eine Inflation von Märtyrerkonzepten entwickelte. Man unterschied zwischen den ‚Märtyrern des Schlachtfeldes‘ und den ‚Märtyrern des Jenseits‘. Hintergrund dieser Entwicklung ist eine Debatte innerhalb der islamischen Gelehrtenschaft über die Definition darüber, wer als Märtyrer (arabisch *shahîd*) zu betrachten ist und wer nicht: Kann der als Märtyrer angesehen werden, der in der Schlacht durch einen unglücklichen Zufall zu Tode kommt, indem er von Pferd fällt oder von einem Pfeil des eigenen Mannes getroffen wird? Wie verhält es sich bei Glaubenskämpfern, die gegen islamische Häretiker (d. h. vom Glauben Abweichende) zu Felde ziehen und fallen?

Vor allem aber entwickelten die Gelehrten verschiedene Kategorien für die ‚Märtyrer des Jenseits‘. Dabei stehen an erster Stelle die Muslime, die ermordet wurden, während sie Gott dienten, also z. B. während des Gebets oder der Pilgerfahrt. Ihnen folgen diejenigen, die um ihres Glaubens Willen getötet wurden. Zu ihnen gehören nicht nur Gestalten der eigentlichen islamischen Religionsgeschichte, sondern auch solche, die der alt- und neutestamentlichen Tradition angehören, wie Johannes der Täufer. Weitere ‚Märtyrer des Jenseits‘ sind diejenigen, die an Seuchen, Rippenfellentzündung, Durchfällen oder Koliken sterben, die ertrinken, in einem Feuer ums Leben kommen, von einem zusammenbrechenden Haus erschlagen werden oder Frauen, die im Kindbett sterben. Im Lauf der Entwicklung wurden diese Todesarten um weitere ergänzt. Die Aufnahme von Personen in den Märtyrerstatus ist dabei offenkundig abhängig von Todesarten, die mit besonderen Schmerzen oder Schrecken verbunden sind. Zur Gruppe der ‚Märtyrer des Jenseits‘ gehören schließlich auch die Personen, die aus unglücklicher Liebe sterben, wenn sie diese Liebe nicht offenbart haben und keusch bleiben.

Angesichts der zu erwartenden Belohnung war die Haltung, den Tod im Kampf zu suchen, für die Gemeinschaft der Muslime in ihrer Gesamtheit nicht unproblematisch. Wenn sich viele Muslime in den Märtyrertod stürzen, kann dies die Gemeinschaft schwächen und daher nach der Ansicht einiger Gelehrter nicht dem Willen Gottes entsprechen. Auch nach den Attentaten vom 11. September 2001 kamen unter Rechtsgelehrten Debatten über die Todessuche im Kampf auf. Zunächst reagierten die meisten Gelehrten mit einer strikten Ablehnung von Selbsttötungen unter welchen Umständen auch immer. Als Angehörige der schiitischen Hizbollah (arabisch für: Partei Gottes; die inzwischen führende radikale politische und militärische Macht unter den libanesischen Schiiten) Selbstmordattentate verübten, kam von sunnitischen Gelehrten einhellige Ablehnung, während sich die schiitischen Gelehrten nicht äußerten. Die Angriffe auf das World Trade Center und das Pentagon im September 2001 und die Explosionen in Madrid im Frühjahr 2004 wurden von der überwiegenden Mehrzahl der sunnitischen wie schiitischen Rechtsgelehrten mit klaren Worten abgelehnt. Da diese Attacken nicht als Formen des Glaubenskampfes betrachtet werden, können die Täter auch nicht als Märtyrer betrachtet werden. Hier greift vielmehr das islamische Verbot jeglicher Selbsttötung.

Anders verhält es sich dagegen mit den Selbstmordattentaten in Israel und Palästina. Gelehrte hatten seit 2001 auch diese Attacken als unvereinbar mit dem islamischen Recht eingeschätzt. Dies rief jedoch Widerspruch hervor. Es gab durchaus ambivalente Haltungen. Sie unterschieden zwischen Selbstmord und der ‚Suche nach dem Martyrium'. Innerhalb und außerhalb der islamischen Welt ergab sich also später unter den Gelehrten eine recht große Übereinstimmung bei der Beurteilung von Selbstmordattentaten. Die Attacken von New York, London oder Madrid wurden abgelehnt, vergleichbare Aktionen in Israel oder Palästina aber als vertretbar betrachtet. Das Selbstmordattentat wird angesichts der palästinensischen Unterlegenheit gegenüber der israelischen Armee und der Sicherheitskräfte als rechtmäßiges Mittel im Kampf beurteilt. Diese Position wird übrigens auch von säkularer palästinensischer Seite vertreten, wie der Volksfront für die Befreiung Palästinas, die von dem Kinderarzt George Habasch, der aus einer christlichen Familie stammte, gegründet wurde.

13.2 Ideologische Ziele

Die Geschichte des modernen radikal-islamischen Aktivismus lässt sich gut am Beispiel der im Ägypten der 1970er-Jahre aktiven Gruppe al-Takfîr wa-l-Hijra verdeutlichen. Der Name der Gruppe al-Takfîr wa-l-Hijra ist auch ihr Programm. Das arabische Wort *takfîr* bedeutet „jemanden für einen Heiden halten" oder „jemanden zu einem Heiden erklären". Das arabische Wort *al-Hijra* bezeichnet den Abbruch aller Beziehungen zu einer als heidnisch eingeschätzten Gesellschaft. Man hat ihre Mitglieder als die ‚alten' islamistischen Terroristen bezeichnet. Bei den Angehörigen dieser Gruppe, die auf ca. 300 Personen geschätzt wurde, handelte es sich vor allem um junge Männer, aber auch einige junge Frauen der unteren ägyptischen Mittelschicht, die in den meisten Fällen ein natur- oder ingenieurwissenschaftliches Studium begonnen hatten, ohne in allen Fällen zu einem Abschluss gekommen zu sein. In der Regel gehörten sie dem riesigen Heer der Arbeitslosen oder Unterbeschäftigten des Landes an.

Zu ihrer Frustration über ihre wirtschaftliche Situation kam häufig noch Unzufriedenheit im persönlichen Bereich. Vielen fehlten die finanziellen Mittel, um eine Familie gründen zu können. Da sie dies aber nicht wahrhaben wollten, klagten sie darüber, keine passende Frau finden zu können. Sie führten dies auf die allgemeine Sittenlosigkeit in Ägypten zurück. Sie stießen sich am Auftreten junger Frauen in der Öffentlichkeit, wobei sie auch ihre Kommilitoninnen kritisierten. Vor allem aber lehnten sie Programme der staatlich kontrollierten ägyptischen Massenmedien ab. Amerikanische Fernsehserien wurden als Menschen verderbende Scheußlichkeiten angesehen. Die sich daraus entwickelnden moralischen Verfallserscheinungen, so die jungen Aktivisten, machten es einem jungen Muslim unmöglich, ein anständiges Mädchen als Ehepartnerin zu finden.

Negativ wurde auch das ägyptische säkulare Erziehungssystem bewertet. Der Führer von al-Takfîr wa-l-hijra, Mustafa Shukrî (geboren 1942) vertritt dazu die Meinung, dass die Gemeinde Muhammads nicht gelernt habe, um Wissen über die Welt zu erwerben, sondern um die Wunder der Schöpfung zu erkennen, sodass daraus die Erkenntnis erwächst, dass Gott grenzenlos anzubeten sei. Jedes Wissen, dass nicht zum Zweck der Verehrung Gottes erworben wird, sei Polytheismus. Auch der Prophet habe, so behauptet Mustafa Shukrî, nicht gelesen oder gerechnet, auch wenn er es konnte. Die erste Gemeinschaft der Gläubigen (arabisch *umma*) in Medina sei die beste gewesen und habe in ihrer Mehrheit aus Analphabeten bestanden (vgl. Heine 1983, S. 110 – 119).

Die Gruppe erklärte nun, entsprechend der Bedeutung ihres Namens, den existierenden ägyptischen Staat und weite Teile seiner Gesellschaft für heidnisch. Angesichts der besonderen Bedeutung, die das Vorbild des Propheten Muhammad für alle Muslime hat, hielten es die Mitglieder der Gruppe al-Takfîr wa-l-Hijra für richtig, die von ihnen als heidnisch identifizierte Umgebung zu verlassen und die Hijra durchzuführen.

Die Gruppe sah sich in einer vergleichbaren Situation wie die, in der sich der Prophet Muhammad befunden hatte. In Mekka waren er und seine Anhänger verfolgt worden wie die Mitglieder von al-Takfîr wa-l-Hijra. Wie er verließen sie daher ihr soziales, verwandtschaftliches und wirtschaftliches Umfeld. Sie zogen sich in ein Wüstengebiet westlich des Nils zurück, wo sie einen wahren islamischen Staat realisieren wollten. Wie dieser Staat im Einzelnen aussehen sollte, blieb jedoch weitgehend offen. Wichtig war ihnen vor allem, dass man sich nach den Geboten Gottes richte. Ein Leben nach anderen Regeln war nach ihrer Auffassung ein Leben fern von Gott. Niemand könne Gesetze machen außer Gott selbst (vgl. Heine 1983, S. 110 – 119).

Neben dem eigenen Staat entwickelten die Mitglieder der Gruppe auch einen eigenen Islam. Sie hatten den religiösen muslimischen Autoritäten wegen ihrer ‚Kooperation' mit dem ‚heidnischen Regime' jede Existenzberechtigung abgesprochen und lehnten auch die in Jahrhunderten entwickelten Formen der islamischen Rechtsschöpfung ab. Alle Traditionen der Prophetenhadîthe, die ansonsten neben dem Koran Grundlage für die islamische Rechtsprechung sind, wurden von ihnen verneint. Das seien Worte von Menschen und damit keine Worte göttlicher Rechtleitung, die allein angestrebt wurde (vgl. Heine 1983, S. 110 – 119; Heine 1986, S. 28 – 45).

Die Thesen von al-Takfîr wa-l-Hijra wurden in Ägypten durch die staatlichen Medien veröffentlicht, um dann durch hochrangige muslimische Religionsgelehrte widerlegt zu werden. Diese Vorgehensweise zeitigte jedoch nur begrenzte Erfolge.

13.3 Der islamische Staat

Im Jahr 1981 wurde der ägyptische Präsident Anwar al-Sadat von islamistischen Attentätern getötet. In einem bekannt gewordenen Text der Gruppe der Attentäter heißt es, dass sich die Gruppe dem Vormarsch der weltlichen Regelungen, der Jahiliyya, entgegenstellen wolle, um zu verhindern, dass der Religion Schaden zugefügt würde. Die Gruppe lehnt die westliche Zivilisation ab, die sie grundsätzlich als sündige Ideologie sieht, die wiederum ein Ergebnis des Unglaubens Europas sei. Das westliche System wird als verderblicher angesehen als das der Mongolen, die 1258 Bagdad zerstört hatten:

> „Es gibt keinen Zweifel, dass das mongolische Gesetz, Yasa, eine geringere Sünde ist als die Gesetze, die der Westen Ländern wie Ägypten auferlegt hat und die keine Beziehungen zum Islam oder irgendeiner anderen offenbarten Religion haben." (Jansen 1985, S. 8)

Die in vielen Staaten mit muslimischer Bevölkerungsmehrheit verbreitete Ideologie des Nationalismus wird ebenfalls abgelehnt. Über einen wirklichen islamischen Staat meinen die Hintermänner der Sadat-Attentäter, dass es eine religiöse Verpflichtung sei, einen Staat einzurichten, der den Gläubigen dabei unterstützt, entsprechend den Vorschriften des Islams zu leben. Wenn die Errichtung eines solchen Staates nicht anders möglich ist, seien auch Gewalt und Krieg legitim, um dieses Ziel zu erreichen (vgl. Jansen 1985, S. 7 f.).

Ein zentraler Text der Attentäter, zu dessen Inspiratoren auch Aiman al-Zawahiri, der derzeitige Ideologe des Netzwerks al-Qaida, gehört, hat den Titel ‚Die abwesende Pflicht' (arabisch al-farîda al-ghâ'iba). Diese in Vergesenheit geratene Glaubenspflicht ist der Jihad, der nach der Ansicht der Autoren die Aufgabe eines jeden Muslims ist und nicht nur die der Herrschenden. Nach Ansicht der Autoren der al-farîda al-ghâ'iba müsse ein jeder Muslim tun, wozu er in der Lage sei: Wer beten könne, müsse beten. Wer fasten könne, müsse fasten. Daraus schließen die Autoren, dass der, der in den Jihâd ziehen könne, auch in den Jihâd ziehen müsse. Dass sich dieser Jihâd auch gegen den Westen richtet, der in diesem Text mit Rom gleichgesetzt wird, lässt sich aus folgendem Satz ersehen:

> „Die Eroberung von Konstantinopel ereignete sich 800 Jahre nach der Voraussage des Propheten, also wird auch die Eroberung Roms stattfinden." (Jansen 1985, S. 7)

Den Sicherheitsdiensten der verschiedenen islamischen Staaten gelang es immer wieder, gewaltbereite islamistische Gruppen auszuschalten. Die Situation änderte sich grundlegend durch zwei historische Vorgänge. Bei dem ersten handelt es sich um die Invasion der sowjetischen Armee in Afghanistan, die Ende 1979 begann. Der Roten Armee gelang es nicht, den afghanischen Widerstand in raschen Schlägen auszuschalten. Daher konnten die afghanischen Mujahidin (von arabisch *mujâhid*, Glaubenskämpfer) erfolgreich um Hilfe in der islamischen Welt (aber auch bei den USA) nachsuchen. Junge Männer, vor allem aus der Golfregion, zogen nach Afghanistan, um ihren Glaubensbrüdern beizustehen.

Besonders engagiert zeigte sich dabei ein saudischer Millionär, Usama bin Ladin (1957–2011), der auf eigene Kosten eine erfolgreiche Guerillatruppe aufstellte. Seine ganz persönliche Beteiligung verschaffte ihm in der Golfregion und darüber hinaus ein ungewöhnlich hohes Prestige. Doch auch die anderen Kämpfer, die nach dem Erfolg des Widerstands in ihre Heimatländer zurückkehrten, erhielten von allen Seiten hohe Anerkennung. Etliche begaben sich nach dem Abenteuer in Afghanistan als Söldner des Jihâd sogleich zum nächsten Kriegsschauplatz wie z. B. Bosnien und von dort weiter. Andere begannen, in ihren Heimatländern für radikale Formen des Islams zu missionieren, wie sie sie in Afghanistan kennengelernt hatten.

Das andere Ereignis war der Einmarsch alliierter Truppen unter Führung der USA nach der Invasion des Irak in Kuwait zur Sicherung des saudi-arabischen Herrschaftssystems im Jahr 1990/91. Usama bin Ladin hatte der saudischen Führung angeboten, seine Afghanistankämpfer gegen einen irakischen Angriff unter der Bedingung einzusetzen, dass sie auf die Hilfe des Westens verzichte. Als die saudische Führung auf dieses Angebot nicht einging, begann Bin Ladin einen

Krieg gegen die Herrscher in Saudi-Arabien, vor allem aber gegen die USA. Diesen eröffnete er mit einer regelrechten Kriegserklärung:

> „Vertreibt die Heiden von der Arabischen Halbinsel! Jeder von euch weiß, welche Ungerechtigkeit, welche Unterdrückung, welche Aggression die Muslime vonseiten des Bündnisses der Juden und der Kreuzfahrer und seiner Lakaien erleben. Das geht so weit, dass das Blut der Muslime nichts mehr wert ist, dass ihr Besitz und Geld ihren Feinden zur Plünderung überlassen werden." (Kepel 2006, S. 67)

Überall würden Massaker an Muslimen verübt, während die ganze Welt zuschaue. Die Vereinten Nationen betrachtet Usama bin Ladin als eine amerikanische Organisation, die ein Werkzeug in dem weltweiten Komplott gegen die Muslime sei. Gegen die Muslime würde ein vereinter Kampf von Juden und Christen geführt. Auch die Allianz Saudi-Arabiens mit den westlichen Staaten im ‚Kampf gegen den Terrorismus' betrachtet Bin Ladin als eine Besetzung der Heiligtümer von Mekka und Medina.

Bin Ladin sieht den Islam und die Muslime in einem langen Kampf gegen den Westen. Er stellte 2002 eine Liste der erfolgreichen Angriffe gegen seine Gegner zusammen und fährt dann fort:

> „Wisst, dass es die erste Pflicht und das Beste der guten Werke für Gott (gepriesen sei er) ist, die Amerikaner und die Juden auf der ganzen Welt, in allen Himmelsrichtungen zum Ziel zu nehmen; ich rate euch, dass ihr euch um ehrliche Religionsgelehrte und eifrige Prediger versammelt; ich rate euch, dass ihr Zuflucht bei der Verschleierung sucht, vor allem für die militärischen Aktionen des Jihâd [...] Bevor ich schließe, rufe ich meine muslimischen Brüder und mich selbst mit diesem Gedicht auf dem Wege Gottes auf:
>
> ‚Ich lenke mein Streitross und werfe mich mit ihm
> ins Getümmel wie ein Ruder in die Flut.
> Herr, mach dass mein Hinscheiden geschieht
> nicht auf einem Katafalk mit grünen Stickereien,
> Sondern das mein Grab der Magen eines gefräßigen Geiers ist
> der hoch oben sitzt,
> Dass ich als Märtyrer sterbe im Herzen einer Schar,
> die angegriffen wird mitten im zitternden Aufmarsch;
> Wie einer der Recken von Schaiban, die geeint waren
> in der Furcht Gottes, als sie den Angriff führten.
> Wenn sie die Welt verlassen, verlassen sie den Schmerz
> und finden das, was der Koran versprochen hat.'„
> (Bin Ladin 2002, zitiert nach: Kepel 2006, S. 113)

Wie in seinen mündlichen Verlautbarungen verwendet Bin Ladin auch hier Versatzstücke aus der klassischen arabischen Literatur, Geschichtsschreibung und islamischen Theologie. Durch diese Mittel hat er zumindest zeitweise zahlreiche Leser angesprochen.

13.4 Der Jihâd gegen den Westen

Der wichtigste Ideologe des al-Qaida-Netzwerks und der Jihâdbewegungen ist heute der ägyptische Arzt Aiman al-Zawahiri (geboren 1951). Er hat sich schon mit 15 Jahren ägyptischen radikal-islamistischen Gruppen angeschlossen, war in Haft gewesen und dann über Saudi-Arabien nach Afghanistan und zu Bin Ladin gekommen. Er hat gute Kenntnisse des Korans, der Prophetentraditionen und der späteren islamischen theologischen Literatur, die er jeweils aus einer radikalislamischen Perspektive interpretiert. Demnach ist die Demokratie eine neue Religion. Er begründet das damit, dass der Ursprung der Gesetze, der im Islam im Koran liegt, bei den demokratischen Staaten im Volk liegt. Damit würde das Volk vergöttlicht, da dem Volk das Recht Gottes, nämlich das der Gesetzgebung übertragen würde. Im Islam käme die Souveränität Gott allein zu, während sie in Demokratien vom Volke ausginge. Damit würde die Demokratie zum Götzendienst, die von jedem Gläubigen abzulehnen sei. Den in den Parlamenten vertretenen Parteien, den Männer und Frauen, sei das Recht der Gesetzgebung nicht zuzusprechen, denn sie seien nicht Gott. Und wer diese Haltung einnimmt, könne sich nicht in ein Parlament wählen lassen (vgl. Kepel 2006, S. 334).

Von Ayman al-Zawahiri stammt auch die Theorie vom nahen und vom fernen Feind. Er erkannte, dass die Jihâd-Bewegungen in Ägypten nicht in der Lage sein würden, sich gegenüber der Staatsmacht, dem nahen Feind, durchzusetzen. Er führte dies auf die Unterstützung des Regimes in Ägypten durch die USA, den fernen Feind, zurück.

Seine Konsequenz aus dieser Analyse war, dass man den fernen Feind angreifen müsse, um ihn davon abzuhalten, den nahen Feind zu unterstützen. In der Konsequenz wurden dann US-amerikanische Einrichtungen in aller Welt angegriffen und schließlich die Attacke auf das World Trade Center am 11. September 2001 durchgeführt. Daraus wiederum folgten die Invasion von alliierten Truppen in Afghanistan und mittelbar auch die im Irak. So ist der vormals ferne Feind zu einem nahen Feind geworden.

Hatte al-Zawahiri sich und seine Gruppe zunächst als eine islamische aktivistische Elite gesehen, wurde ihm dann deutlich, dass er trotz mancher Erfolge ohne eine breite Massenbasis schließlich scheitern würde. Darauf reagierte er mit einem Text unter der Überschrift *Die Gemeinschaft der Gläubigen mobilisieren, um sie am Kampf teilhaben zu lassen, und sich davor hüten, einen elitären Kampf gegen die Macht zu eröffnen* (2006). In diesem Text übt er Selbstkritik an seiner Bewegung. Die Jihâd-Bewegung müsse sich auf die Menschen zu bewegen, sie mitreißen, sie überzeugen. Nur dann könne es gelingen, auch die Massen zu bewegen. Das Augenmerk müsse viel stärker auf die Predigt und auf den Dienst an der Bevölkerung gelegt werden, um erzieherisch zu wirken und die Unterstützung für die Ziele zu gewinnen. Alles müsse getan werden und keine Möglichkeit ungenutzt bleiben, um das Vertrauen, die Zuneigung und den Respekt der Gläubigen zu gewinnen. Wenn die Menschen spüren, dass sich die Bewegung um sie kümmert und sie beschützt, würden sie auch im Inneren der Gemeinschaft der Gläubigen ankommen. Ein elitärer Kampf gegen die Macht sei nicht sinnvoll, da er nicht dauerhaft gelingen könne, da ohne den Rückhalt in der Bevölkerung auch keine neue Machtbasis aufgebaut werden könne (vgl. Bonney 2004, S. 262f.).

Die Vertreter der Jihâd-Bewegungen, vor allem das Netzwerk al-Qaida, nutzten für die Verbreitung ihrer ideologischen Vorstellungen nicht nur die traditionellen Formen der Vermittlung, also die Predigt von umherreisenden Angehörigen der Organisationen und die Verteilung von Schriften und Audio- und Videokassetten, auf denen Predigten und Anleitungen für die verschiedensten Aktionen wiedergegeben wurden. Eines der Hauptkampffelder um die Köpfe und die Herzen junger Muslime waren und sind die modernen Kommunikationstechniken, vor allem das Internet geworden. Hier werden nicht nur neue Verlautbarungen und Bilder von der Verfolgung und vom Kampf der muslimischen Kämpfer verbreitet, sondern auch Debatten über verschiedene ideologische Positionen geführt. Dadurch können sich Muslime mit den unterschiedlichsten persönlichen, gesellschaftlichen und politischen Erfahrungen in die Diskussionen einschalten und miteinander austauschen.

Dennoch konnte al-Qaida seine Ziele nicht erreichen. Dafür gab es neben der westlichen militärischen Überlegenheit auch einige interne strukturelle Gründe.

13.5 Die neuen Jihadisten

Als Konkurrenz zu al-Qaida entstand seit 2006 eine Organisation, die sich selbst zunächst ‚Islamischer Staat im Irak und Syrien' nannte und in der Folge ‚Islamischer Staat' nennt. Als Gründungsgestalt gilt Abû Mus'ab al-Zarqâwî (1966–2006) aus der Stadt al-Zarqa in Jordanien. Er war beeinflusst von dem al-Qaida-Ideologen 'Abdallah 'Azzâm (1941–1989), der ebenfalls aus al-Zarqa stammte. Im Gefängnis lernte al-Zarqâwî den radikalen Prediger Abû Muhammad al-Maqdisî (geb. 1959) kennen, der ein Vertreter des jihadistischen Salafismus war und trotz mancher Modifikationen seiner Ansichten immer noch über großen Einfluss auf radikale und jihadistisch-salafistische Kreise verfügt. Nach Versuchen, Organisationen in Afghanistan aufzubauen, kam al-Zarqâwî 2002 in den Irak, wo er eine

Gruppe mit Namen *al-Tauhîd* oder *al-Tauhîd wa-l-Jihâd* etablierte. Später nannte er seine Organisation ‚Islamischer Staat im Irak'. Schlussendlich heißt sie heute ‚Islamischer Staat' häufig mit dem Zusatz ‚in Syrien', so vor allem in der arabischen Abkürzung ‚Daesh' (von *al-daula al-islâmiyya fî al-Shâm,* Der islamische Staat in (Groß)Syrien). Nach dem Einmarsch alliierter Truppen unter Führung der USA 2003 begann die Gruppe mit Attentaten, die sich vor allem einerseits gegen westliche Einrichtungen und ihr Personal richteten und andererseits gegen Vertreter der schiitischen Bevölkerungsmehrheit im Irak. Die Attentate und andern terroristischen Aktionen wurden mit großer Brutalität durchgeführt und durch die elektronischen Medien allgemein verbreitet. Dass bei den Attentaten auch Sunniten ums Leben kamen, wurde billigend in Kauf genommen, was dem Ruf al-Zarqâwîs allerdings schadete und ihm auch Kritik von Seiten der Führung von al-Qaida einbrachte. Die sunnitischen Opfer wurden dann den Operationen der westlichen Besatzungsmacht angelastet. Al-Zarqâwî ließ sich in der folgenden Zeit von der Kritik muslimischer Gelehrter nicht von seinen brutalen Aktionen abbringen. Besonders spektakulär war das Attentat auf die Moschee in Samarra, eines der größten Heiligtümer der Schiiten im Februar 2006. Die Aktion wurde vermutlich auch mit der Absicht durchgeführt wurde, die Konflikte zwischen Sunniten und Schiiten im Irak weiter anzuheizen. Es kam dann auch zu weiträumigen ‚ethnischen Säuberungen' vor allem in Baghdad, wo vor allem in den neueren Stadtvierteln häufig eine gemischte Bevölkerung von verschiedener Konfessionen und Religionen angesiedelt worden war (vgl. Günther 2014).

Der Tod von al-Zarqâwî 2006 führte zu keiner Veränderung der Situation. Sein Nachfolger, Abû Bakr al-Baghdâdi (geb. 1971), gilt allerdings als kenntnisreich in religiösen Fragen. Er hat angeblich in Baghdad Theologie studiert und in islamischem Recht promoviert. Im Gegensatz zu al-Zarqâwî tritt er kaum öffentlich auf. Erst nach der Eroberung Mosuls durch Kräfte des ‚Islamischen Staats' erschien er in schwarzer Kleidung auf der Kanzel der Freitagsmoschee und erklärte sich zum *Amîr al-Mu'minîn* (Beherrscher der Gläubigen), also zum Kalifen. Kennzeichnend war, dass er in traditionelle schwarze Gewänder gehüllt war und einen schwarzen Turban trug. Es ist davon auszugehen, dass es sich um eine bewusste Inszenierung handelte. War doch Schwarz die offizielle Farbe des Abbasidenhofes gewesen. Vor der Entstehung der Abbasidendynastie (750–1258) war die schwarze Farbe Kennzeichen lebhafter Heilserwartungsbewegungen gewesen. Heilserwartungsvorstellungen spielen zumindest im Hintergrund auch eine Rolle bei den ideologischen Konzepten des ‚Islamischen Staates'. Ein Indiz dafür war die geplante Einführung eine Währung, die einerseits Bezug nahm auf die üblichen Geldmünzen der Abbasidenzeit, also Gold-Dinare, Silber-Dirham und Kupfer-Fils. Die Verwendung von Banknoten aus Papier sollte abgeschafft werden. Vor allem aber wurde eine Silbermünze im Wert von 5 Dirham geplant.

Auf der Bildseite findet man eine abstrahierte Darstellung der Großen Moschee von Damaskus mit dem Minarett, auf dem nach muslimischer Tradition vor dem Tag des Jüngsten Gerichts der Messias erscheinen wird. In der Volksüberlieferung wird es von den Damaszenern als Jesus-Minarett bezeichnet. Jesus wird dann mit der muslimischen Messias-Gestalt, dem Mahdi, in die Schlacht ziehen, um tausendjähriges ein Reich der Gerechtigkeit und des Friedens zu errichten, bevor das Jüngste Gericht eintritt. Zumindest die Kalifats-Idee hat bei verschiedenen jihadistischen Gruppen Anklang gefunden.

Fragen und Anregungen

- Erläutern Sie den Namen der ägyptischen Gruppe al-Takfîr wa-l-Hijra.
- Mit welchen rhetorischen Mitteln operiert Usama bin Ladin?
- Mit welchen Argumenten setzen sich orthodoxe gemäßigte muslimische Theologen mit al-Qaida auseinander?
- Beschreiben Sie die Reaktion von Aymân al-Zawahîrî auf die Kritik an seiner ursprünglichen Vorstellung von der Jihâd-Bewegung.

Lektüreempfehlungen

Richard Bonney: Jihâd. From Qur'an to bin Lâden, Houndmills 2004. *Umfangreichste und materialreichste Beschreibung und Analyse der radikalen islamischen Bewegungen und die Ursprünge und Quellen ihrer Überzeugungen.*

Kurt Graulich / Dieter Simon (Hg.): Terrorismus und Rechtstaatlichkeit. Analysen, Handlungsoptionen, Perspektiven, Berlin 2007. *Zusammenstellung der verschiedensten sicherheitspolitischen, juristischen und politikwissenschaftlichen Aspekte zum Umgang mit Formen des radikalen Islams.*

Günther, Christoph: Ein zweiter Staat im Zweistromland? Genese und Ideologie des „Islamischen Staates Irak", Würzburg 2014. *Kenntnisreiche Darstellung der Geschichte und Entwicklung des ‚Islamischen Staats'.*

Gilles Kepel / Jean-Pierre Milelli: Al-Qaida. Texte des Terrors, München 2006. *Umfangreiche Zusammenstellung von Verlautbarungen radikal-islamischer Theoretiker und Aktivisten.*

Martin Riesebrodt: die Rückkehr der Religionen. Fundamentalismus und der ‚Kampf der Kulturen', München 2000. *Viel zitierte, grundsätzliche und vergleichende Untersuchung zu radikalen Strömungen in den Weltreligionen.*

14 Christlich-islamischer Dialog

Abbildung 18: Migrationsobjekt des Herner Künstlers Helmut Bettenhausen auf dem Kirmesplatz in Herne-Crange.

Die Beziehungen zwischen Christentum und Islam hat der aus der Ruhrgebietsstadt Wanne-Eickel stammende Künstler Helmut Bettenhausen (geb. 1935) im Jahr 2007 behandelt. Dafür schuf er eine Installation auf dem Platz der Canger Kirmes, einem Ort, an dem einmal im Jahr ein großes Volksfest stattfindet. Der Künstler hat auf zwei Kuppeln eines Bunkers aus dem Zweiten Weltkrieg ein Kreuz und eine Mondsichel errichtet. Die beiden Symbole bestehen aus rohem, inzwischen rostendem Stahlblech. Sie stehen für die Religionen und Kulturen von Christentum und Islam. Zugleich symbolisieren sie die Migranten, die über mehr als ein Jahrhundert in das Industriegebiet an Rhein und Ruhr gekommen sind. Das Kreuz steht vor allem für die katholischen ‚Ruhrpolen', die besonders seit den 1880er Jahren aus den östlichen Provinzen des Deutschen Kaiserreichs als Arbeitskräfte für die wachsende Kohle- und Stahlindustrie zugewandert waren. Die Mondsichel bezieht sich auf die Muslime, vor allem aus der Türkei, die seit den 1960er Jahren in das Ruhgebiet gekommen waren. Helmut Bettenhaus will damit auf die wirtschaftliche und kulturelle Bedeutung dieser beiden Migrantengruppen für die Geschichte und Entwicklung der Region hinwiesen.

Das folgende Kapitel gibt einen Überblick über die Geschichte der Beziehungen zwischen der islamischen und der christlichen Welt im Mittelalter und beschreibt die verschiedenen Standpunkte christlicher Theologen. Ferner skizziert es die jüngsten Debatten um die Beziehungen zwischen Christentum und Islam, ihre Schwierigkeiten und ihre Perspektiven sowie eine Kontroverse innerhalb der deutschen Islamwissenschaft um die Frage, ob es eine islamische Aufklärung gegeben hat.

14.1 Die Anfänge im Mittelalter

Dem Islam war das Christentum seit seiner Entstehung bekannt. Im Koran wird immer wieder auf Jesus und seine Lehre Bezug genommen. Christen spielen in der frühislamischen Geschichte eine Rolle als Einzelpersonen, wie Waraqa ibn Naufal, den Muhammads Frau Khadîja nach den ersten Offenbarungen des Korans um Rat fragte. Dies gilt auch für einzelne christliche Staaten, wie Äthiopien, das sieben Jahre vor der Hijra als Zufluchtsort für Muslime diente, die in Mekka verfolgt wurden (vgl. O'Shaughnessy 1991, S. 39f.). Unter Muhammads Leitung schloss der junge islamische Staat Verträge mit christlichen Gemeinden auf der arabischen Halbinsel ab. Im Laufe der islamischen Ausbreitung entwickelten sich eingespielte Formen des Zusammenlebens mit den Christen, die in vielen Ländern und über einige Jahrhunderte eine Mehrheit unter einer dominierenden muslimischen Minderheit bildeten. Erst nach und nach wurde der muslimische Bevölkerungsanteil größer und bildete schließlich die Mehrheit (vgl. Bulliet 1979). Solange die Machtverhältnisse zwischen den beiden Religionsgemeinschaften nicht infrage gestellt wurden, kam es zu keinen lang andauernden ernsthaften Konflikten. Erst als sich das politische, wirtschaftliche und strategische Interesse der europäischen Großmächte mehr und mehr auf die islamische Welt konzentrierte und die orientalischen Christen für die europäischen Interessen instrumentalisiert wurden, verschärften sich die Beziehungen zwischen den Angehörigen der muslimischen und der christlichen Religion.

Für die Christen stellte sich die Situation ein wenig anders dar. Die Mehrzahl der Menschen in einigen Regionen wie Syrien oder Ägypten, die von muslimischen Heeren erobert wurden, waren im 7. Jahrhundert noch Christen. In vielen Fällen hatten sie gegen die neue Herrschaft kaum etwas einzuwenden, da diese sich ihnen gegenüber verständnisvoller verhielt als die zuvor regierenden Byzantiner, mit denen es dogmatische, aber auch politische Differenzen gegeben hatte. Relativ früh begann ein Dialog mit dem Islam, bei dem auf christlicher Seite zunächst Vertreter orientalischer Konfessionen Gesprächspartner waren. Als der erste Teilnehmer an einem islamisch-christlichen Dialog wird Johannes Damaszenus (675–749) bezeichnet, aus dessen Schriften grundlegende Informationen über Glauben und Ritual der Muslime im Christentum bekannt wurden.

Wegen der geringen Kommunikationen zwischen der abendländischen und der morgenländischen Kirche blieben diese Informationen aber nur auf einen kleinen Teil der Christenheit beschränkt. Vor allem für das westliche Christentum, das mit dem Islam auf der iberischen Halbinsel konfrontiert wurde, ergab sich in der Beurteilung dieser Religion eine komplizierte Situation. Das frühmittelalterliche Christentum kannte im Grunde unter religiös-konfessionellen Gesichtspunkten nur Christen, Juden und Heiden. Erst später kamen noch die Ketzer hinzu. Die Muslime waren keine Christen, keine Juden, aber auch keine Heiden. Als Ketzer konnte man sie zunächst aber auch nicht bezeichnen. Irgendeinen Zusammenhang mit dem Christentum musste man aber konstruieren. Also entstand folgende Legende über die Entstehung des Islams:

Einer der sieben Diakone Roms, Nikolaus, war exkommuniziert worden, da er verschiedene gotteslästerliche Handlungen begangen hatte. Er soll in einen Turm gesperrt worden sein, wo er dann starb. Sein Schüler Maurus aber sei bestrebt gewesen, seinen Lehrer Nikolaus zu rächen. Als er den Knaben Muhammad kennenlernte, lehrte er diesen alle teuflischen Künste, die er selbst von Nikolaus gelernt hatte. Durch kunstreiche Tricks soll es Maurus arrangiert haben, dass Muhammad zum König der Hauptstadt Arabiens wurde, in der sie lebten. Von da an sei der christliche Glaube der Menschen Schritt für Schritt verdorben worden. Maurus und Muhammad verfassten der Legende nach gemeinsam den Koran, in dem sie Teile aus dem Neuen und Alten Testament aufnahmen, aber ihre Bedeutung verdunkelten. Deshalb sei Muhammad als Prophet verehrt worden. Der Islam war geboren mit allen Eigenschaften, die gegen christliche Regeln verstießen. Da die Christen bereits den Sonntag und die Juden den Samstag als Feiertag feierten, hätten sich die Muslime für den Freitag, den Tag der Venus, als Feiertag entschieden, was ja ihren Neigungen entspräche (vgl. Heine 1997, S. 303–310).

Derartige Vorstellungen von der Entstehung des Islams hielten sich im Abendland lange Zeit, auch wenn mit der besseren Kenntnis des Islams sich die Einschätzung des Islams änderte. Viele Gelehrte des christlichen Mittelalters setzten sich sehr ernsthaft mit dem Islam auseinander. Ihnen ging es vor allem darum, die nicht zu leugnende Existenz des Islams in den göttlichen Heilsplan einzufügen. Sie nahmen dabei auch auf die muslimischen Biografien Muhammads und seine Genealogie Bezug. Dabei wurde betont, dass Ismael als Sohn von Hagar, einer Nebenfrau Abrahams, von einer ‚geringeren' Abstammung war. Die Verheißung: „Ich will den Sohn der Leibeigenen zu einer großen Nation machen." (Genesis 21, 13) wurde auf Muhammad bezogen.

Die Tatsache, dass Muhammad als Heide geboren wurde, wurde aus den muslimischen Quellen übernommen. Bei Petrus Venerabilis (1092–1156), dem Abt der Klosters Cluny, der die erste Koranübersetzung ins Lateinische initiierte, findet man den Satz:

> „Er war ein Araber von niedriger Geburt und zunächst ein Anhänger des alten Götzendienstes, wie es auch die anderen Araber damals waren. Er war ungebildet und hatte von den Wissenschaften so gut wie keine Ahnung." (Petrus Venerabilis 1985, S. 7)

Seine historische Existenz wurde vom mittelalterlichen Abendland nicht infrage gestellt. Es blieb für die christlichen Theologen des Mittelalters aber die Frage nach der heilsgeschichtlichen Funktion Muhammads. Auch hier fand sich ein Text über Ismael in der Genesis: „Er wird ein Mensch sein wie ein Wildesel. Seine Hand gegen alle, aller Hände gegen ihn! Allen seinen Brüdern setzt er sich vors Gesicht." (Genesis 16, 12) Die historische Erscheinung Muhammads wird hier als Beweis für die Prophezeiung des Altes Testament angesehen. Nach dieser Auffassung war auch die Existenz des Islams im göttlichen Heilsplan vorgesehen. Es bestand bei den abendländischen Vertretern dieser Vorstellung kein Zweifel daran, dass das Christentum die Auseinandersetzung mit dem Islam siegreich bestehen werde und sich die Geschichte der Menschheit mit Christus als dem gerechten Richter erfüllen werde. Insofern hatte das Erscheinen des Islams für das Abendland immer auch einen eschatologischen Aspekt.

Der Vatikan hatte neben seinen religiösen immer auch politische Interessen an der muslimischen Nachbarschaft. Der Kirchenhistoriker Georg Gresser zeigt auf, dass erste Versuche der päpstlichen Kontaktaufnahme zu muslimischen Herrschern auf die Zeit von Martin I (Papst von 649–655) zurückgehen, der sich gegen den Vorwurf wehren musste, Kontakt zu den Sarazenen (mittelalterlichen eine der Bezeichnungen der Muslime) aufgenommen zu haben (Gresser 2014, S. 236 f). Der Artikel weist auf die besondere Bedeutung der Archive des Vatikans für die Geschichte der Beziehungen zwischen dem Abendland und der islamischen Welt hin.

Das abendländische Mittelalter hatte aber auch immer das Bedürfnis, die Muslime für sich zu gewinnen. Man versuchte immer wieder, eine erfolgreiche ‚Mohammedanermission' auf den Weg zu bringen. Diese Entwicklung ist insofern von Bedeutung, als schon Petrus Venerabilis der Meinung war, dass man bei dieser Mission keinen Erfolg haben werde, wenn man nicht genauer wisse, was denn die dogmatischen Überzeugungen und die Glaubenspraxis der Muslime seien. Auch Franz von Assisi (1181/82–1226), der selbst eine, wenn auch erfolglose Missionsreise ins ‚mamelukische' Ägypten durchführte, forderte grundlegende Kenntnisse des Islams (vgl. Hagemann 2005, S. 39). Ein anderer Franziskaner, Raimundus Lullus (1232–1316), dessen Vater noch bei der Vertreibung der Muslime von den Balearischen Inseln beteiligt war, engagierte sich in den Missionierung von Muslimen in Nordafrika. Dazu verfasste er eine Reihe von Werke, die einen christliche-muslimischen Dialog thematisierten. Dabei geht er nach der Interpretation von Fernando Dominguez davon aus, dass dieser Dialog permanent vor sich gehen müsse. Das wäre ein ungewöhnlich moderner Ansatz. (s. Enders 2006, S. 194–195).

Der Dominikanerorden organisiert schon früh für seine Islam-Missionare eine vertiefte theologische Schulung und eine Sprachausbildung im Arabischen. Zu den wichtigsten Denkern des Dominikanerordens gehörte der bedeutendste Theologe der mittelalterlichen Scholastik, Thomas von Aquin (1225–74), der sich auch intensiv mit dem Islam auseinandersetzte. Thomas schrieb seine *Summa contra Gentiles* aus der Intention heraus, die Wahrheit des christlichen Glaubens den Ungläubigen gegenüber darzulegen. Dabei hat Thomas die eigenen Schwierigkeiten gespürt, die sich ihm bei der Apologie des Christentums stellten. Sie liegen nach ihm zum einen in der unzureichenden Kenntnis des Islams und dessen Position, und zum anderen in der Nichtanerkennung der Bibel als authentischem Wort Gottes durch Muslime und Ungläubige (vgl. Hagemann 2005, S. 40).

Da also die biblischen Schriften in der Auseinandersetzung mit ihnen nicht als Grundlage und gemeinsames Fundament vorausgesetzt werden können, bleibt nur die natürliche Vernunft als die gemeinsame Basis. Dieser Ausgangspunkt ist bemerkenswert. Er versteht sich aus der geistigen Situation des damaligen Paris, wo Thomas lehrte. Vor dem Hintergrund der beginnenden Renaissance hat er aus philosophisch-theologischer Argumentation versucht, die Grundzüge des Christentums darzulegen. Darüber hinaus spricht Thomas aber auch direkt die Muslime an. Allerdings gehörte er nicht zu den großen Kennern des Islams, wie etwa sein Ordensbruder Ricoldus de Monte Crucis (1243–1329; vgl. Hagemann 2005, S. 39–54; > Kapitel 1.1).

Die Muslime vermehrten sich nach der Meinung von Ricoldus de Monte Crucis, weil Muhammad ihnen die ‚Unzucht' gestattet habe. Gott hatte den Muslimen die Macht gegeben, die frommen Christen zu töten bzw. sie unter Folter zu zwingen, ihrem Glauben abzuschwören. Es sei islamischer Brauch, aus dem Christentum stammende Apostaten nicht nur zu verschonen, sondern sie sogar zu belohnen. Alledem könnten nur wirklich glaubensstarke Christen widerstehen, die den Märtyrertod erlitten. Alle anderen, die als *seculares* bezeichnet wurden, gingen zum Islam über. Ein anderer Grund für die Übernahme des Islams durch viele lateinische Christen im Orient lag eben in der Tatsache, dass sich die militärischen Kräfte der Muslime als stärker erwiesen. Die Christen hatten nicht geglaubt, dass Gott es zulassen werde, dass die letzte Festung der Kreuzritter, die Stadt Akko, fallen werde. Als sie trotz aller militärischen Bemühungen und der drängendsten Gebete im Jahr 1291 aufgegeben werden musste, sahen viele

Christen in dieser Niederlage ein Gottesurteil. Für sie lieferte die Kapitulation den Beweis dafür, dass der Gott der Muslime der wahre Gott sei. (vgl. Ricoldus 1997). Die Berichte von Ricoldus de Monte Crucis hatten einen großen Einfluss auf das Bild des Islams in der westlichen Christenheit an der Schwelle zur Moderne. Von dem Dominikaner besonders beeindruckt waren Nikolaus von Kues und Martin Luther.

Für den weiteren christlichen Dialog mit dem Islam erlangte Nikolaus von Kues (lateinisch auch: Nicolaus Cusanus, 1401–1469) eine besondere Bedeutung.

> „Nikolaus wird dabei nicht müde, nach immer neuen Möglichkeiten im Koran zu suchen, die sich – wie er meint – als Anknüpfungspunkte eignen, um Muslimen den Weg zum christlichen Glauben zu ebnen." (Hagemann 1999, S. 68)

Die Intention seiner Arbeit lag darin, auch aus dem Koran die Wahrheit des Evangeliums zu eruieren. Diesen Ansatz konnte er wählen, weil er den Islam als eine aus dem Nestorianismus (eine christliche orientalische Kirche, die die Göttlichkeit Jesu infrage stellt) erwachsene christliche Häresie ansah. Unter Voraussetzung des Evangeliums wollte Nikolaus diesen auf seinen biblischen Gehalt sichten und sieben.

Mit diesem Vorverständnis ging Nikolaus von Kues an den Koran heran, um ihn vom Evangelium her zu deuten und evangeliengetreu zu interpretieren. In seiner Korananalyse ließ er sich vom Prinzip der *pia interpretatione* leiten, d. h. es ging ihm um eine gutmütige, weitherzige und wohlwollende Interpretation des Korans. Die Art und Weise seines Vorgehens zeigt sich im Begriff der *manuductio*, d. h. er wollte die Muslime an die Hand nehmen, um sie zum Verständnis des christlichen Glaubens zu führen. Als einzigartige Versuche eines Brückenschlages zum islamischen Glauben können seine *manuductiones ad trinitatem* – Hinführungen zum christlichen Trinitätsverständnis – gewertet werden. Ein besonderes Augenmerk richtete Nikolaus von Kues auf die Sichtung der koranischen Christologie. Die *unio hypostatica* – die Frage um die Gottessohnschaft Christi – hielt er für die schwierigste Streitfrage zwischen Muslimen und Christen, da von der Bejahung oder Verneinung zugleich die Entscheidung für oder gegen ein trinitarisches Gottesverständnis abhängt. Scharf kritisiert Nikolaus von Kues die Paradiesvorstellungen. Doch vermittels seiner *pia interpretatione* versucht er auch hier, die eschatologischen Aussagen des Korans mit denen der Bibel zu harmonisieren (vgl. Hagemann 1999, S. 68–80).

14.2 Der Dialog in der Frühen Neuzeit

In der Frühen Neuzeit hat sich Martin Luther immer wieder für den Islam und den Koran interessiert. Er trug entscheidend dazu bei, dass der schweizerische reformierte Theologe und Orientalist Bibliander (1504–64) in Basel eine erste Koranausgabe drucken konnte. Stärker als Nikolaus von Kues stand er aber unter dem Eindruck der ‚Türkennot‘, also dem kontinuierlichen Vormarsch osmanischer Truppen auf dem Balkan (> Kapitel 1.1).

Luthers Einstellung zu Islam und Koran lässt sich in dem folgenden Zitat zusammenfassen: „Hab ich zeit so mus ichs ia verdeudschen, auff das yederman sehe welch schendlich buch es ist." (Luther zitiert nach: Bobzin 1995, S. 92) Im Grunde aber suchte auch er nach der Rolle des Islams im Heilsplan Gottes. Die ‚Türkengefahr‘ hatte für ihn einen eschatologischen Aspekt; er bezog sie auf die Weissagungen des Propheten Daniel. In dem dort vorausgesagten Tyrannen sah er den Papst, der das Christentum durch eine falsche Lehre zerstören wolle, und den Türken, der das gleiche mit dem Schwert zu bewerkstelligen versuchte. Für Luther war der Papst jedoch der gefährlichere Feind. Den ‚Türken‘ betrachtete er in diesem Sinne eher als eine Geißel Gottes, die die Christenheit für ihren Abfall von der wahren Religion strafen sollte. Luthers Haltung lässt sich im Vergleich zu der älterer Vertreter des katholischen Christentums als besonders darstellen, weil sie im engeren Sinne theologisch ist. Von Fragen der ‚Mohammedanermission‘ ist bei ihm kaum die Rede (vgl. Bobzin 1995).

Betrachtet man die bisherige und die weitere Entwicklung, kann man von einem Dialog zwischen den Religionen nur in Ausnahmefällen sprechen. Zu diesen gehört sicherlich die Organisation von Religionsgesprächen durch den Moghulherrscher Akbar (regierte 1556–1605), die aber nicht zuletzt einen politischen Hintergrund hatten. Kennzeichnend für die nach dem Ende der Bedrohung durch das osmanische Reich in Europa einsetzende Haltung der christlichen Kirchen ist einerseits eine deutliche Ignorierung des Islams und andererseits der Versuch, die aus dem Mittelalter bekannten Missionsbemühungen wieder aufzunehmen bzw. zu verstärken.

Auf protestantischer Seite entstanden vor allem im 19. Jahrhundert verschiedene Missionsgesellschaften, die im Gefolge der europäischen kolonialen Expansion ihre Aktivitäten auch in den Ländern entwickelten, in denen Muslime die Mehrheit der Bevölkerung bildeten. Zumindest in der deutschen Kolonialpolitik entstanden dadurch lebhafte Auseinandersetzungen. Das Deutsche Kaiserreich, das erst im letzten Drittel des 19. Jahrhunderts Kolonien gewinnen konnte, musste feststellen, dass vor allem in Kamerun und Togo die im Norden ansässigen muslimischen Sultanate auf eine Weise organisiert waren, die für die deutsche Kolonialverwaltung nachvollziehbar war. Muslime wurden als ein stabilisierender

Faktor in den deutschen Kolonien angesehen. Daher lehnte das Deutsche Reichskolonialamt, in dem der Islamwissenschaftler Carl Heinrich Becker (1876 – 1933; 1925 – 30 preußischer Wissenschaftsminister) eine bedeutende Rolle spielte, den Einsatz von christlichen Missionaren immer wieder ab, um keine Konflikte mit den muslimischen Autoritäten im deutschen Kolonialgebiet hervorzurufen. Diese Entscheidungen führten auch zu innenpolitischen Differenzen. Schließlich setzten sich aber die Verwaltungen gegenüber den Missionsgesellschaften durch.

14.3 Der Dialog seit dem 20. Jahrhundert

Kulturdialog ist Thema in der deutschen und europäischen Öffentlichkeit auch in Bezug auf den Islam seit den 1960er Jahren. Wie ein solcher Dialog zwischen Vertretern zweier Kulturen wie der des Westens und der der islamischen Welt von statten gehen sollte, wurde zunächst nicht einmal in Ansätzen bedacht. Das hätte insofern für beide Seites fruchtbar sein können, weil sie sich dann jeweils über ihren eigenen Kulturbegriff ebenso klar hätten werden können wie über die Frage, ob so große politische Regionen wie der „Westen" und die „islamische Welt" überhaupt über eine jeweils einheitliche Kultur verfügen und, wenn ja, was sie beinhaltet. Diese inneren Debatten sind bisher heute kaum in Ansätzen geführt worden. Dafür, wie ein Dialog geführt werden müsste, hat der libanesisch-französische Politikwissenschaftler Ghassan Salamé folgende Voraussetzungen formuliert: *Firstly*, The recognition of the other as a partner, which means the recognition of the other as somebody you want to engage in a dialogue with, as well as the recognition of the other as an autonomous entity that does depend on your recognition in order for him to survive and exist. *Secondly,* it implies the recognition of otherness as a legitimate right, which is very often extremely difficult for people to accept. Otherness is sometimes viewed by people as a challenge or something illegitimate. One cannot engage in a dialogue unless one accepts that otherness is a legitimate right, that it is absolutely rightful and legitimate to be different. *Thirdly,* The dialogue implies the recognition of cultural diversity at least as a fact of life and preferably as a source of inspiration. Therefore it would be absolutely irrational to think it is possible to think it is possible to enter a real dialogue without accepting in advanve that one could be affected by the dialogue" (Salamé 2003 S. 28 f.).

In der ersten Hälfte des 20. Jahrhunderts spielte die Frage der Begegnung des Christentums mit dem Islam keine besondere Rolle. Die europäischen Kriege und die Konfrontation mit dem neu aufgetauchten Kommunismus standen im Vordergrund der Debatten. Vor allem seit den 1950er-Jahren wurde die Kooperation zwischen Gläubigen unterschiedlicher monotheistischer Religionen als ein Mittel des politischen Kampfes gegen Materialismus und Atheismus angesehen. Man kann die Aussagen des Zweiten Vatikanischen Konzils (1962–65) zum Islam auch in diesem Kontext sehen. In der Erklärung über das Verhältnis der Kirche zu den nichtchristlichen Religionen *Nostra aetate* heißt es unter Punkt 3, dass die Kirche die Muslime, die den alleinigen Gott anbeteten, mit Hochachtung betrachte. Auch sie mühten sich, sich seinen Ratschlüssen zu unterwerfen, so wie auch Abraham sich Gott unterworfen habe. Jesus, den sie allerdings nicht als Gott anerkennen würden, verehrten sie aber als Propheten, und auch seine jungfräuliche Mutter Maria würde von ihnen verehrt. Positiv gewertet werden auch die Erwartung des Jüngsten Gerichtes und die Verehrung Gottes durch Gebete, Almosengeben und Fasten. Weiter heißt es:

> „Da es jedoch im Verlauf der Jahrhunderte zu manchen Zwistigkeiten und Feindschaften zwischen Christen und Muslimen kam, ermahnt die Heilige Synode alle, das Vergangene beiseite zu lassen, sich aufrichtig um gegenseitiges Verstehen zu bemühen und gemeinsam einzutreten für Schutz und Förderung der sozialen Gerechtigkeit, der sittlichen Güter und nicht zuletzt des Friedens und der Freiheit für alle Menschen." (Vatikanisches Konzil 1965)

Zumindest in der katholischen Kirche folgte auf diese Feststellungen des Zweiten Vaticanums eine Reihe von Begegnungen mit muslimischen Religionsgelehrten, bei denen die Gemeinsamkeiten der beiden Religionsgemeinschaften, nicht zuletzt gegenüber dem Marxismus und Materialismus, formuliert wurden. Während des Primats von Papst Johannes Paul II. fanden ebenfalls eine Reihe von Treffen statt und der Papst lud Vertreter des Islams mehrfach zu Treffen der Weltreligionen und gemeinsamem Gebet ein. Auch auf einer niedrigeren hierarchischen Ebene kam es immer wieder zu Begegnungen und Meinungsaustausch. Dabei stellte sich heraus, dass die Vertreter der islamischen Seite häufig eine überraschend gute Kenntnis der internen theologischen und ethischen Diskussionen der christlichen Gesprächspartner hatten. Auf der christlichen Seite begann man erst vor einigen Jahren, vergleichbare Kenntnisse der aktuellen muslimischen dogmatischen und hermeneutischen Debatten zu erwerben.

Die Verschärfung der Spannungen zwischen Staaten mit islamischer Bevölkerung und die Re-Islamisierung blieben nicht ohne Auswirkungen auf die Beziehungen von Christentum und Islam. Vor allem in den europäischen Staaten kam hinzu, dass sich die Beziehungen zwischen den Vertretungen der Muslime und den Kirchen nicht unbefangen entwickelten. Islamophobe Tendenzen in den Gesellschaften machten auch vor den Kirchen und ihren Vertretern nicht halt. Vertreter der christlichen Kirchen beteiligen sich an Protesten gegen Moscheebauten; es gibt Spannungen aufgrund von organisatorischen Missverständnissen in der Krankenhaus- und Gefängnisseelsorge. Sprecher der Kirchen nehmen, auch vorschnell, Stellung zu gesellschaftlichen Konflikten, bei denen Muslime betroffen sind. Inzwischen hat die Evangelische Kirche in Deutschland sogar deutlich gemacht, dass sie die Mission unter Muslimen als eine Option des weiteren Umgangs mit dem Islam versteht.

Höhepunkt der Irritationen war die Rede von Papst Benedikt XVI. in Regensburg im Jahr 2006, in der er durch ungeschickte und offenkundig schlecht vorbereitete Formulierungen Ärgernis in der islamischen Welt erregte. Die zentrale Formulierung lautet in einer redigierten Form:

> „Ohne sich auf Einzelheiten wie die unterschiedliche Behandlung von ‚Schriftbesitzern' und ‚Ungläubigen' einzulassen, wendet er [der byzantinische Kaiser Manuel II. Palaiologos] sich in erstaunlich schroffer, uns unannehmbar schroffer Form ganz einfach mit der zentralen Frage nach dem Verhältnis von Religion und Gewalt überhaupt an seinen Gesprächspartner. Er sagt: ‚Zeig mir doch, was Mohammed Neues gebracht hat, und da wirst du nur Schlechtes und Inhumanes finden wie dies, dass er vorgeschrieben hat, den Glauben, den er predigte, durch das Schwert zu verbreiten.' Der Kaiser begründet, nachdem er so zugeschlagen hat, dann eingehend, warum Glaubensverbreitung durch Gewalt widersinnig ist. Sie steht im Widerspruch zum Wesen Gottes und zum Wesen der Seele. ‚Gott hat keinen Gefallen am Blut', sagt er, ‚und nicht vernunftgemäß, nicht *syn logon* zu handeln, ist dem Wesen Gottes zuwider.' Der Glaube ist Frucht der Seele, nicht des Körpers. Wer also jemanden zum Glauben führen will, braucht die Fähigkeit zu guter Rede und ein rechtes Denken, nicht aber Gewalt und Drohung.'" (Benedikt XVI. 2006)

Die heftigen Reaktionen auf diese Formulierungen in der islamischen Welt trafen den Papst und die neue vatikanische Administration unvorbereitet. Verschiedene redaktionelle Überarbeitungen und wiederholte Erläuterungen, auch durch den Paps selbst, folgten. Auf die Rede antworteten 38 international bekannte muslimische Gelehrte mit einem offenen Brief an den Papst. Darin heißt es u. a.:

> „Die Ansicht, dass Muslime gehalten sind, ihren Glauben ‚mit dem Schwert' auszubreiten oder dass der Islam im Allgemeinen ‚durch das Schwert' verbreitet worden ist, hält einer genaueren Überprüfung nicht stand [...]. Die bloße Tatsache, dass eine Person nicht Muslim war, ist niemals ein legitimer casus belli im islamischen Recht oder im Glauben gewesen." (Offener Brief 2007, zitiert nach: Heine 2007, S. 173)

Inzwischen haben verschiedentlich Gespräche zwischen hohen Vertretern der islamischen Theologie und Vertretern des Vatikans, auch des Papstes selbst, stattgefunden. Der Dialog der katholischen Kirche mit dem Islam hat neue Bewegung erhalten.

In den vergangenen Jahren hat sich der Dialog zwischen Christentum und Islam in starkem Masse thematisch ausdifferenziert. Dies wird deutlich an den vielfältigen Aspekten, auf die das fast 1300seitige „Handbuch Christentum und Islam in Deutschland. Grundlagen, Erfahrungen und Perspektiven des Zusammenlebens" aus dem Jahr 2014 eingeht. Dort gehen in der Mehrzahl der Beiträge

Christen wie Muslime jeweils auf ein gemeinsames Thema ein. Das gilt für die religionssoziologischen Untersuchungen ebenso wie für die rechtlichen, das Verhältnis der beiden Religionen zum säkularen Staat, natürlich für das Gespräch zwischen Christen und Muslimen, aber auch für die Darstellung politischer und zivilgesellschaftlicher Initiativen. Noch stehen aber auch hier die christlichen und muslimischen Beiträge recht unvermittelt nebeneinander.

14.4 Die Debatte um die Aufklärung

In den Debatten um die Beziehungen zwischen dem westlichen Christentum und dem Islam hat auch immer das Thema der Aufklärung eine wichtige Rolle gespielt. Die Ungleichzeitigkeit der Entwicklung in der islamischen Welt und im Westen wird von Vertretern der beiden Kulturen häufig kontrovers diskutiert. Danach stellt sich die Frage, warum die Kultur der islamischen Welt nach ihren Höhepunkten bis ins Mittelalter hinein an Strahlkraft und Kreativität verloren hat. Diese Debatten finden nicht nur innerhalb der jeweiligen Kulturen des Westens und der islamischen Welt statt, sondern auch über deren Grenzen hinaus zwischen den Vertretern der beiden Kulturen.

Dabei wird vor allem von westlichen Beobachtern, besonders wenn sie der Islamwissenschaft als akademischer Disziplin nicht nahe stehen, darauf hingewiesen, dass es entweder die fehlende Reformation gewesen sei oder die fehlende Aufklärung, die für die Verlangsamung der technologischen, wirtschaftlichen und gesellschaftlichen Entwicklung der islamischen Welt verantwortlich gemacht werden müsse. Der Begriff der Reformation ist jedoch zu sehr mit den Ereignissen des 16. Jahrhunderts in Deutschland verbunden, als dass man ihn ohne Weiteres auf die Situation in der islamischen Welt übertragen könnte. Immerhin haben europäische Beobachter der islamischen Welt vor allem im 19. und frühen 20. Jahrhundert immer wieder Ansätze einer muslimischen Reformation identifiziert und Entwicklungen sowie Einzelpersonen mit der Reformationsbewegung um Martin Luther und anderen historischen Gestalten des 16. Jahrhunderts verglichen. Auch innerislamische Debatten der 1990er-Jahre wurden als Ansätze für eine reformatorische Bewegung gedeutet.

Der wichtigste Begriff, der bei den Debatten um die Ungleichzeitigkeit der Entwicklung im Zentrum steht, ist der der Aufklärung. Nun wird man zunächst die Definition einer europäischen Aufklärung nicht so ohne Weiteres beliebig auf andere Kulturen übertragen dürfen, zumal es einen lebhaften Streit um den Begriff der europäischen Aufklärung selbst gibt, der hier nicht referiert werden kann.

Es war vor allem der heute in Bern lehrende deutsche Islamwissenschaftler Reinhard Schulze, der in mehreren Aufsätzen die Frage nach der islamischen

Aufklärung gestellt hat. In einer Veröffentlichung aus dem Jahr 1996 setzte er sich mit der Prämisse, dass es keine islamische Aufklärung gegeben habe, kritisch auseinander. Dabei betrachtet er verschiedene Funktionen dieser Behauptung. Er stellt fest:

> „Aufklärung wurde zu einer stabilen Demarkationslinie zwischen der islamischen und der westlichen Welt, und es hat durchaus den Eindruck, dass westliche Beobachter an der (geographischen oder kulturellen) Grenze zur islamischen Welt ihre eigene Aufklärungssicht aufgeben. Wenn die Aufklärung zu einem Konstitutivum europäischer Identität wird, muss sie überall da zu finden sein, wo Europa ist, bzw. wo man sich für europäisch hält. Dabei wird die Aufklärung im 18. Jahrhundert historisch verortet." (Schulze 1996, S. 283)

Schulze zeigt auf, dass sich diese Feststellung der Aufklärung im Griechenland des 19. Jahrhunderts ebenso vollzogen hat wie in Rumänien und schließlich sogar im russischen Tartastan, womit bewiesen werden konnte, dass diese Regionen zu Europa gehören, auch wenn in keinem dieser Länder in dieser Zeit die Aufklärung eine große Wirkung gehabt hat. Schulze weist darauf hin, dass der Aufklärungsbegriff erst ab dem 19. Jahrhundert mit dem Historismus Bedeutung gewonnen hat und durch die Beschreibung der historischen Epochen definiert und popularisiert wurde. Eine derartige Form von Historismus habe es aber in der Geschichte der orientalischen Historiografie nicht gegeben.

Schulze meint nun weiter, dass es eine endogene islamische Aufklärung, oder zumindest aufklärerische Tendenzen gegeben habe. Zugleich sieht er die Schwierigkeit, diese nachzuweisen in dem, was er als Forschungskonventionen bezeichnet. Nachdem seine Versuche, muslimische Aufklärer zweifelsfrei nachzuweisen, zunächst ohne Erfolg blieben, wies er auf das Interesse von europäischen Aufklärern und Romantikern am Orient hin. Er verweist auf ein um 1790 wahrscheinlich in Genf verfasstes Werk mit dem Titel *Ist die muhammedanische Religion an sich böse und verwerflich? Hat sie Ähnlichkeiten mit der christlichen? Verdient sie nach der christlichen den ersten Rang?* In dieser Schrift wird auf den osmanischen Prediger und Gelehrten Mehmed b. Pir Ali al-Birkawi (1523–73) hingewiesen, der der aufklärerischen christlichen Tradition als vergleichbar beurteilt wird. Der anonyme Genfer Autor zitiert einen al-Birkawi zugeschriebenen Satz: „Das Licht der Vernunft ist eine Kraft der Seele, durch welche man die Verhältnisse und das Wesen der Dinge erkennt." (zitiert nach: Schulze 1996, S. 300) Dazu meint Schulze:

> „Es ist merkwürdig, aber über Birkawi, den meistgelesenen osmanischen Prediger und Moralisten, ist in der Islamwissenschaft bisher kaum etwas geschrieben worden. Birkawi, so scheint es, repräsentiert den wichtigsten Strang theologischer Kritik, der zur vehementen Ablehnung der Tradition führen sollte. Er ist gleichfalls bedeutend wegen seines spirituellen

Hintergrundes: seine Predigt für einen ‚lebendigen Glauben und für die Vollkommenheit der Gläubigen' folgt nicht dem Diskurs der polemischen Theologie, [...] sondern gründet möglicherweise (zukünftige Arbeiten zu Birkawi werden es zeigen) auf einer noch radikaleren Ich-Erfahrung, in der Leben, Geist und Kraft gegen Lehre, Amt und Schein gesetzt werden." (Schulze 1996, S. 300)

Gegen die Thesen von Reinhard Schulze gab es von Fachwissenschaftlern heftige Angriffe. Hier sind vor allem Bernd Radtke, Gottfried Hagen und Tilman Nagel zu nennen. Radtkes Kritik zeichnet sich durch ein bemerkenswertes Maß an Polemik aus, die in Manchem an Formulierungen erinnert, mit denen sich nicht zuletzt Vertreter der europäischen Aufklärung gegenseitig überzogen haben. Über weite Strecken ist sein Ton so unsachlich, dass es Schulze leicht fiel, darauf erst gar nicht zu antworten. Radtke schloss sich durch seine Formulierungen selbst aus der Debatte aus (vgl. Radtke 1994, S. 48–66).

In ruhigerem, aber nicht weniger kritischen Ton gingen dann Tilman Seidensticker und Gottfried Hagen auf Schulzes Interpretationen ein. Sie wiesen Schulze zunächst eine Reihe von leichteren, aber doch grundsätzlichen Fehlern bei der Übersetzung der von ihm durchgesehenen Texte nach. Wie schwerwiegend die mangelnde Sorgfalt bei der Durchsicht von Quellen sein kann, zeigen sie in ihrem Beitrag auf (vgl. Hagen/Seidensticker 1998, S. 83–110).

Schärfer noch gehen Hagen und Seidensticker mit den Darstellungen Schulzes zu al-Birkawi zu Gericht. Auch hier stellen sie wiederum die Übersetzungen von Schulze ihren eigenen gegenüber: „Das Licht der Vernunft ist eine Kraft der Seele, durch welche man die Verhältnisse und das Wesen der Seele erkennt." (Schulze 1996, S. 300) Ihre Version lautet:

„Der Verstand [...] ist ebenfalls eine Quelle des Wissens; soweit dieses durch die Evidenz feststeht, ist es notwendig, wie das Wissen darum, dass jedes Ding größer als sein Teil ist." (Hagen/Seidensticker 1998, S. 83–110).

Von der Fehlerhaftigkeit der Übersetzung schließen sie auf die der Argumentation. Im Übrigen weisen sie darauf hin, dass die Werke und die Biografie von al-Birkawi es kaum gestatten, ihn als einen Aufklärer zu verstehen. Sie zeigen auf, dass die von Schulze verwendete Quelle eine anonyme Übersetzung der Texte von al-Birkawi ist, die offenbar aus einem aufklärerischen Milieu in Genf stammt. Ihre Übereinstimmung mit den tatsächlichen Äußerungen des osmanischen Gelehrten bedarf einer weiteren Überprüfung, ehe er eine solche Zuordnung erfahren könne.

Wie auch immer Schulze al-Birkawi verstanden haben mag und ob auch immer die Frage, ob Schulze seine Quelle richtig verstanden und richtig zugeordnet hat, beantwortet wird, kann wohl festgehalten werden, dass die Ideen, die er als Beleg für eine islamische Aufklärung vorträgt, bereits auf das 10. Jahrhundert zurückgehen. Das würde bedeuten, dass die Ideen einer islamischen Aufklärung auf jeden Fall nicht zu einer Zeit entstanden sind, in der die Gedanken der europäischen Aufklärung formuliert wurden. Eine Gleichzeitigkeit der europäischen Aufklärung mit einer vergleichbaren geistigen Bewegung in der islamischen Welt dürfte also nicht angenommen werden. Dies wäre eine Feststellung, der sich zahlreiche gegenwärtige muslimische Denker und Schriftsteller anschließen würden, die sich auch von den Gedanken der rationalistischen Mu'tazila der Abbasidenzeit beeindruckt fühlen.

Des Weiteren stellen Schulzes seriöse Kritiker fest, dass al-Birkawi ein Gegner jeder Form von Neuerungen gewesen sei. Von ihm ist bekannt, dass er sich in verschiedenen Fällen auch gegen die offiziellen religiösen und rechtlichen Autoritäten des Islams im Osmanischen Reich gestellt hat. Ein schönes Beispiel für diese rückwärts gewandte Grundhaltung von al-Birkawi ist seine Ablehnung der Finanzierung von ‚frommen Stiftungen' durch die Zuwendung in Form von Bargeld. Auch in anderen Zusammenhängen kann nachgewiesen werden, dass al-Birkawi keiner Form des religiösen Modernismus zugeneigt war, sondern eher als ein Vertreter eines traditionellen, rückwärts gewandten Islams verstanden werden muss.

Es ist darauf hinzuweisen, dass die Debatte um die Ursachen für die zeitlich verschobene Entwicklung der islamischen Welt im Vergleich zu der des Westens mit den berechtigten Feststellungen von Hagen und Seidensticker noch nicht abgeschlossen sein müssen. Es stellt sich aber eine völlig andere Frage. Die Debatte zur Bedeutung der Aufklärung für die europäische Entwicklung ist zunächst noch nicht abgeschlossen. Vor allem aber ist auch festzuhalten, dass die gesellschaftlichen und politischen Durchsetzungen der Vorstellungen der Aufklärung im Westen nicht in jeder Weise festgestellt werden können. Man hat bei den hier referierten Auseinandersetzungen durchaus den Eindruck, dass die Frage der Aufklärung weitgehend unabhängig von den historischen Entwicklungen und gesellschaftlichen Realitäten verhandelt wird.

Fragen und Anregungen

- Beschreiben Sie die Haltung von Ricoldus de Monte Crucis zum Islam.
- Was bedeutet *pia interpretatione* bei Nikolaus von Kues?
- Wer war Manuel II. Palaiologos?
- Erläutern Sie These und Gegenthese in der Debatte um die islamische Aufklärung.

Lektüreempfehlungen

Norman Daniel: The Arabs and Medieval Europe, London 1975. *Immer noch unübertroffene Darstellung der Beziehungen zwischen Morgenland und Abendland während des Mittelalters.*

Christoph Dohmen (Hg.): Die ‚Regensburger Vorlesung' Papst Benedikt XVI. im Dialog der Wissenschaften, Regensburg 2007. *Abdruck der zunächst endgültigen Fassung der Vorlesung des Papstes, auf die dann die Vertreter einiger an der Universität Regensburg vertretenen Disziplinen von der Theologie, über Philosophie und Literaturwissenschaft bis zu einigen Naturwissenschaften antworten. Eine islamwissenschaftliche Position kommt leider nicht zu Wort.*

Reinhold Glei: Schriften zum Islam. Petrus Venerabilis, ediert, ins Deutsche übersetzt und kommentiert, Altenberge 1985. *Ein ausführlicher Überblick über das Lebens des Abtes, der in seine Schriften einführt und seine Texte zur Verfügung stellt.*

Gottfried Hagen / Tilman Seidensticker: Reinhard Schulzes Hypothesen einer islamischen Aufklärung, in: Zeitschrift der Deutschen Morgenländischen Gesellschaft 148, 1998, S. 83–110. *Kenntnisreiche Auseinandersetzung mit den Thesen von Reinhard Schulze.*

Klaus Hock: Der Islam im Spiegel westlicher Theologie. Aspekte christlich-theologischer Beurteilung des Islams im 20. Jahrhundert, Wien 1986. *Analyse der Haltung von protestantischen Theologen aus der Zeit vor dem Ersten Weltkrieg und vor allem der Mitte des 20. Jahrhunderts gegenüber dem Islam.*

Mathias Rohe, Havva Engin u. a. (Hg.): Handbuch christentum und Islam in Deutschland. Grundlagen, Erfahrungen und Perspektiven des Zusammenlebens. *2 Bde. Freiburg 2014.*

Mathias Rohe: Der Islam in Deutschland. Eine Bestandsaufnehme. München 2016.

Rudolph Peters: Reinhard Schulze's quest for an Islamic Enlightenment, in: Die Welt des Islams 39, 1990, S. 160–172. *Kritische Auseinandersetzung mit den Thesen von Reinhard Schulze, welche zugleich die europäischen Debatten über die Aufklärung referiert.*

15 Serviceteil

15.1 Allgemeine Bibliografische Hilfsmittel

Laufende Bibliografien

Abstracta Islamica, in: Revue des Études islamiques, Paris 1927–1976. *Zusammenfassung von Zeitschriftenartikeln in verschiedenen europäischen Sprachen.*

Erika Bär: Bibliographie zur deutschsprachigen Islamwissenschaft und Semitistik vom Anfang des 19. Jahrhunderts bis heute, 2 Bde. Wiesbaden 1985–91. *Zusammenstellung der wichtigen deutschsprachigen wissenschaftlichen Publikationen zum Islam.*

Diana Grimwood-Jones / Derek Hopwood / James D. Pearson (Hg.): Arab-Islamic Bibliography, Sussex 1977. *Umfassende Liste der englischsprachigen islamwissenschaftlichen Literatur mit Schwerpunkt auf der arabischen Welt.*

Index Islamicus 1665–1906, zusammengestellt von Wolfgang H. Behn, Millersville 1989.

Index Islamicus 1906–1985, Cambridge 1985.

Hans G. Majer: Osmanistische Nachträge zum Index Islamicus 1906–1965, in: Südostforschungen, Bd. 27, München 1968, S. 242–291. *Ergänzungen zu dem im Folgenden genannten Index Islamicus, die osmanistische Aufsätze nennen, die an entlegenerer Stelle publiziert worden sind.*

James D. Pearson: Index Islamicus. A Catalogue of Articles on Islamic Subjects in Periodicals and other Collective Publications 1906–1955, Cambridge 1958. Supplement 1: 1956–1960, Cambridge 1962; Supplement 2: 1961–1965, Cambridge 1968; Supplement 3: 1966–1970, London 1972; Supplement 4: 1971–1975, London 1977. *Standardreferenz für Artikel in wissenschaftlichen Zeitschriften, Festschriften, Kongressberichten etc. in den wichtigen europäischen Sprachen.*

James D. Pearson: The Quarterly Index Islamicus. Current Books, Articles and Papers on Islamic Studies, London 1977 ff. *Bibliografie der auf den Islam bezogenen Neuerscheinungen in den wichtigen europäischen Sprachen.*

Klaus Schwarz: Der Vordere Orient in den Hochschulschriften Deutschlands, Österreichs und der Schweiz. Eine Bibliographie der Dissertationen und Habilitationsschriften (1895–1978), Freiburg 1980. *Zusammenstellung von Qualifikationsschriften an deutschsprachigen akademischen Einrichtungen.*

Sachlexika und Hilfsmittel

Eliyahu Ashtor: Histoire des prix et des salaries dans L'Orient Médiéval, Paris 1969. *Wirtschaftsgeschichte mit zahlreichen Hinweisen auf Preise und Einkommen, die auch als Nachschlagwerk genutzt werden kann.*

Encyclopaedia Iranica, bisher 16 Bde., London 1982 ff. *Kompetentes Nachschlagewerk für den Bereich der Iranistik.*

The Encyclopaedia of Islam (EI), Neue Ausgabe, 12 Bde., Leiden 1954 ff. *Wichtigstes internationales Nachschlagewerk zu allen Bereichen der islamischen Religion, Kultur, Geschichte etc.*

The Encyclopaedia of Islam, 3. Auflage, bisher 1 Bd., Leiden 2007ff. *Überarbeitung der Encyclopaedia of Islam von 1954ff. mit verändertem Konzept, soll rascher abgeschlossen sein als der Vorgänger.*

Walter Hinz: **Islamische Maße und Gewichte,** Leiden 1955. *Zusammenstellung verschiedener Maße und Gewichte vor allem in der Zeit des islamischen Mittelalters.*

Adel Theodor Khoury / Ludwig Hagemann / Peter Heine: **Islam-Lexikon,** Freiburg 2006. *Praktisches Hilfsmittel für einen ersten Einstieg mit weiter führenden Literaturhinweisen.*

Wörterbücher

Julius T. Zenker: **Türkisch-arabisch-persisches Handwörterbuch,** Leipzig 1866. Auch als Nachdruck erhältliches Lexikon für die drei wichtigen nahöstlichen Sprachen.

Reinhart Dozy: **Supplément aux Dictionnaires Arabes,** 2 Bde., Leiden 1881. *Als Ergänzung zu den vorhandenen arabischen Wörterbüchern gedachtes Belegwörterbuch.*

Edward W. Lane: **An Arabic-English Lexicon,** 8 Bde., Edinburgh 1863–93. *Lexikon des klassischen Arabisch auf der Grundlage verschiedener arabischer Nationallexika, komplett nur bis zum Buchstaben Qâf.*

Götz Schregle: **Deutsch-Arabisches Wörterbuch,** Wiesbaden 1974. *Teilweise durch süddeutsche sprachliche Sonderformen geprägtes, umfängliches Wörterbuch.*

Manfred Ullmann: **Wörterbuch der klassischen Arabischen Sprache (WKAS),** Wiesbaden 1970ff. *Als Belegwörterbuch angelegtes Lexikon des klassischen Arabisch, beginnend mit dem Buchstaben Kâf; zunächst als Ergänzung der fehlenden Lemmata bei Lane gedacht.*

Hans Wehr: **Arabisches Wörterbuch für die Schriftsprache der Gegenwart,** 5. Auflage, Wiesbaden 1985. *Immer noch das wichtigste lexikalische Hilfsmittel für die moderne arabische Schriftsprache.*

Heinrich Junkers / Bozorg Alavi: **Persisch-Deutsches Wörterbuch,** Leipzig 1965. *Für das moderne Persisch gedachtes Lexikon, das auch bei klassischen Texten nützlich ist.*

Francis Steingass: **A Comprehensive Persian-English Dictionary** [1930], Nachdruck der 8. Auflage, London u. a. 1998. *Vor allem für die mittelalterliche persische Sprache verlässliches Lexikon.*

James W. Redhouse: **A Turkish and English Lexicon,** Konstantinopel 1890. *Immer noch nützliches Lexikon für das osmanische Türkisch.*

Karl Steuerwald: **Deutsch-Türkisches Wörterbuch,** Wiesbaden 1988. *Umfangreiches, für das moderne Türkisch konzipiertes Lexikon.*

15.2 Gesamtdarstellungen

Werner Ende / Udo Steinbach (Hg.): **Der Islam in der Gegenwart,** 5. Auflage, München 2005. *Erfolgreichste und immer wieder überarbeitete Gesamtdarstellung der islamischen Welt in allen ihren Aspekten.*

Fischer Weltgeschichte, 36 Bde., Frankfurt a. M. 1965ff. *Standardwerke zur Geschichte der jeweiligen Regionen, wobei die Darstellungen zum Islam in Afrika, Süd- und Südostasien nicht im Mittelpunkt des Interesses stehen.*

Ulrich Haarmann: **Geschichte der arabischen Welt,** Neuauflage herausgegeben von Heinz Halm, München 2004. Sorgfältige, gut lesbare Darstellung der arabischen Geschichte von den Anfängen bis in die Gegenwart.

Peter Heine: **Der Islam, erschlossen und kommentiert,** Düsseldorf 2007. Versuch einer Zusammenschau der verschiedenen Aspekte von Religion, Geschichte und Kultur des Islams.

Lapidus, Ira: **A History of Islamic Societies,** 2. Auflage, Cambridge 2002. Vollständiger Überblick über die geschichtliche und gesellschaftliche Entwicklung des Islams zwischen Westafrika und Indonesien.

Schulze, Reinhard: **Geschichte der islamischen Welt im 20. Jahrhundert,** grundlegend neu bearbeitet. München 2016. Zunächst kontrovers debattierte Darstellung der islamischen Welt in der jüngsten Vergangenheit und in der Gegenwart.

15.3 Literatur- und Kulturgeschichte

Literaturgeschichten

Franz Babinger: **Die Geschichtsschreiber der Osmanen und ihre Werke (GOW),** Leipzig 1927.
Standardwerk zur Historiografie in der osmanischen Literaturgeschichte.

Carl Brockelmann: **Geschichte der arabischen Litteratur (GAL),** 2., den Supplementbänden angepasste Auflage, 2 Bde. und Supplementbände 1–3, Leiden 1943–49. *Eines der wichtigsten Hilfsmittel für die Arabistik und Islamwissenschaft, nicht ganz einfach zu benutzen.*

Edward G. Browne: **A Literary History of Persia,** 4 Bde., London 1922–24. *Häufig zitierte Geschichte der persischen Literatur, die für die neuere Zeit davon profitiert, dass der Verfasser die von ihm besprochenen Autoren in vielen Fällen persönlich kannte.*

Hamilton Gibb / Jacob Landau: **Arabische Literaturgeschichte,** Zürich 1968. *Knappe Überblicksdarstellungen für die arabische klassische und moderne Literatur; methodisch inzwischen ein wenig altmodisch.*

Jan Rypka: **Iranische Literaturgeschichte,** Leipzig 1959.

Fuad Sezgin: **Geschichte des arabischen Schrifttums (GAS),** 10 Bde., Leiden 1967.

Charles A. Storey: **Persian Literature. A Bio-Bibliographical Survey,** London 1927 ff.
Grundlegender Überblick über die persische Literatur.

Kulturgeschichte

Muhammad M. Ahsan: **Social Life under the Abbasids,** London 1979. Eher eine Kultur- als eine Sozialgeschichte des islamischen Mittelalters mit zahlreichen interessanten Einblicken auch in die materielle Kultur.

Soraya Faroqhi: **Kultur und Alltag im Osmanischen Reich,** München 1995. Inhaltlich weit gefasste und quellenreiche Darstellung des Lebens im Osmanischen Reich.

Peter Heine: **Märchen, Miniaturen, Minarette. Eine Kulturgeschichte der islamischen Welt,** Darmstadt 2011. Für ein größeres Publikum gedachte Darstellung von Literaturen, Bildender Kunst, Architektur, Musik und Textilien.

Adam Mez: **Renaissance des Islam,** Heidelberg 1922. Faktenreiche, heute unter methodologischen Gesichtspunkten veraltete Darstellung der mittelalterlichen islamischen Welt mit einem irreführenden Titel.

15.4 Koran, Hadîth, Recht und Religion

Koran

Regula Forster: **Methoden der mittelalterlichen Koranexegese am Beispiel von Q 53,** Bd. 1–18, Berlin 2001. Kluger Überblick über die verschiedenen Arten und Methoden der Kommentierung und Erläuterung des Korans durch Muslime.

Theodor A. Khoury: **Der Koran. Arabisch-Deutsch. Übersetzung und wissenschaftlicher Kommentar,** 21 Bde., Gütersloh 1990–2001. Vielbändiger Kommentar auf der Basis vor allem der mittelalterlichen Koranexegese mit einigen Exkursen zu komplexen Fragestellungen.

Angelika Neuwirth: **Der Koran. Bd. 1. Frühmekkanische Suren. Poetische Prophetie. Handkommentar mit Übersetzung,** Berlin 2011. Auf 5 Bände geplantes große, anspruchsvolless Kommentarwerk.

Theodor Nöldeke: **Geschichte des Korans,** 3 Bde., Leipzig 1909–38. Die erste und immer noch lesenswerte historisch-kritische Darstellung der Textgeschichte des Korans.

Rudi Paret: **Der Koran. Kommentar und Konkordanz,** Stuttgart 1971. Als Ergänzung und Erläuterung zu Parets Koranübersetzung unverzichtbar.

Hadîth

G. A. H. Juynboll: **Encyclopaedia of Canonical Hadîth,** Leiden 2007. Kommentierende Übersetzung einer Hadîth-Sammlung des indischen Muslims al-Mizzî (gest. 1341) mit Hinweisen auf die Bedeutung der einzelnen Tradenten.

Theodor A. Khoury: **Der Hadîth. Urkunde der islamischen Tradition,** ausgewählt und übersetzt, 5 Bde. Gütersloh 2008–2011. Inhaltlich nach den Themen Glaube, Religiöse Grundpflichten, Ehe und Familie, Soziale Beziehungen, Einsatz für die Sache des Islams, Traumgesichte und Gleichnisse, Vorzüge besonderer Personen, Vorzüge der Propheten, Jesus Christus und schließlich Schiitische Überlieferungen geordnete Auswahl von Prophetentraditionen.

Arent J. Wensinck: **Concordance et indices de la tradition Musulmane,** 8 Bde., Leiden 1936–69. Auch von Muslimen verwendete umfangreiche Konkordanz der kanonischen sunnitischen Hadîth-Sammlungen, alphabetisch nach den arabischen Begriffen geordnet.

Recht

Noel J. Coulson: A History of Islamic Law, Edinburgh 1964. Überblicksdarstellung über die Grundbegriffe, die Geschichte und Entwicklung des islamischen Rechts.
Birgit Krawietz: Hierarchie der Rechtsquellen im tradierten sunnitischen Islam, Berlin 2002. Faktenreiche Darstellung und Erläuterung der Terminologie des islamischen Rechts auf der Basis von klassischen und modernen juristischen Quellen.
Harald Motzki: The Origins of Islamic Jurisprudence, Leiden 2002. Lesenswerte Auseinandersetzung mit den Vertretern einer älteren Auffassung von der Geschichte des islamischen Rechts.
Mathias Rohe: Das islamische Recht. Geschichte und Gegenwart, München 2009.

Religion

Heinz Halm: Die Schia, Darmstadt 1988. Kompetente Darstellung der religiösen, theologischen und politischen Geschichte der verschiedenen schiitischen Gruppierungen.
Tilman Nagel: Geschichte der islamischen Theologie, München 1994. Überblick über die Geschichte der islamischen Dogmatik mit besonderer Berücksichtigung der Entwicklung des sunnitischen Islams.
Tilman Nagel: Staat und Glaubensgemeinschaft im Islam. Geschichte der politischen Ordnungsvorstellungen der Muslime, 2 Bde., Zürich 1981. *Inhaltsreiche Darstellung der Entwicklung des politischen Denkens im Islam von den Anfängen bis in die allerjüngste Vergangenheit.*
Annemarie Schimmel: Mystische Dimensionen des Islams. Die Geschichte des Sufismus, München 1995. Viel gelesener Überblick über die Geschichte der islamischen Mystik mit einem inhaltlichen Schwerpunkt auf den Einzelgestalten des Sufitums.

15.5 Zeitschriften

Zeitschriften allgemein orientalistischer Art

Bulletin of the School of Oriental and African Studies (BSOAS), hg. für die School of Oriental and African Studies, Bd. 1ff., Cambridge (ursprünglich London) 1939ff. *Publikationsorgan der angesehenen britischen Lehr- und Forschungseinrichtung in London.*
Journal of the American Oriental Society (JAOS), hg. von der American Oriental Society, Bd. 1ff., New Haven u. a. 1843ff. *Angesehenes Publikationsorgan in den USA mit einem thematischen Schwerpunkt in der Alt-Orientalistik.*
Journal of the Economic and Social History of the Orient – Journal d'histoire économique et sociale de l'orient (JESHO), Bd. 1ff., Leiden 1957ff. *Zeitschrift zur Sozial- und Wirtschaftsgeschichte des Orients vom Alten Orient bis in die Gegenwart.*
Orientalistische Literaturzeitung (OLZ), hg. im Institut für Altorientalistik und Vorderasiatische Altertumskunde der Westfälischen Wilhelms-Universität Münster. Bd. 1ff., Berlin 1898ff.

Rezensionszeitschrift für die gesamte Orientalistik, in der neben Buchbesprechungen Rezensionsartikel erscheinen.
Wiener Zeitschrift für die Kunde des Morgenlandes (WZKM), hg. für das Institut für Orientalistik der Universität Wien, Bd. 1ff., Wien 1884ff. *Traditionsreiches Publikationsorgan der Wiener Orientalistik, inhaltlich daher abhängig von der personellen Situation an der Wiener Universität.*
Zeitschrift der Deutschen Morgenländischen Gesellschaft (ZDMG), hg. für die Deutsche Morgenländische Gesellschaft, Bd. 1ff., Wiesbaden 1847ff. *Älteste deutsche orientalistische Zeitschrift mit einem traditionellen Schwerpunkt im philologischen Bereich.*

Islamwissenschaftliche Zeitschriften

Al-Andalus, hg. für das Istituto Miguel Asín de Estudios Árabes, Bd. 1ff., Madrid 1933ff. *Spanische islamwissenschaftliche Zeitschrift mit einem regionalen und thematischen Schwerpunkt auf dem Islam in Spanien und Nordafrika.*
Al-Qantara, Revista de estudios árabes, hg. von den arabistischen Institute von Madrid und Granada, Bd. 1ff., Madrid, 1980ff. *Fortsetzung von al-Andalus mit einem stärkeren Bezug zu Themen der modernen islamischen Welt.*
Annales Islamologiques, Bd. 1ff., LeClaire 1984ff. Französische Zeitschrift, herausgegeben vom Institut Francaise d'archéologie orientale in Kairo mit einem methodisch-thematischen Schwerpunkt im Bereich der Sozial- und Politikgeschichte.
Arabica, Revue d'études arabes – Journal of Arabic and Islamic Studies, Bd. 1ff., Leiden 1954ff. *Französische Zeitschrift mit einem Schwerpunkt im Bereich der arabischen klassischen und modernen Literatur.*
Die Welt des Islams. International Journal for the study of modern Islam (WI), hg. zunächst für die Deutsche Gesellschaft für Islamkunde, Bd. 1ff., Leiden 1913ff. NS. Bd. 1ff, 1950ff. *Zeitschrift, die sich vornehmlich mit der modernen und aktuellen Entwicklung in der islamischen Welt befasst.*
Der Islam. Zeitschrift für Kultur und Geschichte des islamischen Orients, hg. für die Deutsche Morgenländische Gesellschaft, Bd. 1ff., Berlin 1910. *Älteste deutsche Zeitschrift, die sich ausschließlich mit dem Islam befasst, Schwerpunkt im Bereich des klassischen Islams.*
International Journal of Middle East Studies (IJMES), Bd. 1ff., Cambridge 1970ff. *International renommierte amerikanische Zeitschrift für die wissenschaftliche Befassung mit der politischen und gesellschaftlichen Entwicklung im Nahen Osten seit dem 17. Jahrhundert.*
Oriens, hg. für die International Society for Oriental Research, Bd. 1ff., Leiden 1948ff. *Deutsche Zeitschrift mit einem Schwerpunkt in der Geschichte und Literatur des klassischen Islams.*
The Middle East Journal (MEJ), hg. für das Middle East Institute (MEJ), Bd. 1ff., Washington, Washington 1947ff. *Amerikanische Zeitschrift mit einem breiten thematischen, auf die Moderne bezogenen Spektrum.*
Studia Islamica (StIsl), Bd. 1ff., Paris 1953ff. *Französische Zeitschrift mit einem weiten Spektrum an islamwissenschaftlichen Themen von der islamischen Frühzeit bis zur Moderne.*

The Islamic Quarterly (IQ). A review of islamic culture, hg. für das Islamic Cultural Center, London, Bd. 1ff., London 1954ff. *Britische Zeitschrift mit einem Schwerpunkt in der islamischen Geschichte Südasiens und der islamischen Kulturgeschichte.*

The Muslim World (MW), hg. für das Duncan Black McDonald Center, Hartford Seminary, Bd. 1ff., Oxford 1911ff. Ursprünglich als Organ für die ‚Mohammedaner-Mission' gedachte Zeitschrift, die sich inzwischen zu einer vielseitigen, religiös neutralen Publikation entwickelt hat.

16 Anhang

16.1 Zitierte Literatur

Abaza 2006 Mona Abaza: The Changing Consumer Cultures of Modern Egypt. Cairo's Urban Reshaping, Kairo 2006.
Abdul-Matin 2010 Ibrahim Abdul-Matin: Green Deen. What Islam Teaches About Protecting the Planet. San Francisco 2010.
Abun-Nasr 1965 Jamil M. Abun-Nasr: The Tidjaniyya. A Sufi order in the Modern World, London 1965.
Anonym 1928 Anonym: Der Koran, in: Iris. Unterhaltungsblatt für Freunde des Schönen und Nützlichen, Frankfurt a. M. 1828.
Baer 1969 Gabriel Baer: Studies in the Modern History of Egypt, Chicago 1969.
Behrman 1970 Lucy Behrmann: Muslim Brotherhood and Politics in Senegal, Cambridge / Mass. 1970.
Benedikt XVI. 2006 Benedikt XVI.: Glaube, Vernunft und Universität. Erinnerungen und Reflexionen. Ansprache von Papst Benedikt XVI. beim Treffen mit den Vertretern aus dem Bereich der Wissenschaften in der Aula Magna der Universität Regensburg am 12. 9. 2006, in: Der Heilige Stuhl, Web-Adresse: www.vatican.va/, Pfad: Archiv der Päpste / Benedikt XVI. / Ansprachen / 2006 / September / Apostolische Reise nach München, Altötting und Regensburg (9.–14. September 2006) / Treffen mit den Vertretern der Wissenschaft in der Aula Magna der Universität Regensburg (12. September 2006). Zugriff vom 6. 8. 2006.
Bertelsmann Stiftung 2008 Bertelsmann Stiftung: Religionsmonitor 2008. Muslimische Religiosität in Deutschland. Überblick zu religiösen Einstellungen und Praktiken, Gütersloh 2008.
Bloom 2007 Jonathan M. Bloom: Arts of the City Victorious. Islamic Art and Architecture in Fatimid North Africa and Egypt, New Haven 2007.
Bobzin 1995 Hartmut Bobzin: Der Koran im Zeitalter der Reformation, Stuttgart 1995.
Bobzin 1999 Hartmut Bobzin: Der Koran. Eine Einführung, München 1999.
Bonney 2004 Richard Bonney: Jihâd. From Qur'an to Bin Laden, Houndmills 2004.
Brettfeld / Wetzels 2007 Katrin Brettfeld / Peter Wetzels: Muslime in Deutschland. Integration, Integrationsbarrieren, Religion und Einstellungen zu Demokratie, Rechtsstaat und politisch-religiös motivierter Gewalt, Bonn 2007.
Bulliet 1979 Richard W. Bulliet: Concersion to Islam in the Medieval Period. An Essay in Quantitative History, Cambridge / London 1979.
Burckhardt 1831 Johann Ludwig Burckhardt: Bemerkungen über die Beduinen und Wahaby. Gesammelt während seiner Reise im Morgenlande, Weimar 1831.
Clément 1995 Jean-Francois Clément: L'image dans le monde arabe: interdits et possibilités, in: Annuaire Afrique du Nord 32 (1993) S. 11–42.
Crone 2006 Patricia Crone: What do we actually know about Muhammad (2006), Web-Adresse: www.opendemocracy.net/faith-europe_islam/mohammed_3866.jsp. Zugriff vom 6.8.2008.
Crone / Cook 1977 Patricia Crone / Michael Cook: Hagarism. The Making of the Islamic World, Cambridge 1977.

Damir-Geilsdorf 2003 Sabine Damir-Geilsdorf: Herrschaft und Gesellschaft. Der islamistische Wegbereiter Sayyid Qutb und seine Rezeption, Würzburg 2003.

Diba 2000 Layla S. Diba: The Qajar Court Painter Yahya Ghaffari, in: Robert Hillenbrand (Hg.), Persian Painting from the Mongols to the Qajars, London 2000, S. 83–99.

Douglas 1966 Mary Douglas: Purity and Danger. An Analysis of Concepts of Pollution and Taboo, London 1966.

Dozy 1834 Reinhard Dozy: Dictionnaire détaillé des noms des vêtements chez les Arabes, Amsterdam 1834.

El-Feki 2013 Shereen al-Feki: Sex und die Zitadelle. Liebesleben in der sich wandelnden arabischen Welt. Berlin 2013.

Enders 2006 Markus Enders: Das Gespräch zwischen den Religionen bei Raimundus Lullus, in: Andreas Speer und Lydia Wegener (Hg.): Wissen über Grenzen. Arabisches Wissen und lateinisches Mittelalter. Berlin 2006, S. 194–214.

Ettinghausen 1962 Richard Ettinghausen: Arabische Malerei, Genf 1962.

Evans-Pritchard 1949 Edward E. Evans-Prichard: The Sanusi of Cyrenaica, London 1949.

Faath 2003 Sigrid Faath: Islamische Stiftungen und wohltätige Einrichtungen mit entwicklungspolitischer Zielsetzung in arabischen Staaten, Hamburg 2003.

Fähndrich 1976 Hartmuth Fähndrich: Invariable Factors Underlying Theodor Noeldeke's Orientalische Skizzen, in: Abhandlungen der Akademie der Wissenschaften zu Göttingen, Phil.-Hist. Klasse, 3. Folge, Nr. 98, Göttingen 1976, S. 146–154.

Faroqhi 1984 Suraiya Faroqhi: Towns and Townsmen of Ottoman Anatolia. Trade, Crafts and Food Production in an Urban Setting, 1520–1650, Cambridge 1984.

Feindt-Riggers 1997 Nils Feindt-Riggers: Islamische Organisation in Deutschland, Hamburg 1997.

Fischer 1982 Wolfdietrich Fischer (Hg.): Grundriss der arabischen Philologie, Bd. I, Wiesbaden 1982.

Fischer 1984 Wolfram Fischer: Periodische Märkte im Vorderen Orient dargestellt an Beispielen aus Nordanatolien (Türkei) und Nordafghanistan, Hamburg 1984.

Foster 1970 Benjamin R. Foster: Agoranomos and Muhtasib, in: Journal of the Social and Economic History of the Orient 13, 1970, S. 128–144.

Fragner 1994 Bert G. Fragner: Social Reality and Culinnary Fiction. The Perspective of Cookbooks from Iran and Central Asia, in: Sami Zubaida und Richard Tapper (Hg.), Culinary Cultures of the Middle East, London 1994, S. 63–71.

Fragner 2001: Bert G. Fragner: Die deutschen Orientalisten im 20. Jahrhundert und der Zeitgeist, in: Hermann Joseph Hiery (Hg.): Der Zeitgeist und die Historie. Dettelbach 2001, S. 37–51.

Fragner 2017: Bert G. Fragner: Islamische Zivilisationen und internationale Geschichte, in: Michael Gehler und Wolfgang Müller (Hg.): Internationale Geschichte. Wien 2017, S. 411–432.

Freeman 1977 Michael Freeman: Sung, in: Kwang-chi (Hg.), Food in Chinese Culture, New Haven 1977, S. 141–176.

Frembgen 2010 Jürgen W. Frembgen: Die Aura des Alif. Schriftkunst im Islam. München 2010

Gaffney 1994 Patrick D. Gaffney: The Prophet's pulpit. Islamic Preaching in contemporary Egypt, Berkeley 1994.

Garboriau 1986 Marcel Gaborieau: Le néo-fondamentalisme au Pakistan. Maududi et la Jamâ'at-i islami, in: Olivier Carré / Paul Dumont (Hg.), Radicalisme islamique, Bd. 2: Maroc, Pakistan, Inde, Yougoslavie, Mali, Paris 1986, S. 33–76.

Geertz 1979 Clifford Geertz: Suq. The Bazar Economy in Sefrou, in: Clifford Geertz / Hildred Geertz / Lawrence Rosen (Hg.), Meaning an Order in Moroccan Society. Three Essays in Cultural Analysis, Cambridge 1979, S. 123–313.

Ghadban 2000 Ralph Ghadban: Die Libanon-Flüchtlinge in Berlin, Berlin 2000.

Al-Ghazzâlî 1964 Abu H. M. Al-Ghazzâlî: Über die guten Sitten beim Essen und Trinken. Das ist das 11. Buch von al-Ghazzâlî's Hauptwerk, Übersetzung und Bearbeitung als ein Beitrag zur Geschichte unserer Tischsitten von Hans Kindermann, Leiden 1964.

Göle 2016 Nilüfer Göle: Europäischer Islam. Muslime im Alltag. Berlin 2016.

Goethe 1994 Johann Wolfgang von Goethe: West-östlicher Divan, in: Johann Wolfgang von Goethe: Sämtliche Werke, Abt. I, Bd. 3, 2, hg. und kommentiert von Friedmar Apel, Frankfurt a. M. 1994.

Goldziher 1888 Ignaz Goldziher: Muhammedanische Studien II, Halle 1888.

Goody 1982 Jack Goody: Cooking, Cuisine and Class. A Study in Comparative Sociology, Cambridge 1982.

Grabar 1977 Oleg Grabar: Die Entstehung der islamischen Kunst, Köln 1977.

Gräfe 2010 Bettina Gräfe: Medien-Fatwas@Yusuf al-Qaradâwî. Die Popularisierung des islamischen Rechts. Berlin 2010.

Graf 2008 : Friedrich Wilhelm Graf: Sakralisierung von Kriegen; begriffs- und problemgeschichtliche Erwägungen, in: Klaus Schreiner (Hg.): Heilige Kriege. München 2008, S. 1–30.

Graulich/Simon 2007 (Hg.): Terrorismus und Rechtstaatlichkeit. Analysen, Handlungsoptionen, Perspektiven. Berlin 2007.

Gresser 2011 Georg Gresser 2011 S. 236: Hagarener, Sarazenen, Mauren, Türken, Moabiter – Wahrnehmung und Wertung der Araber und Muslime in päpstlichen Dokumenten bis zum 12. Jahrhundert, in: Stefan Leder (Hg.): Crossroads between Latin Europe and the Near East. Corollaries of the Frankish Presence in the Eastern Mediterranean, 12th – 14th centuries. Würzburg 2011, S. 229–250.

Gröndahl 2012 Mia Gröndahl: Revolution Graffiti. Street Art oft he New Egypt. Kairo 2012.

Grotzfeld 1970 Heinz Grotzfeld: Das Bad im arabisch-islamischen Mittelalter, Wiesbaden 1970.

Grunebaum 1955 Gustav von Grunebaum: Die islamische Stadt, in: Saeculum. Jahrbuch für Universalgeschichte 6, 1955, S. 138–153.

Günther 2014 Christoph Günter: Ein zweiter Staat im Zweistromland? Genese und Ideologie des „Islamischen Staat Irak". Würzburg 2014.

Hagemann 1999 Ludwig Hagemann: Christentum contra Islam. Eine Geschichte gescheiterter Beziehungen, Darmstadt 1999.

Hagemann 2005 Ludwig Hagemann: Christentum contra Islam. Eine Geschichte gescheiterter Beziehungen, Darmstadt 2005.

Hagen / Seidensticker 1998 Gottfried Hagen / Tilman Seidensticker: Reinhard Schulzes Hypothesen einer islamischen Aufklärung, in: Zeitschrift der Deutschen Morgenländischen Gesellschaft 148, 1998, S. 83–110.

Hanisch 2000 Ludmilla Hanisch (Hg.): „Maschen Sie doch unseren Islam nicht gar zu schlecht." Der Briefwechsel zwischen den Islamwissenschaftlern Ignaz Goldziher und Martin Hartmann, 1894–1914, Mainz 2000.

Harris 1985 Marvin Harris: Good to Eat. Riddles of Food and Culture, New York 1985.
Heine 1979 Peter Heine: Roß ohne Reiter. Überlegungen zu den Ta a'ziya-Feiern der Schiiten des Iraq, in: Zeitschrift für Missions- und Religionswissenschaft (ZMR) 69, 1979, S. 25–33.
Heine 1980 Peter Heine: Der Islam in der Bundesrepublik Deutschland, in: Günter Kehrer (Hg.), Forum Religionswissenschaft 2, München 1980, S. 77–92.
Heine 1983 Peter Heine: Radikalmuslimische Organisationen im heutigen Ägypten, in: Zeitschrift für Missions- und Religionswissenschaft 67, 1983, S. 110–119.
Heine 1986 Peter Heine: Die Farmawiyya. Volksreligion und Politik im modernen Ägypten, in: Die Welt des Islams 26, 1986, S. 28–45.
Heine 1997 Peter Heine: Die Kontinuität von Feindbildern. Der Islam, in: Asien, Afrika, Lateinamerika 25, 1997, S. 303–310.
Heine 2007 Peter Heine: Der Islam, erschlossen und kommentiert von Peter Heine, Düsseldorf 2007.
Heitmeyer 1997 Wilhelm Heitmeyer u. a.: Verlockender Fundamentalismus. Türkische Jungendliche in Deutschland, Frankfurt a. M. 1997.
Heller 1996 Hartmut Heller: Beutetürken. Deportation und Assimilation im Zuge der Türkenkriege des 16. und 17. Jahrhundert, in: Günter Höpp (Hg.), Fremde Erfahrungen. Asiaten und Afrikaner in Deutschland, Österreich und der Schweiz bis 1945, Berlin 1996, S. 159–167.
Höpp 1995 Gerhard Höpp: Ruhmloses Zwischenspiel. Fawzi al-Qawiqji in Deutschland. 1941–1947, in: al-Rafidayn. Jahrbuch zu Geschichte und Kultur des modernen Iraq 3, 1995, S. 19–46.
Höpp 1996 Gerhard Höpp: Die Privilegien der Verlierer. Über Status und Schicksal muslimischer Kriegsgefangener und Deserteure in Deutschland während des Ersten Weltkriegs und in der Zwischenkriegszeit, in: Gerhard Höpp (Hg.), Fremde Erfahrungen. Asiaten und Afrikaner in Deutschland, Österreich und der Schweiz bis 1945, Berlin 1996, S. 185–210.
Höpp 2002 Gerhard Höpp (Hg.): Musfti Papiere. Briefe, Memoranden, Reden und Aufrufe Amin al-Husainis aus dem Exil, 1940–1945, Berlin 2002.
Jansen 1985 Johan J. G. Jansen: The Creed of Sadad's Assasins. The Content of the ,Forgotten Duty' analyzed, in: Die Welt des Islams 25, 1985, S. 1–30.
Jayyusi u. a. 2008 Salma K. Jayyusi, Renata Holod, Attilio Petruccioli, André Raymond (Hg.): The City of the Islamic World. 2 vols. Leiden 2008.
Johansen 1999 Baber Johansen: The all-embracing town and its Mosques. Al-Misr al-Gami a', in: Baber Johansen (Hg.), Contingency in a sacred law. Legal and ethical norms in Muslim fiqh, Leiden 1999, S. 77–106.
de Jong 1974 Frederik S. de Jong: Rezension von Michael Gilsenan: Saint and Sufi in Modern Egypt, in: Journal of Semitic Studies, 19, 1974, S. 322–328.
de Jong 1978 Frederik S. de Jong: Turuq and Turuq-Linked Institutions in Nineteenth Century Egypt, Leiden 1978.
de Jong 1983 Frederik S. de Jong: Aspects of the political involvement of sufi orders in twentieth century Egypt (1907–1979), in: Gabriel Warburg / Uri M. Kupferschmidt (Hg.), Islam, Nationalism, and Radicalism in Egypt and Sudan, New York 1983, S. 183–214.
Juynboll 1983 Gauthier H. A. Juhnboll: Muslim Traditions. Studies in Chronology, Provenance and Authorship of early Hadith, Cambridge 1983.

Karnouk 2005 Liliane Karnouk: Modern Egyptian Art, 1910–2003. Kairo 2005.
Kelek 2007 Necla Kelek: Freiheit werden muslimische Frauen sich selbst erstreiten müssen, in: Spiegel Wissen Online, 27. 4. 2007, Web-Adresse: www.wissen.spiegel.de (Suchbegriff „Kelek muslimische Frauen", Zeitraum „2007" bis „2007"). Zugriff vom 6. 8. 2008.
Kepel 2006 Gilles Kepel (Hg.): Al Qaida. Texte des Terrors, München 2006.
Khoury / Heine / Oebecke 2000 Adel T. Khoury / Peter Heine / Janbernd Oebecke: Handbuch Recht und Kultur des Islams in der deutschen Gesellschaft, Gütersloh 2000.
Khoury 2011 Adel T. Khoury: Der Handîth. Urkunde der islamischen Tradition. Bd. V. Gütersloh 2011.
King 1985 Geoffrey King: Islam, Iconoclasm and the Declaration of Doctrines, in: Bulletin of the School of Asian and African Studies 48, 1985, S. 267–277.
Kirli 2005 Cengiz Kirli: Coffeehouses. Public Opinion in 19th Century Ottoman Empire, in: Armando Salvatore / Dale Eickelman (Hg.), Public Islam and the Common Good, Leiden S. 75–97.
Klinkhammer 2000 Gritt M. Klinkhammer: Moderne Formen islamischer Lebensführung. Eine qualitativ-empirische Untersuchung zur Religiosität sunnitisch geprägter Türkinnen der zweiten Generation in Deutschland, Marburg 2000.
Kogelmann 1999 Franz Kogelmann: Islamische fromme Stiftungen und Staat. Der Wandel in den Beziehungen zwischen einer religiösen Institution und dem marokkanischen Staat seit dem 19. Jahrhundert bis 1937, Würzburg 1999.
Krawietz 2002 Birgit Krawietz: Die Hierarchien der islamischen Rechtsquellen, Berlin 2002.
Kreiser 1997 Klaus Kreiser: Public Monuments in Turkey and Egypt, 1840–1916, in: Muqarnas 14, 1997, S. 103–117.
Krimsti 2014 Feras Krimsti: Die Unruhen von 1850 in Aleppo. Gewalt m urbanen Raum. Berlin 2014.
Lange 1996 Andreas Lange: Exotismen in der Architektur. Versuch einer Gegenüberstellung von Chinoiserie, Ägyptenmode und islamisierender Architektur, in: Gerhard Höpp (Hg.), Fremde Erfahrungen. Asiaten und Afrikaner in Deutschland, Österreich und der Schweiz bis 1945, Berlin 1996, S. 435–459.
Lapidus 1967 Ira M. Lapidus: Muslim cities in the later Middle Ages, Cambridge 1967.
Lemaire 2000 Gérard-Georges Lemaire: Orientalismus. Das Bild des Morgenlandes in der Malerei, Köln 2000.
Lemmen 1998 Thomas Lemmen: Türkisch-islamische Organisationen in Deutschland. Eine Handreichung, Altenberge 1998.
Lüling 1974 Günther Lüling: Über den Urkoran. Ansätze zur Rekonstruktion vorislamischer christlicher Strophenlieder im Koran, Erlangen 1974.
Luxenberg 2000 Christoph Luxenberg: Die syro-aramäische Lesart des Korans. Ein Beitrag zur Entschlüsselung der Koransprache, Berlin 2000.
Marcais 1957 Marcais Georges: La questin des images dans l'art musulman, in: melanges d'histoire et d'archéologie de l'Occident musulman 1, 1957, Algier S. 67–79.
Martin 1976 Bradford G. Martin: Muslim Brotherhoods in 19th Century Africa, Cambridge 1976.
May 1951 Karl May: Am Jenseits, Bamberg 1951.
McCabe 1979 Justine McCabe: The Status of Aging Women in the Middle East. The process of the life cycle of rural Lebanese women, Durham 1979.
McCabe 1983 Justine McCabe: FBD Marriage. Further Support for the Westermarck Hypothesis of the Incest Taboo?, in: American Anthropologist 85, 1983, S. 50–69.

Meier 1992 Fritz Meier: Der Derwischtanz, in: ders., Bausteine I. Ausgewählte Aufsätze zur Islamwissenschaft, Stuttgart 1992, S. 23–52.
Mitchell 1988 Timothy Mitchell: Colonizing Egypt. Cambridge 1991.
Mohr 2006 Irka Mohr: Islamischer Religionsunterricht in europäischen Lehrtexten. Muslimische Selbstverortung im Vergleich, Bielefeld 2006.
Motzki 2002 Harald Motzki: The Origins of Islamic Jurisprudence. Meccan Fiqh before the Classical Schools, Leiden 2002.
Motzki 2014 Harald Motzki: Wie glaubwürdig sind die Hadîthe? Die klassische Hadîth-Kritik im Licht der modernen Wissenschaft? Wiesbaden 2014.
Nedza 2014 Justyna Nedza: Salafismus. Überlegungen zur Schärfung einer Analysekategorie, in: Said T. Bahnam und Hazim Fouad (Hg.): Salafismus. Auf der Suche nach dem wahren Islam. Freiburg/Br. 2014, S. 80–105.
Naef 1997 Silvia Naef: Communisme athée ou démocratie imperialist? Le choix difficile d'un alim chiite dans les premières années de la guerre froide, in: Wilfred Madelung u. a. (Hg.), Proceedings of the 17th Congress of the UEAI, St. Peterburg 1997, S. 134–145.
Naef 2007 Silvia Naef: Bilder und Bilderverbot im Islam. Vom Koran bis zum Karikaturenstreit, München 2007.
Nagel 2002 Tilman Nagel: Der Koran. Einführung, Texte, Erläuterungen, München 2002.
Neglia 2002 Giulia Annalinda Neglia: Some Historiographical Notes on the Islamic City with Particular Reference to the Visual Representation of the Built City, in: Salma K. Jayyusi, Renata Holod, Attilio Petruccioli, André Raymond (Eds.): The City in the Islamic World. 2 vols. Leiden 2008.
Neuwirth 2007 Angelika Neuwirth: Studien zur Komposition der mekkanischen Suren. 2. Aufl. Berlin 2007.
Neuwirth 2010 Angelika Neuwirth: Der Koran als Text der Spätantike. Ein europäischer Zugang. Berlin 2010.
O'Fahey/Radtke 1993 Rex S. O'Fahey/Bernd Radtke: Neo-Sufism Reconsidered, in: Der Islam 70, 1993, S. 52–87.
O'Shaughnessy 1991 Thomas J. O'Shaughnessy: The Qur'anic view of old and youth age, in: Zeitschrift der Deutschen Morgenländischen Gesellschaft 141, 1991, S. 33–45.
Özyurt 1972 Senol Özyurt: Die Türkenlieder und das Türkenbild in der deutschen Volksüberlieferung vom 16. bis zum 20. Jahrhundert, München 1972.
Peskes 2000 Esther Peskes: Die Wahhabiya als innerislamisches Feindbild. Zum Hintergrund anti-wahhabitischer Publikationen in der zeitgenössischen Türkei, in: Die Welt des Islams 40, 2000, S. 344–374.
Petrus Venerabilis 1985 Petrus Venerabilis: Schriften zum Islam, hg., ins Deutsche übers. und komm. von Reinhold Glei. Altenberge 1985.
Prätor 1985 Sabine Prätor: Türkische Freitagspredigten. Studien zum Islam in der heutigen Türkei, Berlin 1985.
Al-Qaradawi 1989 Jusuf al-Qaradawi: Erlaubtes und Verbotenes im Islam, München 1989.
Radtke 1994 Bernd Radtke: Erleuchtung und Aufklärung. Islamische Mystik und europäische Aufklärung, in: Die Welt des Islams 34, 1994, S. 48–66.
Rayes 1957 Georges Rayes: L'art culinaire Libanais, Beirut 1957.
Reiss 2008 Tom Reiss: Der Orientalist. Auf den Spuren von Esad Bey, Berlin 2008.
Reissner 1980 Johannes Reissner: Ideologie und Politik der Muslimbrüder Syriens, Freiburg 1980.

Ricoldus 1997 Ricoldus de Monte Crucis: Pérégrination en Terre Sainte et au Proche Orient. Texte latin et traduction. Lettres sur la chute des Saint-Jean d'Arce, Paris 1997.
Ridâ 1353 Muhammad Rashîd Ridâ: al-Manâr wa-l-Azhar, Kairo 1353 Hijra (1934/5).
Ritter 1955 Hellmut Ritter: Das Meer der Seele, Leiden 1955.
Rohe 2001 Matthias Rohe: Der Islam. Alltagskonflikte und Lösungen. Rechtliche Perspektiven. Freiburg 2001.
Rohe 2009 Mathias Rohe: Das islamische Recht. Geschichte und Gegenwart. München 2009.
Rohe 2014 Mathias Rohe, Havva Engin u. a. (Hg): Handbuch Christentum und Islam in Deutschland. Grundlagen, Erfahrungen und Perspektiven des Zusammenlebens. Freiburg/Br. 2014.
Rohe 2016 Mathias Rohe: Der Islam in Deutschland. Eine Bestandsaufnahme. München 1016.
Said/ Fouad 2014 Behnam T. Said/Hazim Fouad: Salafismus. Auf der Suche nach dem wahren Islam. Freiburg 2014.
Said 1981 Edward Said: Orientalismus, Berlin 1981.
Salamé 2003 Ghassan Salamé: „Islam and the West": Clash or Cooperation?, in: Kai Hafez (Ed.): Media Ethics in the Dialogue of Cultures. Journalistic Self-Regulation in Europe, the Arab World, and Muslim Asia. Hamburg 2003, S. 28–32.
Salim 1977 Nizâr Salim: Iraq Contemporary Art, Bd. 1: Painting, Lausanne 1977.
Sander 2005 Paul Sander: Paradigmenwechsel. Entwicklung und Veränderung des imamitischen Denkens im Licht der schiitischen Traditionssammlungen, in: Claude Gilliot / Tilman Nagel (Hg.), Das Prophetenhadît. Dimensionen einer islamischen Literaturgattung, Göttingen 2005, S. 70–83.
Schacht 1950 Joseph Schacht: The Origins of Muhammadan Juriprudence, Oxford 1950.
Schiffauer 2007 Werner Schiffauer: Nicht-intendierte Folgen der Sicherheitspolitik nach dem 11. September, in: Kurt Graulich / Dieter Simon (Hg.), Terrorismus und Rechtsstaatlichkeit. Analysen, Handlungsoptionen, Perspektiven, Berlin 2007, S. 361–375.
Schiffauer 2010 Werner Schiffauer: Nach dem Islamismus. Eine Ethnographie der islamischen Gemeinschaft Milli Görüs. Berlin 2010.
Schimmel 1979 Annemarie Schimmel: Mystische Dimensionen des Islam, Köln 1979.
Schoeler 1996 Gregor Schoeler: Charakter und Authentie der muslimischen Überlieferung über das Leben Muhammads, Berlin 1996.
Schöller 1998 Marco Schöller: Exegetisches Denken und Prophetenbiographie, Wiesbaden 1998.
Schulze 1996 Reinhard Schulze: Was ist islamische Aufklärung?, in: Die Welt des Islams 36, 1996, S. 276–325.
Seyyed Hussein Nasr 1997 Seyyed Hussein Nasr: Man and Nature: The Spiritual Crisis in Modern Man. Chicago 1997.
Sezgin 1967ff. Fuat Sezgin: Geschichte des arabischen Schrifttums, Bd. 1ff., Leiden 1967ff.
Smith 1928 Margaret Smith: Rabi'a her fellow-saints in Islam, Cambridge 1928.
Smith 1954 Mary F. Smith: Baba of Karo, London 1954.
Spielhaus 2011 Riem Spielhaus: „Wer ist hier Muslim?" Die Entwicklung eines islamischen Bewusstseins in Deutschland zwischen Selbstidentifikation und Fremdzuschreibung. Würzburg 2011.
Tabataba'i 1978 Muhammad Hussein Tabataba'i: Shiite Islam, New York 1978.
Trimingham 1971 John Spencer Trimingham: The Sufi Orders in Islam, Oxford 1971.

Troin 1975 Jean-Francois Troin: Les souks marocaines. Marchées ruraux et organisation de l'espace dans la moitié nord du Maroc, Bd. 1, Aix-en-Provence 1975.
Al-Umarî 1969 Khayrī Al-Umarî: Hikayât siyasiyya min târîkh al-'irâq al-hadîth, Beirut 1969.
Vatikanisches Konzil 1965 Nostra Aetate. Über das Verhältnis der Kirche zu den nichtchristlichen Religionen, Erklärung des Zweiten Vatikanischen Konzils am 28. 10. 1965, in: Der Heilige Stuhl, Web-Adresse: www.vatican.va/, Pfad: Grundlegende Texte / II. Vatikanisches Konzil / Erklärungen / Nostra Aetate. Zugriff vom 6. 8. 2008.
Wagemakers 2014 Joas Wagemakers: Salafistische Strömungen und ihre Sicht auf *al-wala'wa-l barâ'*, in: Said T. Bahnam und Hazim Fouad (Hg.): Salafismus. Auf der Suche nach dem wahren Islam. Freiburg/Br. 2014, S. 55–79.
Wagner 1978 Ewald Wagner: Rezension zu Cook, M. und Crone, P.: Hagarism, in: Zeitschrift der Deutschen Morgenländischen Gesellschaft 128, 1978, S. 411.
Wansbrough 1977 John Wansbrough: Quranic Studies. Sources and Methods of Scriptural Interpretation, Oxford 1977.
Wikan 1982 Unni Wikan: Behind the Veil in Arabia, Baltimore 1982.
Wiktorowicz 2006 Quintan Wiktorowcz: Anatomy of the Salafi Movement, in: Studies in Conflict and Terrorism 29 (2016) S. 207–239.
Wirth 1974 Eugen Wirth: Zum Problem des Bazars. Versuch einer Begriffsbestimmung und Theorie des traditionellen Wirtschaftszentrums der orientalisch-islamischen Stadt, in: Der Islam 51, 1974, S. 203–260; 52, 1975, S. 174–222.
Wirth 1991 Eugen Wirth: Zur Konzeption der islamischen Stadt. Privatheit im islamischen Orient versus Öffentlichkeit in Antike und Okzident, in: Die Welt des Islams 31, 1991, S. 50–92.

16.2 Abbildungsverzeichnis

Abbildung 1 Arabische Universität in Kairo, Holzgravur nach einer Zeichnung von Wilhelm Gentz, 1869, Getty Images.
Abbildung 2 Alte Koranhandschrift, Getty Images.
Abbildung 3 Muslimische Gelehrte in Oman, Ramadan, 1994, Fotoarchiv Heine.
Abbildung 4 Maqâmât des al-Harîrî, Szene: Abû Zayd plädiert vor dem Kadi von Ma'arra, arabischer Maler um 1335. The Yorck Project: 10.000 Meisterwerke der Malerei. DVD-ROM, 2002/wikicommons.
Abbildung 5 Imam-Husain-Schrain in Kerbela, Irak, 1994, Fotoarchiv Heine.
Abbildung 6 Mevlevi-Kloster in Konya mit tanzenden Derwischen, Getty Images.
Abbildung 7 Temporärer Markt im Süden Jemens, 1988, Fotoarchiv Heine.
Abbildung 8 Schatzhaus der Omayyadenmoschee, Damaskus, 1995, Fotoarchiv Heine.
Abbildung 9 Heiligenbilder in einer kleinen Moschee in Isfahan, Iran, 2016, Fotoarchiv Heine.
Abbildung 10 Kaligrafie in einem Museum in Teheran, Iran, 2016, Fotoarchiv Heine.
Abbildung 11 Moschee in Wilmersdorf, Berlin, 2008, Axel Mauruszat / wikicommons.
Abbildung 12 Frau auf dem Markt im Süden Jemens, 1988, Fotoarchiv Heine.
Abbildung 13 Gasse auf dem Bazar in Fes, Marokko, 1978, Fotoarchiv Heine.
Abbildung 14 Tor zur Altstadt in Fes, Marokko, 1978, Fotoarchiv Heine.
Abbildung 15 Abu Dhabi, 1992, Fotoarchiv Heine.
Abbildung 16 Demonstrationen von Anhängern der Muslimbrüderschaft, Nasr City, Kairo, 1. Oktober, 2013. Hamada Elrasam für Voice of America/wikicommons.
Abbildung 17 Das Schwarze Banner, Flagge vieler islamistischer Terrororganisationen, Getty Images.
Abbildung 18 Migrationsobjekt des Herner Künstlers Helmut Bettenhausen auf dem Kirmesplatz in Herne-Crange, Willi Heidelbach, Pixabay.

16.3 Glossar

Abbasiden Zweite Dynastie der islamischen Geschichte von 750 bis 1258 mit der neu gegründeten Hauptstadt Bagdad in Mesopotamien.
Adept Anhänger oder Schüler eines religiösen Lehrers.
al-Fârûq Männlicher Eigenname, zunächst Beiname des Kalifen Omar (wörtlich: jemand, der ängstlich zwischen Recht und Unrecht unterscheidet).
Ayatollah Titel hoher schiitischer Gelehrter (wörtlich: Wunderzeichen Gottes).
Apokryphen Von der Kirche nicht anerkannte Schriften der Bibel.
Antinomismus Haltung, die die Sittengesetze leugnet und sich auf die Gnade Gottes verlässt.
Buyiden Iranische Dynastie (930–1062) mit schiitischen Tendenzen, die zeitweise das Abbasiden-Kalifat kontrollierte.
Dâr al-islâm Gebiet des Islams, in dem ein Muslim herrscht und das islamische Gesetz gilt.
Dâr al-ahd Gebiet des Vertrags, in dem Muslime unbehindert ihren Glauben leben können.
Dâr al-harb Gebiet der Nicht-Muslime, mit dem sich die dâr al-islam im Krieg (arabisch: *harb*) befindet.
Diakritisch Die Aussprache eines Buchstaben anzeigend.
Dogma / dogmatisch Festgelegter Glaubenssatz.
Eschatologie Lehre vom Ende der Welt.
Exstase Zustand besonderer religiöser Ergriffenheit.
Fiqh Islamische Gesetzeswissenschaft.
Flaggelanten Personen, die sich aus religiöser Motivation geißeln oder schlagen.
Fünfer-Schiiten Schiiten, für die die Reihe der Imame nach fünf Personen abbricht.
Hadîth Ausspruch des Propheten Muhammad.
Hijra Abbruch der Beziehungen zu den Bewohnern Mekkas und Umsiedlung Muhammads und seiner Anhänger von Mekka nach Medina im Jahr 622.
Historisch-kritisch Bezeichnung für eine Methode der Textbehandlung und -interpretation unter philologischen, historischen, komparatistischen und auch gesellschaftlichen Aspekten.
Hizbollah Führende schiitische politische und militärische Kraft im Libanon (wörtlich: Partei Gottes).
Ibaditen Aus einer frühislamischen heterodoxen Sekte entstandene Sondergruppe in Algerien, Tunesien und vor allem in Oman.
Imam Vorbeter beim Gemeinschaftsgebet, aber für Schiiten auch als Nachkomme des Propheten Muhammad mit besonderen Fähigkeiten ausgestattete Heilsgestalt.
Islamische Ordnung Konzept der Muslimbrüder für den Aufbau von Staat und Gesellschaft.
Islamische Gesellschaft Gesellschaft, in der das islamische Recht durchgesetzt wird.
Islamkonferenz Von Bundesinnenminister Wolfgang Schäuble 2006 einberufene Konferenz von Vertretern der Muslime in Deutschland.
Ismailiten, Ismailiyya Aus verschiedenen Untergruppen bestehende Siebener-Schiitische Gemeinschaft.
Isnâd Überliefererkette des Hadîth.
Jahiliyya Zeit vor dem Islam (wörtlich: Zeit der Unwissenheit).
Jama'at-i Islami Bezeichnung einer islamistischen pakistanischen Organisation (wörtlich: Islamische Gemeinschaft).
Jihâd Glaubenskampf der Muslime.
Kanon / kanonisch Richtschnur; für ein religiöses System verbindliche Regeln.
Kharijiten Frühislamische Sondergruppe; → Ibaditen.

Konfession Besonderes Bekenntnis innerhalb einer großen Religion.
Konvent/Konventikel Zusammenkunft, Kreis von religiösen Personen, Kloster.
Mamluken Militärsklaven.
Marja Quelle; hoher schiitischer Rechtsgelehrter.
Marja al-taqlid Quelle der Nachahmung, höchster schiitischer Rechtsgelehrter.
Milli-Görüs Türkisch-islamische Organisation vor allem unter türkischen Arbeitsmigranten (wörtlich: Nationale Sicht).
Muharram Erster Monat des islamischen Jahrs, Trauermonat der Schiiten.
Muhajirun Anhänger Muhammads, die mit ihm die Hijra vollzogen.
Mujahidin Kämpfer im Jihâd.
Mujtahid Rechtsgelehrter, der zur unabhängigen Interpretation von Rechtsquellen befähigt ist.
Muslimbruderschaft In Ägypten in den 1920er-Jahren entstandene fundamentalistische, einflussreiche Organisation mit Zweigen in verschiedenen Ländern.
Muridiyya Einflussreiche senegalesische islamische Bruderschaft mit Mitgliedern vor allem bei der Volksgruppe der Wolof.
Mu'tazila Rationalistische Strömung der islamischen Theologie im Abbasidenreich der ersten Hälfte des 9. Jahrhunderts.
Muhtasib Marktaufseher.
Nestorianismus Orientalische, christliche, monophysitische Kirche, die die Göttlichkeit Jesu infrage stellt.
Omayyaden Erste islamische Dynastie (660–750) mit der Hauptstadt Damaskus.
Qajaren Iranische Dynastie (1788–1925).
Quietismus Gottesergebenheit, Vermeidung jedes Aktionismus.
Rechtleitung Führung des Gläubigen durch Gott oder eine religiöse Autorität.
Safawiden Iranische Dynastie (1501–1722).
Sanusiyya/Senussi Islamische Bruderschaft in Libyen mit großer politischer Autorität bis zum Putsch des Oberst Gaddafi 1969.
Scharia Islamisches Recht.
Schia/Schiiten Islamische Konfession mit verschiedenen Untergruppen.
Seklusion Abschließung, vor allem von Frauen aus der Öffentlichkeit.
Shahîd Märtyrer, Glaubenszeuge.
Siebener-Schiiten → Ismailiten.
Sufi/Sufitum Islamischer Mystiker bzw. Mystik.
Sunna Vorbildhafte Lebensweise des Propheten Muhammad, Bezeichnung für die größte islamische Konfession.
Sunnit Anhänger der sunnitischen Konfession des Islams.
Umayyaden → Omayyaden.
Umma Gemeinschaft der Muslime.
Wahhabiten Sunnitisch-fundamentalistische Strömung des Islams, gegründet in der ersten Hälfte des 18. Jahrhundert, Staatsreligion in Saudi-Arabien.
Wolof Ethnische Gruppe in Senegal.
Zaiditen Fünfer-Schiitische Gruppe im Jemen mit besonderen Rechtsvorstellungen.
Zeitehe Schiitische Eheform, bei der die Ehedauer bei Beginn festgelegt wird.
Zikr auch Dhikr; rituelle Übungen von Angehörigen islamischer Mystikerorganisationen (wörtlich: Gottesgedenken)
Zwölfer-Schiiten Größte schiitische Gemeinschaft, für die die Kette der Imame mit dem Zwölften abbricht.

Personenverzeichnis

Abaza, Mona   113
Abbas II   111
Abbot, Nabia   4
Abd al-Aziz, Umar ibn   35
Abduh, Muhammad   9, 81, 107, 156 f., 161
Abdülhamid II   157
Abdullah, Muhammad S.   127
Abu Bakr   17, 34, 60 f.
Abû Dâwûd   35
Abû Dulaf   90
Abu-Lughot, Janet   154
Ahmad, Mahmud   35, 113
Akbar   185
al-Afghânî, Jamâl al-Dîn   81, 156 f.
al-Banna, Hasan   158, 162, 164
al-Birkawi, Mehmed b. Pir Ali   190–192
al-Bukhârî   35, 92
al-Ghazzali, Abus H. M.   106
al-Hudaibi, Hasan   160 f.
al-Husseini, Amin   117
al-Jaubarî   90
al-Jaza'iri, Abd al-Qadir   80
al-Kulainî   38
al-Maududi, Abu l-Ala   164
al-Muslim   35
al-Nasâ'î   35
al-Qadhdhafi, Muammar   79
al-Qaradawi, Yusuf   92, 133, 136 f.
al-Sadat, Anwar   172
al-Sistani, Ali   67
al-Tirmidhî   35
al-Tujîbî   94
al-Tûsî, Hasan   38
al-'Umarî, Khayri   136
al-Wahhâb, Ibn Abd   81, 158
al-Warrâq, Ibn Sayyâr   93
al-Zahhâwî   113
al-Zawahiri, Aiman   173, 175
Ali   34, 36, 60–64, 71, 102, 152
Amin, Ahmad   136
Aquin, Thomas von   183
Assisi, Franz von   182

Bamba, Ahmadu   80

Beck, Lois   150
Becker, Carl Heinrich   39, 186
Behrman, Lucy   81
Benedikt XVI   188
Bin Ladin, Usama   173 f., 178
Binder, Leonhardt   166
Bloom, Jonathan   108 f.
Bobzin, Hartmut   23 f., 185
Bonaparte, Napoleon   156
Bonney, Richard   176
Bradford, G. Martin   84
Brockelmann, Carl   9
Brown, Kenneth   154
Browne, Edward G.   196
Brunner, Rainer   73
Buchta, Winfried   73
Bulliet, Richard W.   180
Burckhardt, Johann Ludwig   158
Byzanz, Niketas von   23

Christmann, Jacob   2
Cook, Michael   25 f., 28
Coon, Carlton   98
Coulon, Christian   85
Coulson, Noel N.   57, 198
Crone, Patricia   25 f., 28

Dalmann, Gustav   99
Damaszenus, Johannes   181
Damir-Geilsdorf, Sabine   160–163
Dickinson, Erik   41
Dohmen, Christoph   193
Douglas, Mary   97
Dozy, Reinhard   88

Ende, Werner   2, 6, 9 f., 16, 19, 26, 30, 33, 37 f., 40, 63 f., 67, 79 f., 95, 111, 119, 133, 156–158, 173, 185, 210
Ettinghausen, Richard   108
Evans-Pritchard, Edward E.   83

Faroqhi, Soraya   134
Ferdusi   110
Fischer, Wolfdietrich   27

Fischer, Wolfram   146
Foster, Benjamin   149
Fragner, Bert   13, 95
Freeman, Michael   94
Friedrich Wilhelm III   117
Fück, Johann   56

Gabrieli, Francesco   89
Gaffney, Patrick D.   145
Garboriau, Marcel   164
Geertz, Clifford   146 f.
Gilliot, Claude   41
Gilsenan, Michael   84
Glei, Reinhold   193
Goeje, Michael Jan de   9
Goethe, Johann Wolfgang   5 f., 24
Goldziher, Ignaz   9, 11, 38 f., 56
Goody, Jack   95
Grabar, Oleg   107
Graulich, Kurt   178
Grotzfeld, Heinz   150
Grunebaum, Gustav von   148

Habasch, George   170
Haeri, Shahla   138
Hafsa   18
Hagemann, Ludwig   182–184
Hagen, Gottfried   191 f.
Halm, Heinz   73, 198
Harris, Marvin.   98
Hartmann, Martin   11
Hassan   63
Heine, Heinrich   6
Heine, Peter   64 f., 99, 109, 119, 171 f., 181, 188
Heitmeyer, Wilhelm   124
Heller, Hartmut   116
Heyberger, Bernhard   114
Hillenbrand, Robert   114
Hilmi, Nabila   113
Hock, Klaus   193
Höpp, Gerhard   117 f.
Hourani, Albert   154
Hussein   60, 62 f., 65, 102

Ibn al-Nadîm   93
Ibn Bâbawayh   38

Ibn Hanbal, Ahmad   35
Ibn Mâjâ   35

Jacob, Georg   26, 88
Jansen, Johan J.G.   172 f.
Johannes Paul II   187
Johansen, Baber   144
Jong, Frederik S. de   82, 84
Juynboll, Gautier H. A.   40

Karakasoglu-Aydin, Yasemin   127
Keddie, Nikki   138
Kelek, Necla   125
Kepel, Gilles   174 f.
Kermani, Navid   29
Kerr, Malcolm   15
Ketton, Robert von   3
Khatibi, Abdelkebir   114
Khomeini, Ruhollah   68
Khoury, Adel-Theodor   36 f., 109
King, Geoffrey   106
Kirli, Cengiz   152
Klinkhammer, Gritt   126
Krawietz, Birgit   46–50
Krawulski, Dorothea   29
Kreiser, Klaus   112
Kues, Nikolaus von   184 f., 192
Kurz, Isolde   15

Lange, Andreas   117
Lapidus, Ira M.   145
Lemaire, Gérard-Georges   117
Lewis, Bernard   12
Lewis, Ira M.   138
Lüling, Günther   25, 28
Luther, Martin   4, 184 f., 189
Luxenberg, Christoph   27 f.

Mallat, Chibli   57
Marcais, Georges   110
Marzolph, Ulrich   114
Maurus   181
May, Karl   6
McCabe, Justine   131, 138
Meier, Fritz   78
Mernissi, Fatima   138
Milelli, Jean-Pierre   178

Mitchell, Richard   152
Möhler, Adam   24
Mohr, Irka   122
Monte Crucis, Ricoldus de   3, 183 f., 192
Motzki, Harald   33, 40 f., 48, 56

Naef, Silvia   71, 104–106, 109 f.
Nagel, Tilman   41, 191
Nakash, Yitzhak   73
Neuwirth, Angelika   27 f.
Nöldeke, Theodor   11, 24, 39

O'Brien, Donal Cruise   85
Oebecke, Janbernd   109
O'Fahey, Seán   85
Omar   17, 25 f., 61, 210
O'Shaughnessy, Thomas J.   180
Osman   18, 61
Özyurt, Senol   4

Paret, Rudi   29, 197
Peskes, Esther   158
Peters, Rudolph   193
Piyadasa, Redza   113
Prätor, Sabine   145

Qutb, Sayyid   162 f., 166

Radtke, Bernd   85, 191
Rayes, George N.   95
Raymond, André   154
Reissner, Johannes   159 f.
Renan, Ernst   10, 110
Ridâ, Muhammad Rashîd   157
Ritter, Helmuth   86
Rohe, Martin   52
Rosen, Lawrence   58
Rückert, Friedrich   6
Ryer, André du   23

Sachau, Eduard   56
Said, Edward   10–12, 14
Schacht, Joseph   39–41, 56
Schah, Jehan   111
Schiffauer, Werner   121, 124
Schimmel, Annemarie   76
Schoeler, Gregor   40
Schöller, Marco   39
Schulze, Reinhard   189–192
Seidensticker, Tilman   191 f.
Shukrî, Mustafa   171
Sijilmasi, Muhammad   114
Simon, Dieter   26
Smith, Margaret   76
Smith, Mary   134
Smith, William Robertson   7
Spuler-Stegemann, Ursula   127
Stauth, Georg   15
Stillman, Yedida   99

Tabatabai, Hussein   63 f.
Tapper, Richard   99
Thâbit, Zayd ibn   17 f.
Trimingham, John Spencer   84
Troin, Jean-Francois   146

Venerabilis, Petrus   3, 181 f.
Voigt, Frederike   114
Voltaire, François Marie Arouet   23 f.

Wansbrough, John   25 f.
Wetzel, Peter   124
Wikan, Unni   138
Wild, Stefan   29
Wirth, Eugen   144 f., 148 f., 151, 153

Zubaida, Sami   99

www.ingramcontent.com/pod-product-compliance
Lightning Source LLC
Chambersburg PA
CBHW020410230426
43664CB00009B/1248